SLOWAKEI

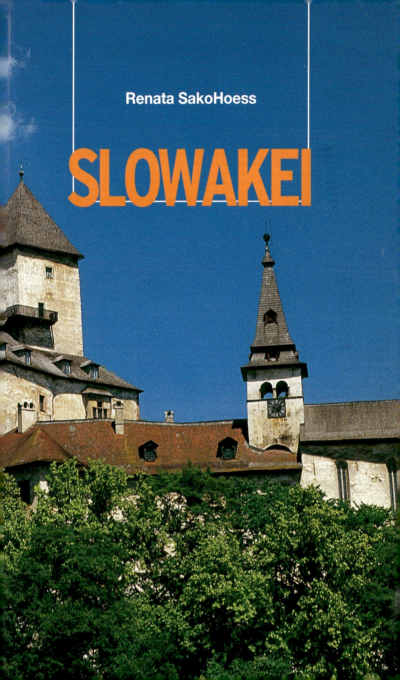

Renata SakoHoess

SLOWAKEI

Inhalt

LAND & LEUTE

Slowakei – viel mehr als die Tatra

Slovensko – Land zwischen Bergen	12
Steckbrief Slowakei	13
Landschaften und Naturraum	14
Berge und nochmals Berge	14
Höhlen, Schluchten und heiße Quellen	14
Wasser zum Paddeln, Baden und Kuren	15
Thema: Die Nationalparks der Slowakei	16
Flora und Fauna	18
Wirtschaft und Umwelt	19
Turbo-Kapitalismus	19
Industrie und Landwirtschaft	19
Umwelt	20
Dienstleistung und Tourismus	21
Geschichte im Überblick	22
Thema: Milan R. Štefánik, überzeugter Tschechoslowakist	27

Kultur und Leben

Slowakische Lebensart	30
Typisch slowakisch?	30
Gesellschaftliche Umbrüche	30
Überwiegend katholisch	31
Feste und Festivals	31
Musik und Tanz	33
Kunst und Literatur	35
Historische Architektur	35
Thema: Kunsthandwerk – traditionell oder modern	36
Literatur	38
Thema: Die slowakische Sprache	39

Inhalt

Essen & Trinken	40
Fehlanzeige für Gourmets	46
Slowakische Spezialitäten	40
Thema: Borovica oder slivovica?	41
Was sind ›koliba‹ und ›salaš‹?	42

Tipps für Ihren Urlaub

Pauschal oder individuell?	46
Rundreise	46
Kultur und Natur – was ist sehenswert?	46
Hotel oder Familienpension?	48
Ausgehen	48
Ferien auf dem Bauernhof	49
Urlaub mit Kindern	49
Sportlich und aktiv	5o
Wellness	53
Reisezeit und Kleidung	53

UNTERWEGS IN DER SLOWAKEI

Bratislava und der Westen

Bratislava	58
Thema: Pressburg – Pozsony – Bratislava	63
Thema: Slowakische Nationalgalerie	70
Ausflüge in die Umgebung	78
Kleine Karpaten	82
Weinstraße der Kleinen Karpaten	82
Thema: Die Weine der Kleinen Karpaten	86
Častá	89
Smolenice	90

Inhalt

Die Donauebene	91
Trnava	91
Nitra	95
Komárno	100
Das Waagtal (Považie)	102
Heilbad Piešťany	102
Thema: Zur Kur nach Piešťany	104
Burg Beckov	106
Trenčín	107
Trenčianske Teplice	112
Žilina	113
Umgebung von Žilina	115

Die Gebirgsregion im Norden

Kleine Fatra und West-Tatra	120
Das Vrátna-Tal in der Kleinen Fatra	120
Orava und West-Tatra	121
Thema: Nationalheld Juraj Jánošík	122
Niedere und Hohe Tatra	129
Niedere Tatra	129
Thema: Willkommen im Salaš	130
Hohe Tatra	137
Thema: Wie viele Gipfel hat die Tatra?	140

In der Landesmitte

Bergbaustädte der Mittelslowakei	148
Banská Bystrica	148
Thema: Der Slowakische Nationalaufstand 1944	152
Špania dolina	148
Donovaly	155
Kremnica	156
Banská Štiavnica	160
Thema: Gold, Silber, Kupfer – Der Ruhm des slowakischen Bergbaus	162

Inhalt

Die Ostslowakei

Zips und Slowakisches Paradies 170
In den Pieninen 170
Kežmarok 172
Spišská Sobota 175
Levoča 175
Thema: Die weiße Frau von Levoča 177
Spišská Kapitula 181
Spišské Podhradie 183
Spišská Nová Ves 184
Slowakisches Paradies 186

Der Nordosten und Košice 188
Bardejov 188
Bardejoské Kúpele 190
Svidník und Umgebung 190
Thema: Holzkirchen des östlichen Ritus 192
Prešov 195
Košice 197

Im Slowakischen Karst 205
Krásnohorské Podhradie 205
Thema: Der slowakische Karst 206
Rožňava 207

REISEINFOS VON A BIS Z
Übersicht 212
Sprachführer 223
Register 226

SLOWAKEI-ATLAS 231
Bildnachweis, Impressum 240

LAND & LEUTE

Der Himmel ist klar wie
das Auge eines Fischs,
die Sonne brennt wie
enttäuschte Liebe,
das Feld ist gelb,
die Wiesen abgemäht,
die Erde durstig – nun,
es ist Sommer.
Kurz ist sein Leben
am Fuß der Tatra, und
was ihm an Zeit fehlt,
versucht er durch Kraft
zu ersetzen.

S. H. Vajanský

Ein beliebtes Wandergebiet:
das Vrátna-Tal

Slowakei – viel mehr als die Tatra

Wanderer in der Niederen Tatra

Einführung

SLOVENSKO – LAND ZWISCHEN BERGEN

›Auf der Karte Europas ein weißer Fleck‹, so lautet der Titel einer Anthologie zur literarischen Avantgarde Ostmitteleuropas. Ähnlich ließe sich die Slowakei charakterisieren, nachdem sie 1993 als selbstständiger Staat im viel bemühten Herzen Europas auftauchte. Sofern man sie nicht mit Slowenien verwechselt, assoziieren die meisten mit der Slowakei die Hochgebirge der Tatra und ursprüngliche, unberührte Natur, die es hier, unweit des alpenländischen Massentourismus, tatsächlich noch zu genießen gibt. Hunderte von Kilometern an Wanderwegen durchziehen das größtenteils gebirgige Land – die Slowaken selbst lieben die *turistika,* das Wandern, und probieren ansonsten alles aus, was die Funsportindustrie bietet.

Als Zweites fallen vielen zur Slowakei Bilder vom selbstgenügsamen bäuerlichen Leben ein. Hier hat sich am Ende des 20. Jh. viel verändert.

Beim dritten Aspekt des Urlaubslands Slowakei stellt sich dagegen meist Erstaunen ein: Wenn es gilt, eine Reihe von jahrhundertealten Städtchen und mehr als 120 Burgen und Schlösser zu entdecken. Die meisten zwar in ostmitteleuropäischem ›Taschenformat‹, dafür umso beschaulicher und geruhsamer. Und deren Bewohner lassen sich auch nicht gern hetzen. Eine Einladung auf einen *preso* (Espresso) oder ein *deci* (Glas Wein) schlägt man bei einem zufälligen Treffen auf der Straße ebenso ungern aus wie unter Italienern oder Südfranzosen. Denn trotz der vielen Gebirgsregionen ist die Slowakei ein Land mit südländisch geprägter Lebensart.

Mitte des 19. Jh. wundert sich nach einer Reise durch die slowakisch-ungarischen Karpaten ein englischer Reisender über die Vorurteile, denen er zuvor aufgesessen war: »Der Leser würde gewiss lachen, wie ich seither oft getan habe, wollte ich ihm nur die Hälfte der albernen Geschichten wieder erzählen, welche die guten Wiener uns über das Land berichteten, welches zu besuchen wir im Begriffe standen. Keine Landstraßen! Keine Wirtshäuser! Keine Polizei! Wir müssten auf der bloßen Erde schlafen, essen, wo wir könnten, und jeden Augenblick gewärtig sein, unsere Börsen und unser Leben zu verteidigen. (…) Es möge indes des Lesers Gemüt beruhigen, dass niemals sich etwas Furchtbareres zum Schießen zeigte, als ein Rebhuhn oder ein Hase, und dass wir unsere Reise mit der vollen Überzeugung beendigten, in der Slowakei sei das Reisen just so sicher als in England.«

Für das 21. Jh. lässt sich dies nur bestätigen, die Slowakei setzt stark auf Tourismus, auch wenn man in der Umsetzung noch nicht immer die gängigen Urlaubererwartungen trifft. Doch zur Verteidigung sei ein Ausspruch des Literaturhistorikers Peter Zajac vorgebracht, der sich auf die Slowaken im Allgemeinen übertragen lässt: Sie unterlägen zuweilen einer Selbstüberschätzung, doch seien sie besser, als ihr Ruf vermuten lässt.

STECKBRIEF SLOWAKEI

Geographie: Die Slowakei hat eine Fläche von 49 039 km² bei einer Einwohnerzahl von rund 5,4 Mio. und ist damit etwas größer als die Schweiz. Es ist der südöstliche Teil der ehemaligen Tschechoslowakei, von der sie sich am 1. Januar 1993 trennte. Die längste gemeinsame Grenze hat sie mit Ungarn (631 km), gefolgt von Polen, Tschechien, Österreich und der Ukraine.

Bevölkerung: Die Mehrheit der Bürger gibt an, slowakisch zu sein, doch verweisen oft schon zumindest die Familiennamen auf frühere Mischehen der verschiedenen Bevölkerungsgruppen auf dem Gebiet der Slowakei. Die offizielle Statistik nennt folgende Zahlen: ca. 86 % Slowaken, ca. 10 % Ungarn, ca. 1,1 % Tschechen, 0,60 % Ukrainer und Ruthenen, 0,10 % Deutsche, 0,06 % Polen – die Roma werden auf rund 5 % geschätzt. Hauptstadt und größte Kommune der Slowakei ist Bratislava mit rund 450 000 Einwohnern. Die zweitgrößte Stadt ist Košice im Osten mit knapp 240 000 Einwohnern. Über 60 % der Bevölkerung leben in Städten, die Bevölkerungsdichte beträgt 109 Ew./km².

Minderheitenpolitik: Allmählich kommt das Land heraus aus den negativen internationalen Schlagzeilen zu einer Minderheitenpolitik, wie sie Vladimír Mečiar pflegte. Sogar die Verwaltungsbezirke hatte er so gegliedert, dass die südlichen Kreise bis weit in den Norden gezogen wurden, damit die traditionell im Süden lebenden Ungarn bei Abstimmungen kein Übergewicht erreichen konnten. Heute erlebt man das Paradox, dass die Ungarische Partei dort besonders viele Stimmen von slowakischen Wählern bekommt, weil politische Konzepte und nicht die Zugehörigkeit zu einer Nation überzeugen.

Staat und Verwaltung: Die Slowakische Republik ist ein demokratischer Staat mit Parlament (Nationalrat, 150 Sitze) und Regierung, die auf vier Jahre gewählt werden. Staatsoberhaupt ist der Präsident, der zugleich Oberbefehlshaber der Streitkräfte ist; seit 1999 wird er direkt vom Volk für fünf Jahre gewählt. Das Land gliedert sich in 8 Verwaltungskreise *(VÚC* oder *kraj)* mit den Kreisstädten Bratislava, Trnava, Nitra, Trenčín, Žilina, Banská Bystrica, Prešov, Košice.

Wirtschaft: Das Bruttoinlandprodukt (BIP) lag 2002 bei 4385 US-$ pro Kopf (zum Vergleich Deutschland: 26 945 US-$). Gut 30 % des BIP werden in der Industrie erwirtschaftet, im Dienstleistungssektor inzwischen fast ebenso viel. Die Wirtschaft litt lange unter zu geringen Auslandsinvestitionen, allein im Jahr 2000 (1,3 Mrd. US-$) kam jedoch insgesamt mehr als die Hälfte dessen zusammen, was in den acht Jahren zuvor investiert worden war. Trotz eines gegenüber den EU-Ländern beneidenswert hohen Wirtschaftswachstums von real 4,2 % in 2003, dem höchsten der Region, wird das BIP auch 2003 gerade mal die Hälfte des Durchschnitts der bisherigen EU-Mitglieder betragen. Die Arbeitslosenquote konnte Ende 2003 auf knapp 17 % gesenkt werden, das durchschnittliche Monatseinkommen stieg weiter auf rund 14 000 Sk (ca. 350 €).

LANDSCHAFTEN UND NATURRAUM

Berge und nochmals Berge

Die markanteste und gemeinhin bekannteste landschaftliche Erscheinung der Slowakei ist die Tatra. Doch ist sie mit ihrem nördlichen Teil, der Hohen Tatra, lediglich der am höchsten aufragende Abschnitt im Westen des mächtigen Karpatenbogens und hat mit dem Gerlachovský štít (Gerlacher Spitze, 2655 m) dessen höchsten Gipfel. Die wenigsten wissen, dass die Karpaten nicht nur das Stammland Draculas im Südosten Europas sind, sondern kurz hinter Wien bei Bratislava beginnen und sich in einem sichelförmigen Kamm über 1200 km bis Rumänien ziehen. Geologisch werden die Karpaten als Fortsetzung der östlichen Alpenkette betrachtet. Die Hohe Tatra ist ein junges Hochgebirge, mit ihrer Ausdehnung von ca. 55 km Länge und 17 km Breite versammelt sie auf relativ kleinem Raum all das, was auch die Alpen zu bieten haben. Es gibt hier z. B. 25 Gipfel, die mehr als 2500 m Höhe erreichen, etliche Gletscher- und Gebirgsseen, in der Slowakei *pleso* oder auch *morské oko* (Meeresauge) genannt, und eine große Gesteinsvielfalt. Das Hauptgestein der Tatra bildet der Granit, neben Kalkgestein kommen auch Dolomite, Sandsteine und Schiefer vor. Interessant ist in den Kalksteinschichten die Herausbildung eines seltenen Hochgebirgskarsts.

Und außerhalb der Tatra? Beinahe das ganze übrige Land durchziehen jede Menge weiterer Berg- und Hügelketten. Die Slowakei besteht zu gut 70 % aus Gebirge, hierbei sind besonders die Kleine und Große Fatra zu nennen. Die übrigen haben oft den Zusatz *vrchy*, was man am besten mit ›Höhen‹ übersetzt. Die meisten verlaufen in Nord-Süd-Richtung, und da sie früher schwierig zu überwinden waren und der Weg außen herum zu lange dauerte, wurde dadurch die Vielfalt an slowakischen Dialekten begründet: jedem Tal sein eigener Dialekt. Von der Landesmitte bis in den Osten fächert sich eine Reihe von mittleren Gebirgen, die einst reich an Erzen waren. Manche, wie die um Banská Štiavnica sind, vulkanischen Ursprungs.

Höhlen, Schluchten und heiße Quellen

Eine typische Erscheinung der slowakischen Gebirge ist die Entstehung von Karstgebieten, sei es in Form von Höhlen und Grotten oder als schroffe und tief eingeschnittene Schluchten und Canyons. Insgesamt nehmen die mehr als 3800 bekannten Höhlen eine Fläche von 2700 km^2 ein. Zugänglich ist ein Dutzend, manche schon seit Jahrzehnten. Zu den bedeutendsten dieser Landschaftsgebiete zählen der Slovenský kras (Slowakischer Karst, s. S. 205) im Südosten um Rožňava und der sich nördlich anschließende Slovenský raj (Slowakisches Paradies, s. S. 186) bei Spišská Nová Ves.

Eng mit der gebirgigen Oberfläche der Slowakei hängt ihr Waldreichtum zusammen (40 % der Fläche), obwohl besonders gegen Ende des 19. Jh. viel Forst für die Almwirtschaft gerodet wurde. Um dem Einhalt zu gebieten und überhaupt die Ursprünglichkeit der Bergwelt zu erhalten, gründete man 1948 den ersten Nationalpark, der große Teile der Hohen Tatra umfasst. Inzwischen sind neun dieser streng geschützten Räume vorhanden, in die jedoch die Tourismusindustrie zunehmend hineindrängt. Zudem gibt es so genannte Schutzgürtel um die Parks sowie den Typus der *Chránená krajinná oblasť* (Naturschutzgebiet), oder abgekürzt CHKO.

Wasser zum Paddeln, Baden und Kuren

Ein weiteres Charakteristikum der Slowakei sind ihre zahlreichen mineralhaltigen Quellen (mehr als 1300), die aus 16 Gemeinden Heilbäder machen und darüber hinaus für insgesamt 35 Thermalbäder sorgen, die über das ganze Land verstreut sind. Für die Gesundheit der Atemwege sind die Luftkurorte der Hohen Tatra (Smokovce, Tatranská Lomnica) zu erwähnen.

Nicht zu vergessen und nicht ohne Reiz, da im Grunde immer zumindest von Hügeln umgeben, sind die Niederungen des Landes, meistens Flusstäler wie etwa die der beiden größten

Blick über die verschneiten Gipfel der Niederen Tatra

Nationalparks

DIE NATIONALPARKS DER SLOWAKEI

Sehr früh schon erkannte man, dass die einzigartige Bergwelt der Tatra besonderen Schutzes bedarf, und gründete 1948 den ersten der inzwischen neun Nationalparks. Der Tatranský národný park – TANAP (Tatra-Nationalpark) umfasst die Hohe und Weiße Tatra, seit 1987 auch die West-Tatra. Nahezu alle Nationalparks gruppieren sich um diesen ersten, befinden sich also im mittleren Norden des Landes. Nur der zuletzt ernannte, Poloniny (Bergwiesen), liegt im äußersten Nordosten an der Grenze zu Polen und der Ukraine, wo sich der Landschaftsschutz ähnlich wie beim Tatra-Nationalpark auf polnischer Seite fortsetzt. Fast jeder Nationalpark verfügt zusätzlich über einen so genannten Schutzgürtel *(ochranné pásmo)*, damit die Übergänge nicht so krass ausfallen.

Die Nationalparks im Überblick (Angaben gerundet):

	Fläche (km^2)	Schutzgürtel (km^2)
Tatranský národný park (TANAP)	741	366
Pieninsky národný park (PIENAP)	21	523
Národný park Nízke Tatry (NAPANT)	811	124
Národný park Slovenský raj	198	130
Národný park Malá Fatra	226	233
Národný park Veľká Fatra	403	0
Národný park Muránska planina	203	217
Národný park Slovenský kras	346	0
Národný park Poloniny	234	171

In den Nationalparks wird die wirtschaftliche und touristische Aktivität des Menschen soweit wie möglich eingeschränkt bzw. strengen Kontrollen und Regeln unterworfen. Dazu gehört u. a. das absolute Verbot, markierte Wege zu verlassen oder zu kampieren. Wer es dennoch tut, riskiert hohe Geldstrafen. Da die Natur Vorrang hat, sind gewisse Wege zu bestimmten Zeiten für den Tourismus gesperrt, damit die Tiere ihren Nachwuchs ungestört aufziehen können. In guten Landkarten sind die Sperrfristen genau angegeben.

Wer Tatra und Nationalpark hört, denkt wahrscheinlich gleich an wilde Bären, die dort noch heimisch sind. (Leider sind es weniger, als man sich wünschen würde.) Doch keine Angst, die Verantwortlichen versichern, dass es auf dem gesamten Territorium der Slowakei bisher zu keinem tödlichen Ausgang bei der Begegnung mit diesem Bewohner der Berge gekommen ist. In den abgesteckten Bereichen besteht keine Gefahr, auf Bären zu treffen. In den frühen Morgenstunden oder gegen Abend kann man zur Sicherheit in normaler Lautstärke auf sich aufmerksam machen, ein möglicherweise in der Nähe befindliches Tier wird das Weite su-

Nationalparks

Gletschersee in der West-Tatra

chen. Auf keinen Fall sollte man sich einem Bären nähern, auch wenn er friedlich aussieht. Wer diese Hinweise beachtet, dürfte kaum je einem Bären begegnen. Sollte es dennoch dazu kommen, empfiehlt es sich, nicht hektisch zu reagieren und sich nicht zu wehren. Der Nationalpark-Verwaltung zufolge haben die Menschen meistens etwas falsch gemacht, bevor sie von einem Bären verletzt wurden. Wer die Schönheiten der wunderbaren Naturreservate abseits der ›ausgetretenen‹ Pfade genießen möchte, kann es in Begleitung eines Bergführers *(horský vodca)* tun.

Der kleinste Nationalpark liegt in der Felsenzone der Pieninen. Im Wesentlichen besteht er aus dem Durchbruchstal des Dunajec, auf dem die beliebten Floßfahrten (s. S. 170) stattfinden. Beeindruckend ist das Massiv der Drei Kronen auf polnischer Seite mit sieben bis zu 80 m hohen Felsentürmen, den ›Sieben Mönchen‹. Der NP Slowakisches Paradies (s. S. 186) ist als Touristenziel hinlänglich bekannt, ganz anders verhält es sich mit einem der jüngsten Nationalparks, der 1997 ausgerufenen Muránska planina. Die ›Felsplatte von Muráň‹ ist eine tektonische Verwerfung, die nur durch wenige Flusstäler gegliedert wird. Vielleicht liegt es an diesem ›Tablett‹-Charakter der Felsplatten, dass sich darauf einzigartige Pflanzen und Tiere erhalten haben. Die typischen Muraner Pferde, eine zottelige, stämmige Rasse, die hier gezüchtet wird, hat wenige, spezialisierte Liebhaber.

Naturraum

Flüsse Donau und Váh (Waag). Nachdem die Donau die slowakische Hauptstadt verlassen hat, bildet sie ein Geflecht von Seitenarmen heraus, die wertvolle ökologische Reservate darstellen – Vogelbeobachter können hier auf ihre Kosten kommen.

Flora und Fauna

Die Pflanzen- und Tierwelt der Slowakei unterscheidet sich kaum von der in ähnlichen geografischen Breiten West- und Zentraleuropas. Und dennoch wirken manche Arten exotisch, einfach weil sie bei uns ausgestorben sind oder nicht zum alltäglichen Bild gehören.

Simples Beispiel sind die Störche, ganz selbstverständlich zieren ihre großen, stacheligen Nester Strommasten, Schornsteine und auch mal einen denkmalgeschützten Renaissance-Turm in der Zips. Oder man sieht sie im Vorbeifahren die Wiesen auf der Suche nach Essbarem durchstreifen. Interessierte werden eine große Vielfalt an weiteren Vogelarten entdecken, und dies nicht nur in den Nationalparks.

Ein immer wieder gern zitiertes Beispiel für Tiere, die man hier noch sieht, ist der Braunbär, der in der Hohen und Niederen Tatra lebt. Weitere Raubtiere sind Wolf, Luchs und Wildkatze, die zusätzlich in den Pieninen und der Kleinen Fatra anzutreffen sind (leider auch nicht mehr in großer Zahl). Unter den selten gewordenen Vögeln dieser Gebiete sind der Schreiadler, der Steinadler und der Schwarze Storch zu nennen. Reich an seltenen Vogelarten ist die Donautiefebene mit der Kormoran-Insel, der Insel der Seeadler und Naturschutzgebieten für Großtrappen und Weißstörche. Der Orava-Stausee im Nordwesten der Tatra besitzt ebenfalls eine eigene Vogelinsel.

Doch die Tatra hat einige Schätze zu bieten, die nur ihr eigen sind und in der lateinischen Bezeichnung meist den Beinamen *tatricus* mit sich führen. Dazu gehört die Tatra-Gemse, die vom Wanderer am häufigsten zu sichten ist und leider vom Aussterben bedroht ist. Sie unterscheidet sich von den alpinen Gemsen durch eine interessante helle Zeichnung am Kopf, die wie eine übergestülpte Maske wirkt. Unter den größeren Lebewesen ist noch das Tatra-Murmeltier zu nennen, das sich hin und wieder durch sein lautes Pfeifen bemerkbar macht. An den Flussläufen haben die bei uns ebenfalls selten gewordenen Fluss- und Fischotter ihre Bauten, und im Wasser der Gebirgsbäche tummeln sich unter anderem Regenbogenforellen, Huchen und Gründlinge – nicht immer und überall, auch sie müssen geschützt werden und sind nicht mehr in Fülle vorhanden.

Auch die slowakischen Wälder haben mit saurem Regen und anderen Bedrohungen zu kämpfen, deshalb zählen großflächige Wälder, z. T. Mischwälder aus Buchen, Eichen, Kiefern und Fichten, die es nicht nur in den Nationalparks gibt, beinahe zu erwähnenswerten Biotopen. Eine wahre Rarität im zentraleuropäischen Vergleich ist hinsichtlich Fläche (19 ha) und Alter der Eibenwald der Großen Fatra in der Nähe von Harmanec. Er soll eine Hinterlassenschaft des Tertiär sein, auf Eiben folgten hier immer nur Eiben.

WIRTSCHAFT UND UMWELT

Turbo-Kapitalismus

Die Slowakei ist eines der Transformationsländer, das sich nach dem Regimewechsel 1989 zur radikalen Umstrukturierung seiner Wirtschaft nach marktwirtschaftlichen Prinzipien entschloss. Gestartet wurde dieser Prozess noch im gemeinsamen Staat mit den Tschechen. Nach der Selbstständigkeit entwickelte sich das Bruttoinlandprodukt viel versprechend. Dennoch befand sich die unter Vladimír Mečiar gelenkte Wirtschaft am Ende seiner Amtszeit in einer Krise: Undurchsichtige Privatisierungspraktiken schreckten ausländische Investoren ab, die das Land wegen der steigenden Auslandsverschuldung dringend gebraucht hätte. Beim EU-Beitritt 2004 können die Slowaken auf die Wende in Wirtschaft und Politik stolz sein: politische Stabilisierung mit der zweiten Amtszeit von Premier Mikuláš Dzurinda geht einher mit rasant gestiegenen Auslandsinvestitionen. Eifrig haben die staatlichen Reformer seit 1998 die Auflagen von EU und Weltbank erfüllt, ja, man warnt von dort sogar vor einer Überforderung der Bevölkerung. Kritiker prägten dafür den Begriff ›Turbo-Kapitalismus‹.

Insgesamt lässt sich im Umgang der Menschen mit den Erscheinungen einer vom Kapitalismus geprägten Gesellschaftsordnung noch viel Unsicherheit feststellen, die nicht immer auf den ersten Blick zu erkennen ist. Äußerlich gibt es zuweilen Übereinstimmungen mit dem kopierten westlichen Vorbild, doch die Menschen sind mit dessen konkreter Umsetzung zuweilen überfordert. An sich ist dieser Prozess der Einflussnahme von Kulturen und Lebensweisen nicht überraschend, zu bedenken ist jedoch, wie massiv und einseitig die westliche Lebensweise auf die Menschen der postkommunistischen Länder einwirkte, eben im ›Turbo-Tempo‹.

Industrie und Landwirtschaft

Entgegen der landläufigen Vorstellung hat die Slowakei ihren Wirtschaftsschwerpunkt längst nicht mehr in der Landwirtschaft, die Industrie nimmt ihn seit Jahrzehnten ein. Früher konzentrierte man sich hier vor allem auf die Schwerindustrie mit Schwermaschinenbau und Rüstungsproduktion – größter Betrieb zur Metallverarbeitung sind immer noch die Ostslowakischen Eisenwerke, inzwischen nach dem neuen Haupteigner in U.S. Steel umbenannt. Heute versucht man ›leichtere‹ Wege zu gehen, Elektrohersteller wie Sony oder auch der Getränkeriese Coca-Cola betreiben hier Produktionsstätten. Weitere wichtige Industriebranchen sind der Fahrzeugbau (Volkswagen produziert sehr erfolgreich in Bratislava, französische und koreanische Hersteller folgten), Erdölverarbeitung (Slovnaft) und Gummiherstellung (Matador-Reifen) – seit Anfang 2004

Wirtschaft und Umwelt

Moderne Bankarchitektur in Bratislava

macht die Bezeichnung ›Tatra-Tiger‹ aufgrund des rasanten Wirtschaftsaufschwungs die Runde.

In der Land- und Forstwirtschaft sind nur knapp 6 % der Beschäftigten tätig. Nach 1989 wurde zwar der 1948 verstaatlichte Boden an Privatpersonen und Institutionen zurückgegeben, doch verliefen in den 1990er Jahren die notwendigen Reformen schleppend. Viele Landwirte arbeiten noch in genossenschaftlichen Verbänden, da sie sonst wenig Überlebenschancen sehen.

Umwelt

Maßnahmen zum Umweltschutz sind an sich kein neues Thema in der Slowakei (siehe Thema S. 16), doch wurden sie im alten Regime sehr lax betrieben. In dem kleinen Land stehen auch zwei Atomkraftwerke (Jaslovské Bohunice, Mochovce). Außerdem sorgte der Bau des Donaustaudamms Gabčíkovo jahrelang sogar für internationales Aufsehen. Noch zu sozialistischen Zeiten wurde er von den beiden Nachbarn Slowakei und Ungarn geplant, zum nationalen Prestigeobjekt erkoren und von den Slowaken fertig gestellt, während man sich in Ungarn dagegen entschied. Der Fluss bildet hier seit jeher viele Seitenarme, die das Gebiet zu einem wertvollen ökologischen Reservat werden ließen, das nun durch die technische Nutzung der Wasserkraft gestört wird. Heute üben EU-Auflagen sowie einige Gruppen von Umweltschützern, die meist von ausländischen Stiftungen finanziert werden, Druck auf die Regierenden aus, so dass sich die Umweltstandards langsam, aber in wachsendem Maße den westlichen angleichen. Neben Greenpeace sind es Gruppierungen wie etwa Vlk (Wolf), die zum Beispiel eine Pflanzaktionen im Slowakischen Paradies durchführte und auch berühmte Paten für Bäume verpflichtete. Oder es finden sich Freiwillige, die z. B. in den Weißen Karpaten Heuwiesen mähen, damit sie mit ihrer Artenvielfalt erhalten bleiben, denn seit die Schafzucht unrentabel wurde, werden sie nicht mehr bewirtschaftet.

Dienstleistung und Tourismus

Dienstleistung und Tourismus

Im Dienstleistungssektor, der den Reisenden am stärksten betrifft, in Gastronomie und Hotellerie, gibt es noch ein großes Gefälle, was den Service in den einzelnen Betrieben betrifft. Die sozialistische Einstellung, dass der Werktätige der König ist und nicht der Kunde, haben auch hier ihre Spuren hinterlassen. Die Einsicht, dass man selbst durch kundenfreundliches Verhalten für die Sicherung seines Arbeitsplatzes verantwortlich ist, greift langsamer, als es sich mancher frisch gebackene slowakische Unternehmer wünschen würde. Meist ist kundenorientiertes Verhalten in kleinen Familienbetrieben oder in Unternehmen, die von westlichen Betreiber-Ketten übernommen wurden, gegeben.

Der Tourismus als wichtiger Wirtschaftsfaktor wurde nach der Wende zunächst vernachlässigt. Die Zeit des Niedergangs löste ab Mitte der 1990er Jahre ein Wachstumstrend ab, der 2002 bei etwa 6 % lag. Erste Auswirkungen auch von Gesetzesänderungen, die nicht zuletzt von der EU angestoßen wurden. Am Kunden orientierte Privatinitiativen zeitigen die besten Erfolge und sind zum Glück immer häufiger anzutreffen.

Geschichte

GESCHICHTE IM ÜBERBLICK

Vor- und Frühgeschichte

250 000–700 v. Chr. Zeugnisse altsteinzeitlicher Besiedlung fanden sich in der Umgebung von Nové Mesto nad Váhom (im Waagtal) und in Bratislava. Zu Funden menschlicher Überreste von europäischem Rang gehört der Abdruck eines Neandertaler-Schädels aus Gánovce bei Poprad. Für die Jungsteinzeit lässt sich eine relative Kontinuität und Stabilität der Besiedelung des slowakischen Gebiets dokumentieren.

ab 350 v. Chr. Die Kelten dringen ins Karpatenbecken vor und sind das erste schriftlich belegte Volk auf slowakischem Gebiet. Um die Zeitenwende kommt es zu Auseinandersetzungen zwischen Germanen und Römern, die ihr Reich durch den *limes romanus* besser abzusichern suchen.

4.–6. Jh. In der Zeit der Völkerwanderung kommen zunächst die Hunnen, dann die Gepiden und Awaren; Anfang des 6. Jh. ziehen slawische Stämme ins Karpatenbecken ein.

Die Slawen im Karpatenbecken

623–658 Es entsteht das Reich des Samo, eines fränkischen Kaufmanns. Es ist der erste bekannte Stammesverband von Slawen, der wahrscheinlich auch das Gebiet der heutigen Slowakei umfasste.

Anfang des 9. Jh. Das erste bekannte Staatsgebilde war das Fürstentum Nitra (auch Pribinas Fürstentum genannt) an dessen Spitze der Fürst Pribina (um 800–861) stand.

833 Parallel zu Pribina schafft Mojmír I. ein mährisches Fürstentum. Um 833 besiegt er Pribina und schafft das Großmährische Reich. Die bedeutendsten Herrscher dieses Reiches waren Rastislav (846–870, ein Neffe Mojmírs) und Svätopluk I. (871–894, dessen Neffe).

861 Rastislav erbittet vom byzantinischen Kaiser Michael III. Missionare, die in seinem Reich das Christentum in slawischer Sprache verbreiten sollen. Zwei Jahre später ziehen die als Slawenapostel bekannten Mönche Konstantin (auch Kyrill genannt) und Method aus Thessaloniki durchs Land.

894–907 Nach Svätopluks Tod besiegelt die Schlacht bei Brezalauspurc (Bratislava) 907 den Untergang des Reiches, die Madjaren siegen über das ostfränkische Heer.

Im mittelalterlichen Ungarn

1001 Stephan I. (997–1038) wird zum König des madjarischen Königreichs. Sein Land gliedert er nach ostfränkischem Vorbild in Komitate (dt.

Geschichte

	auch: ›Gespanschaften‹). Das Gebiet der heutigen Slowakei wird bis zur Staatsgründung 1918 zumeist als ›Oberungarn‹ bezeichnet.
1241	Die Mongolen (Tataren) dringen bis in die Mitte Ungarns vor. Danach gibt es eine Anwerbung deutscher Siedler durch Béla IV. Sie lassen sich in slawischen Siedlungen nieder, wo sie zuweilen die Bevölkerungsmehrheit stellen. Ende des 13. Jh. gibt es auf slowakischem Gebiet etwa 30 vom König privilegierte Städte.
14. Jh./ 15. Jh.	Diese Zeit wird gern als ›goldenes Mittelalter‹ bezeichnet, sie ist mit der Regierungszeit Karls I. Robert von Anjou (1308–42) und besonders seines Sohnes Ludwig I., des Großen (1342–82) verbunden. Der Erzabbau in den mittelslowakischen Gebieten gelangt zur Blüte.
1440–62	Ein tschechischer Hussitenführer, Jan Jiskra von Brandys, bringt mit Hilfe eines Söldnerheers Teile der slowakischen Gebiete in seine Gewalt. Der Protestantismus verbreitet sich vor allem in den von Deutschen dominierten Städten.
1467	Der ungarische König Mathias I. Corvinus gewinnt die hussitisch besetzten Landesteile zurück.
1526	Der südliche Teil Ungarns fällt nach der Schlacht bei Mohács unter türkische Besatzung. Pressburg (Bratislava) wird neue Hauptstadt des ungarischen Reiches, viele ungarische Adlige verlegen ihre Wohnsitze hierher und in den heutigen slowakischen Landesteil.

Die Slowakei unter den Habsburgern

ab ca. Mitte des 16. Jh.	Ein Teil Ungarns, etwa die heutige Slowakei, fällt unter die Herrschaft der Habsburger. Wie im übrigen Europa wird der Jesuitenorden zur Durchsetzung der Gegenreformation eingesetzt.
17. Jh.	Ungarische (meist auch protestantische) Adlige organisieren Aufstände gegen die Habsburger. Wichtige Namen in diesem Zusammenhang sind István Bocskay, Gabriel Bethlen, Imre Thököly, Franz II. Rákóczy. Es gelingt jedem von ihnen mit Hilfe von Kurutzenheeren (meist rekrutierte Bauern), mehr oder weniger große Teile Oberungarns in ihre Gewalt zu bringen. Mit dem endgültigen Frieden mit den Türken und deren Abzug aus Südungarn 1711 haben auch die Aufstände ein Ende.
1781	Kaiser Joseph II. erlässt für die habsburgischen Länder ein Toleranzpatent, das die freie Religionsausübung garantiert. 1785 hebt er die Leibeigenschaft auf; Deutsch wird auch auf slowakischem Gebiet Amtssprache.

Slowakische nationale Wiedergeburt

40er Jahre des 19. Jh.	Gegen den Druck einer zunehmenden Madjarisierung beginnt sich eine protestantisch geprägte slowakische Elite zu formieren. Treiben-

Geschichte

de Kraft sind die ›Štúrianer‹, die Mitstreiter von Ľudovít Štúr (1815–56).

1846 Štúrs ›Náuka reči slovenskej‹ (›Lehre von der slowakischen Sprache‹), eine Festschreibung der slowakischen Sprache auf der Grundlage der mittelslowakischen Dialekte, erscheint.

1848 Revolutionsjahr in ganz Europa, auch die Slowaken versuchen ihre national-politischen Interessen durchzusetzen. Im Mai proklamieren sie in Liptovský Mikuláš die ›Forderungen des slowakischen Volkes‹, die demokratische Reformen im Zeichen der Anerkennung der slowakischen Nation durchsetzen sollen. Im September verkündet Štúr im Namen des neu gebildeten Slowakischen Nationalrats die Unabhängigkeit der Slowakei vom Königreich Ungarn.

50er/60er Jahre des 19. Jh. Die österreichische Kaisermacht annulliert schrittweise die zunächst gemachten Zugeständnisse. In den 1850er Jahren setzt die Phase des sog. Neoabsolutismus ein. Das Königreich Ungarn verliert seine Selbstständigkeit, alles wird wieder zentral von Wien geregelt, doch die Slowaken profitieren in kultureller Hinsicht: Schulen mit Slowakisch als Unterrichtssprache werden eingerichtet, slowakische Vereine und Zeitungen nehmen ihre Arbeit auf.

Der Schriftsteller Ľudovít Štúr schuf im 19. Jh. nicht nur die slowakische Schriftsprache, sondern kämpfte auch für die nationale Selbstständigkeit der Slowakei

Geschichte

1863	Wichtiger Meilenstein bei der Herausbildung eines slowakisch-nationalen Kulturbewusstseins ist die Gründung der Matica slovenská. Auf private Initiative wird die Institution ins Leben gerufen, sie dient der Verbreitung slowakischer Sprache und Literatur.
1867	Die Schaffung der k.u.k.-Doppelmonarchie durch den österreichisch-ungarischen Ausgleich bedeutet eine neuerliche Eindämmung slowakischer Interessen. Eine steigende Madjarisierung äußert sich in der Einführung des Ungarischen als Amtssprache sowie im Verbot slowakischer kultureller Einrichtungen.
80er/90er Jahre 19. Jh.	Die für Slowaken nachteiligen politischen Verhältnisse haben auch soziale Folgen, viele der in der Land- und Weidewirtschaft Tätigen geraten an das Existenzminimum. Einen Ausweg bietet die Auswanderung, Zigtausende Slowaken verlassen ihre Heimat. Manche kehren nach Jahren wieder zurück, etliche finden ein neues Zuhause hauptsächlich in den USA und Kanada. Die Auslandsslowaken unterstützen die Daheimgebliebenen politisch und wirtschaftlich. In dieser Zeit intensiviert sich auch die Zusammenarbeit der slowakischen und tschechischen politisch führenden Kreise. 1907 kommt es zur Gründung der Slowakischen Liga in Cleveland, USA.

In der Tschechoslowakei

1918–39	Am 28. Oktober 1918 wird in Prag die selbstständige ČSR (Tschechoslowakische Republik) ausgerufen. Der Prager Zentralismus bewirkt jedoch die massive Formierung slowakisch-nationaler Kräfte. Sie finden ihr Organ in der Volkspartei Andrej Hlinkas (1864–1938). Ende der 20er Jahre beginnt hier der katholische Priester Jozef Tiso (1887–1947) seine politische Karriere.
1939–45	Slowakischer Staat: Hitler marschiert 1939 ins Sudetenland und zwingt die Slowakei zu einer Pseudo-Autonomie, denn sie ist außen- und wirtschaftspolitisch an die Weisungen aus Berlin gebunden. Auch in der Frage der nazistischen Rassengesetze und der damit verbundenen Juden- und Romaverfolgung hält sich Staatspräsident Josef Tiso ganz an seine Schutzmacht.
29. 8. 1944	Der als Slowakischer Nationalaufstand bezeichnete Höhepunkt des bewaffneten Partisanenkampfes gegen die Besetzung der Slowakei durch deutsche Truppen beginnt (s. S. 152).
1948	Nach dem Zweiten Weltkrieg kommt es zur Wiederherstellung der Tschechoslowakei. Im Februar 1948 übernimmt jedoch die Kommunistische Partei (KPČ) die Führung im Land, und der erste Präsident Klement Gottwald (1896–1953) gestaltet es nach stalinistischem Vorbild um.
1960	Die slowakische Seite drängt weiter auf die Durchsetzung föderaler

Geschichte

	Strukturen. Die Republik erhält den Zusatz ›sozialistisch‹ sowie eine neue Verfassung.
1963	Alexander Dubček (1921–92) wird Vorsitzender der Slowakischen KP. Als Dubček 1967 als erster Slowake den Vorsitz im Zentralkomitee übernimmt und den ›Prager Frühling‹ mit liberalisierenden Reformen einleitet, wird dies der Sowjetunion zu viel.
21. 8. 1968	Truppen des Warschauer Paktes marschieren über Nacht ein und besetzen das Land. Dubček muss sich in Moskau verantworten und wird seines Amtes enthoben.
70er/80er Jahre des 20. Jh.	Unter Dubčeks Nachfolger Gustav Husák (1913–91), ebenfalls ein Slowake, beginnt die Phase der ›Normalisierung‹, wie es offiziell heißt: Alle auch nur irgendwie am Prager Frühling Beteiligten (meist Akademiker) verlieren ihre Stellungen. Das kulturelle Leben stagniert, es kommt zu einer gesellschaftlichen Eiszeit.
17. 11. 1989	Der Tag gilt offiziell als Beginn der ›Samtenen Revolution‹; Studenten läuten das Ende des sozialistischen Regimes ein.
1991	Ähnlich wie die Benelux-Länder schließen sich 1991 die mitteleuropäischen Staaten Polen, Tschechien, Slowakei und Ungarn zur ›Visegrad-Gruppe‹ (sprich: Wischegrad), zusammen, um die regionale Kooperation zu fördern und das Gewicht in der EU zu stärken. Nach der Trennung von Teschechien und der Slowkei 1993 nennt man sich kurz V4.

Staatliche Eigenständigkeit

1. 1. 1993	Die Slowakei wird selbstständig, Vladimír Mečiar Ministerpräsident des neuen Landes, Michal Kováč erster Staatspräsident. Mečiars autokratischer Führungsstil führt die Slowakei international ins Abseits.
1998	Im September gelingt es der politisch breit gefächerten Opposition, Mečiars Kabinett abzulösen. Mikuláš Dzurinda wird neuer Regierungschef. Das Koalitionsbündnis betreibt in den folgenden Jahren wieder forciert die Annäherung an EU und NATO.
1999	Rudolf Schuster wird als Präsident der Slowakischen Republik zum ersten Mal direkt vom Volk gewählt.
2002	Die slowakische Nationalmannschaft wird Weltmeister im Eishockey – ein Meilenstein in der internationalen Wahrnehmung des kleinen Landes. Und auch sonst ist es auf Erfolgskurs: Die Regierungszeit unter Premier Dzurinda verlängert sich im Herbst um eine weitere Amtszeit.
2003	Auf dem Gipfel in Prag wird die NATO-Mitgliedschaft ratifiziert, im Mai stimmen die Bürger in einem Referendum für den EU-Beitritt.
2004	Die Slowakische Republik tritt der NATO und der EU bei.

MILAN R. ŠTEFÁNIK

Der international wenig bekannte slowakische Politiker wirkte entscheidend an der Staatsgründung 1918 mit. Durch sein tragisches Ende 1919 konnte er in der jungen Tschechoslowakei kein Amt übernehmen wie Tomáš Garrigue Masaryk (1850–1937), der als erster Präsident heute nahezu mythischen Glanz besitzt. Dennoch machte der Sohn aus einer slowakischen Pastorenfamilie Weltpolitik und wird von Slowaken und Tschechen eher im Stillen verehrt.

Als 18-Jähriger geht er nach Prag an die Karlsuniversität, studiert Philosophie und besucht Vorlesungen der Mathematik und Astronomie. In der Prager Zeit nimmt er rege am gesellschaftlichen Leben teil und lernt Masaryk kennen, damals ein gefeierter Professor. Die drängenden politischen Fragen seiner slowakischen Heimat lassen ihn Mitglied der Hlasisten werden. Liberale slowakische Studenten hatten in Prag den Verein Detvan gegründet (1882), um für eine Befreiung von der ungarischen Übermacht zu kämpfen. Für ihre ihre Aktivitäten inspirierten sie sich an den Ansichten Masaryks, die von einer Politik der kleinen Schritte ausgingen. In ihrer Publikation ›Hlas‹ (›Die Stimme‹, gegr. 1898) kritisierten sie u. a. die passive und russenfreundliche Haltung der Slowakischen Nationalpartei in Martin.

1904 promoviert Štefánik. Sein Interesse an der Astronomie führt ihn nach Paris, wo er die Möglichkeit erhält, mit dem bedeutenden Astronomen Prof. Janssen zu arbeiten. In den folgenden zehn Jahren widmet er sich seiner wissenschaftlichen Tätigkeit, verfasst Abhandlungen und unternimmt Forschungsreisen. Seine letzte Expedition führt ihn 1913, da war er schon französischer Staatsbürger, nach Ecuador und Tahiti.

Die wissenschaftliche Karriere muss er wegen des Ersten Weltkriegs aufgeben. Er wird in die französische Armee eingezogen und auf eigenen Wunsch zum Piloten ausgebildet. Ende 1915 lernt er Edvard Beneš kennen, der sich mit T. G. Masaryk und anderen exilierten Politikern für die Bildung eines tschechoslowakischen Staates einsetzt. Von da an widmet sich Štefánik professionell der Politik. Aufgrund seiner Reputation in Frankreich kann er ein Treffen zwischen Ministerpräsident Aristide Briand und Masaryk vermitteln. 1916 findet die Gründungsversammlung des tschechoslowakischen Nationalrats statt, wo er die Interessen der Slowakei vertritt. Er wird mit dem Aufbau einer Armee beauftragt und erhält von französischer Seite finanzielle Zusagen. Bedeutende Unterstützung erfährt er von den Auslandsslowaken in den USA. 1918 wird er zum General der tschechoslowakischen Armee und im Oktober bei der Bildung einer vorläufigen Regierung zum Verteidigungsminister ernannt. Die Rückkehr in eine selbstständige ČSR erlebt er nicht mehr. Am 4. Mai 1919 verunglückt sein Flugzeug kurz vor Bratislava. Die Umstände des Absturzes blieben ungeklärt. In seinem Heimatland wurde er nicht vergessen: Das erste Denkmal mit Mausoleum wurde 1921 in Brezová pod Bradlom bei Myjava aufgestellt, viele Straßen tragen seinen Namen.

Kultur und Leben

Auf Folklore-Festen sind die kunstvoll
gefertigten Trachten zu bewundern

SLOWAKISCHE LEBENSART

Typisch slowakisch?

Die Slowaken, die nach einem Jahrtausend Fremdherrschaft endlich einen eigenen Staat haben, sind bestrebt, nach außen als möglichst einheitliche slowakische Nation zu erscheinen. Die Slowakei ist jedoch aufgrund ihrer geografischen Lage und Geschichte seit jeher ein Land, in dem verschiedene Volksgruppen (Ungarn, Deutsche, Juden, Roma, Ukrainer bzw. Ruthenen, Tschechen u. a.) miteinander lebten, sich vermischten oder zumindest beeinflussten. Leider sind immer noch viele Slowaken nicht bereit, dies als positives Erbe der Vergangenheit zu sehen und zu erkennen, dass sie mit ihren multiethnischen Erfahrungen manchen Teilen Europas etwas voraus haben und es fatal ist, einem Ideal des 19. Jh. nachzuhängen. Doch kühlt der nationale Übermut seit der Staatsgründung 1993 allmählich ab, ist aber immer wieder ein Instrument zur Stimmungsmache bei wichtigen politischen Entscheidungen und führt im Ausland im günstigsten Fall zu nachsichtigem Lächeln.

Gesellschaftliche Umbrüche

Ein westlicher Besucher kann oft gar nicht richtig ermessen, welchen Veränderungen die Slowaken, ähnlich wie andere Bewohner des ehemaligen ›Ostblocks‹, nach dem Regimewechsel 1989 ausgesetzt waren. 1993 kam noch die staatliche Souveränität hinzu, die ebenfalls einen Einfluss auf das gesellschaftliche Leben ausübte, wenn auch weniger gravierend.

Entgegen der Legende vom rückständigen Agrarland leben gut 60 % der Bevölkerung in Städten und nicht auf dem Land (Anfang der 60er Jahre des 20. Jh. war es nur ein Drittel). Allerdings gibt es kein breites, gefestigtes Fundament an Bürgertum, da dessen bedeutende Träger (Deutsche und Ungarn) im 20. Jh. weggefallen waren. Die größten Auswirkungen auf die Gesellschaft hatten nach 1989 die Umstrukturierungen und Privatisierungen in der Arbeitswelt. Fachkräfte, Verwaltungsangestellte, Lehrer und andere Akademiker mussten flexibel darauf reagieren, hatten aber keine Erfahrung damit. Viele wagten möglicherweise zu sorglos den Weg in die Selbstständigkeit, von außen sah das westliche Beispiel ja so einfach aus.

Im Privatleben steht für die Slowaken die Familie an erster Stelle, auch wenn sie mit statistischen 1,5 Kindern nicht sehr groß ist und westeuropäischen Werten entspricht. Doch das Single-Dasein ist in keinem Fall Thema. Die Wohnungssituation hat sich zwar ein wenig gebessert, aber es ist immer noch üblich, die Elterngeneration im eigenen Haushalt aufzunehmen oder bei den Eltern zu wohnen, bis man heiratet. Insgesamt ist die slowakische Gesellschaft nach wie vor patriarchalisch geprägt, trotz weit verbreiteter Berufs-

Feste und Festivals

Religion und Gläubigkeit nehmen nach wie vor eine wichtige Rolle ein

tätigkeit und gutem Ausbildungsniveau der Frauen.

Überwiegend katholisch

Die Slowaken sind traditionell katholisch. Der Heilige Stuhl konnte in diesem Land seit der Wende sogar noch Zuwächse verzeichnen, die in westlichen Nationen kaum denkbar sind, um mehr als 10 % auf derzeit ca. 70 %. Die evangelische Kirche repräsentierte in früheren Zeiten gern die fortschrittliche geistige Elite, ihre Anhänger (7 %) treffen sich heute in Gotteshäusern, die eher überdimensioniert scheinen. Das orthodoxe Judentum spielt im öffentlichen Leben heute keine Rolle, da seine Gläubigen zu einem kleinen Häuflein zusammenschrumpfte. Immerhin erwähnenswert sind die Anhänger des östlich-byzantinischen Ritus, ihre Gemeinden teilen sich in jene, die dem Patriarchen (0,7 %), und jene, die letztlich dem Papst in Rom unterstehen, die im Westen wenig bekannte griechisch-katholische Kirche (4 %).

Feste und Festivals

Zunehmende Urbanisierung und Industrialisierung sowie 40 Jahre staatlich verordneter Atheismus und Fortschrittsglaube haben auch in der Slowakei die zahlreichen Bräuche der bäuerlichen Welt eher in den Bereich der Folklore verlagert. Den ganzen Sommer hindurch finden über das Land verteilt Folklore-Festivals statt, die sich großer Beliebtheit erfreuen. Neben der einzigen professionellen Volkstanzgruppe SĽUK existiert eine große Schar von begeisterten Amateuren.

Das älteste internationale Folklore-Festival findet seit 1953 am ersten Wochenende im Juli am Fuß der Tatra in Východná statt (dreitägig). Ähnlich berühmt ist auch jenes in Detva. Nach der Wende hat man verstärkt auch in anderen Urlauber-Regionen damit begonnen, Volkstanz-Feste mit Handwerker-Märkten zu kombinieren, wie z. B. in Terchová in der Kleinen Fatra (Jánošík-Tage Anfang August), Zuberec in Orava (Mitte August) oder Kežmarok in der Zips (Mitte Juli).

Außergewöhnliche sportliche Wettbewerbe finden in den Gebirgsregionen vorzugsweise im Winter statt. Hundeschlittenrennen gibt es in Terchová und in Donovaly; unweit davon, in Turecká, kommt es seit vielen Jahren zu einem Kräftemessen besonderer Art: Männer sollen wie Rübezahl einen großen Hornschlitten *(krňačky)* geschickt und heil den Abhang hinuntersteuern. Im Vrátna-Tal der Kleinen Fatra treten gewöhnliche Ackergäule mit Fuhrwerken gegeneinander an. Und geht der Winter zu Ende, wird hier und in Štrbské Pleso (März) der Winter in bunt maskierten Umzügen mit lauter Musik aus dem Dorf getrieben. Doch zuvor sollte man noch ein Stück Gans mit *lokše* in Slovenský Grob verspeist haben, diese saisonale Tradition erstreckt sich inzwischen von November bis März.

Weitere Festivitäten, die mit Kulinarischem zu tun haben, gehören in die Weinregion: Im September gibt es rund um die Weinlese *(vinobranie)* in Pezinok oder Modra Straßenumzüge, wo schon der erste frisch vergorene Wein *(burčiak)* ausgeschenkt wird und die Gasthäuser auf Kundschaft warten. Etwas später dann (November) gibt es Tage der offenen Weinkeller, und Mitte April lädt Pezinok zu einer Weinmesse *(Vinné trhy),* zu der auch Winzer aus dem benachbarten Ausland zur Prämierung der Vorjahresweine geladen werden.

Unter den Musik-Events genießen in der klassischen Sparte die ›Bratislavské hudobné slávnosti‹ (im September), kurz BHS, das größte Ansehen. Dieses Festival ist mit einem internationalen Wettbewerb für Nachwuchsinterpreten verbunden. Einen wahren Ausnahmezustand beschert der Stadt Trenčín das Rock-Pop-Festival ›Pohoda‹, das größte des Landes, am zweiten Juli-Wochenende. Gemäßigter geht es bei ›Wilsonic‹ (Mitte November) in Bratislava zu, das eine Übersicht über neue Trends in elektronischer Musik bietet.

Eventkalender

Das Nationale Musikzentrum (Národné hudobné centrum) gibt jedes Jahr eine Übersicht (›Music events in Slovakia‹) über die wichtigsten Veranstaltungen und Festivals von Klassik über Jazz bis Folk und Pop heraus: Michalská 10, 815 36 Bratislava, Tel. 02/54 43 40 03, Fax 54 43 03 79, www.hc.sk.

Musik und Tanz

Einem verbreiteten Klischee zufolge sind die Slowaken eine sangesfreudige Nation. Und man denkt hierbei oft nur an die reiche volksmusikalische Tradition. Die Ernste oder Klassische Musik ist in den mitteleuropäischen Kontext eingebettet, und man sollte für die Zeit vor dem 20. Jh. eher von ›Musik in der Slowakei‹ statt von ›slowakischer Musik‹ sprechen. Anders als z. B. in der Literatur, die immer von einer Nationalsprache abhängt, konnten sich die in der Slowakei lebenden Volksgruppen hinsichtlich ihrer Musik ungehindert gegenseitig beeinflussen und Impulse aus europäischen Entwicklungen aufnehmen. Liebhaber der Volksmusik wie auch der Ernsten Musik kommen in der Slowakei ebenso auf ihre Kosten wie die Fans von Jazz und Pop, die auch in eigenen slowakischen Ausprägungen in Läden und Lokalen gegenwärtig sind.

Die ältesten erhaltenen Musikdokumente (gregorianische Choräle) gehen auf das 11.–12. Jh. zurück. Eines der bedeutendsten mittelalterlichen Stücke ist das Pressburger Missale von 1341. Im 15. und 16. Jh. trug das Aufblühen der Städte zur Festigung der Kirchenmusiktradition bei. Die grundlegenden Strukturen, die zu dieser Zeit geschaffen wurden, überdauerten in der Slowakei im Grunde bis ins 19. Jh., wobei die Entwicklung des geistlichen Lieds entscheidende Anstöße durch die Reformation erhielt. Barocke Musikformen etablierten sich in den ersten Jahrzehnten des 17. Jh. Die Zentren dafür waren Bratislava und Bardejov sowie die Regionen der Zips und der mittelslowakischen Minenstädte. In der Zeit des musikalischen Klassizismus (etwa 1760–1830) erreichte das Musikschaffen auf slowakischem Gebiet europäisches Niveau. Pressburg (Pozsony) war Hauptstadt des gesamten Ungarnreiches, ein reges Musikleben spielte sich vorwiegend hier ab. In der Romantik, als auch andere europäische Völker die volkstümlichen Wurzeln ihrer Musik suchten, bemühten sich nationalbewusste Komponisten um eine Einbeziehung der musikalischen Volkstradition. Bedeutendster romantischer Vertreter und Nestor der slowakisch-nationalen Musik war Ján Levoslav Bella (1843–1936). Wichtige Namen der Slowakischen Moderne sind neben anderen A. Moyzes, J. Cikker und E. Suchoň. Gerade letzterer trug v. a. mit Opern wie ›Svätopluk‹, die die großmährische Zeit heraufbeschwören, zur Stärkung der nationalen Identität bei. Die jüngste Generation der Postmodernen der 1980er Jahre hat in V. Godár ihren bekanntesten Vertreter.

Königin des Koloratursoprans

Sie schaffte es auf die Bretter der New Yorker Met und der Mailänder Scala: Edita Gruberová aus dem Bratislaver Vorort Rača. Sie begeistert ihre Fans durch ihren unnachahmlich enormen Stimmumfang – Konzertkarten sind weltweit schwer zu ergattern.

Lebensart

Bemaltes Holzhaus bei Čičmany

Volksmusik und Volkstanz werden vielerorts in Laien- oder halbprofessionellen Gruppen betrieben. Sie gehören bei Familien- oder Gesellschaftsfeiern unbedingt dazu. Wegen der zergliederten Landesstruktur hat sich eine ungewöhnlich breit gefächerte Volksmusik herausgebildet. Natürlich nahm sie die Einflüsse der anderen Bevölkerungsgruppen wie v. a. Ungarn, Deutschen und Roma auf. Die mehr als ein ›Kleeblatt‹ (so die Übersetzung) zählende Musik-Formation Ďatelinka ist seit Jahren so erfolgreich, dass es bereits mehrere Best-of-CDs gibt, die als nummerierte ›Goldene Auswahl‹ *(Zlatý výber)* auf dem Markt sind.

Eine ganz eigene Tradition in der Volksmusik hat das Spiel mit der *fujara* begründet. Sie ist eine Art Panflöte, die aus nur einem, allerdings sehr großen, Flötenrohr besteht und als einziges regionaltypisches Instrument der Slowakei gilt. Die Weisen, die auf der *fujara* erklingen, sind meist wehmütig, und die Liedertexte sprechen von Sehnsüchten und Weltschmerz. Am eindrucksvollsten klingen die Fujaristen aus Kokava *(Fujaristi z Kokavy)* dort, wo diese Hirtenmusik entstand: auf grünen Hängen, wo die Melodien der *fujara* wie aus einem Alphorn weit in die Täler getragen werden. Doch auch vom CD-Spieler im heimischen Wohnzimmer sind sie ein Hörerlebnis.

Im Bereich der populären Musik hat der Jazz die längste Tradition. Obwohl in der sozialistischen Ära als dekadent verteufelt, finden seit 1976 im Herbst die Bratislaver Jazz-Tage statt, Jazz-Keller mit Livemusik finden sich heute nahezu in jeder Stadt.

KUNST UND LITERATUR

Historische Architektur

Meisterliche Gotik und Renaissance-Sgraffiti

In der Architektur der Slowakei sind alle wichtigen europäischen Stilepochen vertreten, wobei die Romanik nur mit sehr wenigen, kleinen Bauten erhalten ist. In der Gotik sieht es schon sehr viel besser aus, das größte und bedeutendste Bauwerk ist der Dom von Košice, äußerlich sehr viel bescheidener kommt der von Bratislava daher. Besonders dicht sind gotische Sakralbauten in der Ostslowakei, insbesondere in der Zips, zu finden: St. Ägidius in Bardejov, die Zápoľský-Kapelle in Spišský Štvrtok, St. Martin in Spišská Kapitula. Auch die Grundmauern der meisten Burgen reichen in gotische Zeit zurück.

Holzkirchen

Eine außergewöhnliche Erscheinung der nördlichen Slowakei, wie der waldreichen Karpaten überhaupt, sind Holzkirchen. Wenige der ältesten reichen in die Gotik zurück, die meisten entstanden im Barock oder auch noch im 19. Jh. Die evangelischen unter ihnen werden Artikularkirchen genannt. Mittels eines Gesetztesartikels war es den Protestanten in einem halbherzigen Zugeständnis an die Religionsfreiheit zwar erlaubt worden, Kirchen zu bauen, doch musste dies außerhalb der Stadtmauern und ausschließlich aus Holz geschehen. Die katholischen Holzkirchen des äußersten Nordostens errichtete man meist für griechisch-katholische Gläubige (s. S. 192).

Habsburgisches Barock

Nach der Besetzung Südungarns durch die Türken und unter den Habsburgern wurden zahlreiche kirchliche und weltliche Bauten im Stil des Barock errichtet. Der ungarische Landadel errichtete in ganz ›Oberungarn‹, also der Slowakei, Kastelle oder ließ in den Städten alte gotische Gebäude zu repräsentativen Residenzen und Palais umbauen. Nahezu jede der großen und mittleren Städte legt davon heute noch Zeugnis ab. Als bedeutendster barocker Sakralbau gilt die Universitätskirche von Trnava.

Die Epoche des Klassizismus ist vor allem in der profanen Baukunst vertreten, prominentestes Beispiel ist das Primatial-Palais in Bratislava. Doch auch viele protestantische Kirchen wie die in Banská Bystrica, Levoča und Kremnica entstanden in diesem Baustil.

Von der Avantgarde zur Postmoderne im 20. Jh.

War die Architektur der vorhergehenden Jahrhunderte vielfach von ›importierten‹ Baumeistern bestimmt, gingen nach der tschechoslowakischen Staatsgründung 1918 vor allem einheimische Architekten daran, die Stadtbilder nach

KUNSTHANDWERK – TRADITIONELL ODER MODERN

Auch in der Slowakei hat traditionelles Kunsthandwerk eine Neubewertung erfahren, es gehört nicht mehr zu einer rückständig gedachten, dörflichen Alltagskultur, sondern wird in städtischen Haushalten besonders für dekorative Zwecke geschätzt. Es verfügt in der Slowakei ähnlich wie andere Bereiche der Volkskultur auch über eine reiche und breit gefächerte Tradition, die nach Industrialisierung und Kollektivierung ab den 1950er Jahren auf ein schmales Repertoire reduziert worden war. Seit den 1990er Jahren versucht man es schrittweise zu erweitern. Nach wie vor, doch mit neuer Ausrichtung und hoch gesteckten Ambitionen, wird der Großteil der Erzeugnisse von staatlicher Hand gelenkt.

1945 wurde das staatliche ›Ústredie ľudovej umeleckej výroby‹ (Zentrum des volkstümlichen Kunsthandwerks), allgemein als ÚĽUV bekannt, gegründet, um alte handwerkliche Techniken vor dem Vergessen zu bewahren. Es untersteht dem Kulturministerium und hat Herstellung und Vertrieb sowie Forschung und Dokumentation von volkstraditionellen Kunsthandwerken zur Aufgabe. Handwerksmeister, Künstler, Designer und Ethnologen wählen Handwerker aus, die dann als Selbstständige, manchmal auch in Kooperativen, in eigenen Werkstätten für ÚĽUV tätig sind. Mitarbeiter dieser Institution betreuen und fördern sie. Die besten der Kunsthandwerker werden von einer Kommission zu ›Meistern ihres Fachs‹ ernannt. Insgesamt sind im ÚĽUV etwa 1300 Lieferanten assoziiert, deren Produkte in neun Städten und elf eigenen Filialen angeboten werden. Die Zentrale sitzt in Bratislava, wird von der Unesco gefördert und lädt zu internationalen Symposien und Workshops, bei denen sich ihre festen und freien Mitarbeiter mit ausländischen Kollegen austauschen.

Durch die Anregungen von Künstlern und Designern entstehen für ÚĽUV nicht nur traditionsgetreue Produkte, sondern immer auch modern abstrahierte, zeitgenössische Varianten, die von der ÚĽUV-Fachkommission genehmigt werden müssen. Aus dem Bereich Dokumentation ist die Sammlung von etwa 16 000 Artefakten aus traditionellen Werkstoffen zu erwähnen. Einzigartig sind die Ergebnisse der Trachtenforschung: Sie kann mit Hilfe von Beschreibungen, Zeichnungen und Fotos nahezu 90 Typen und Varianten der Volksbekleidung nachweisen. Über das ÚĽUV kann man sich auch heute eine der gängigen Trachten maßgeschneidert anfertigen lassen.

Je nach Größe und Standort bieten die ÚĽUV-Läden eine breite Palette an volkstümlichen Erzeugnisse aus Holz, Ton, Metall, Horn, zudem Flechtarbeiten aus verschiedenen Materialien und Textilbearbeitungen. Stickereien, bunt oder dezent Ton-in-Ton, sowie Klöppelarbeiten, die in gewebte Tischdecken oder Servietten integriert sind, gehören zu den aufwendigeren Artikeln. Ähnlich wie in der Alpen-

Kunsthandwerk

region war der Blaudruck *(modrotlač)* mit eigenem Musterreichtum eine charakteristische Erscheinung der Slowakei. Die Stoffe, die außer im üblichen Indigo auch in anderen Farben bedruckt werden, gibt es als Meterware oder zu Einrichtungsgegenständen und Bekleidungsstücken verarbeitet. Zu beliebten Souvenirs aus Holz gehört neben der *valaška* (s. S. 122) der *črpák,* eine Art Haferl mit besonders ausgeschmücktem Henkel. Er diente den Hirten zum Schöpfen der Sauermilch aus den Bottichen. Ebenfalls typisch sind Maisstrohpuppen, die seit den 1960er Jahren in zunehmender Vielfalt gefertigt werden, auch die Heilige Familie kann man in dieser Machart erwerben.

Die Zentralisierung des volkstümlichen Kunsthandwerks hat ihre Vor- und Nachteile. Zum einen bietet das Signet ÚĽUV den Kunden eine gewisse Garantie gegen Kitsch und Schund und den Handwerkern die Möglichkeit, ihre Produkte landesweit zu vermarkten. Andererseits macht sie es ihnen aber auch schwer, sich selbständig zu machen, denn neben den ÚĽUV-Dependancen gibt es nur wenig wirklich gute Laden-Galerien für Kunsthandwerk. Seit 1996 bietet ÚĽUV Kurse (auch für Kinder) in den traditionellen Techniken an. In Bratislava betreibt es einen schönen Handwerkerhof *(dvor remesiel),* wo man sich an den verschiedenen Materialien versuchen kann. Info: ÚĽUV, Obchodná 64, 81611 Bratislava, Tel. 02/52 73 13 55, craft@uluv.sk, www.uluv.sk.

Keramik, wie sie für Modra typisch ist

eigener Maßgabe zu gestalten. Bauhaus und Konstruktivismus inspirierten Architekten wie M. M. Harminc (u. a. das Nationalmuseum in Bratislava), E. Belluš (Kolonnadenbrücke in Piešťany) oder B. Weinwurm nicht nur zu Repräsentationsbauten, sondern auch zu hochmodernen und funktionalen Wohnanlagen, Krankenhäusern und Sanatorien (Hohe Tatra).

Die sozialistische Doktrin der Nachkriegszeit machte aus der ästhetischen Moderne nur noch einfallslose Wohnsilos in Form von Plattenbauten, die die Städte an ihren Rändern optisch leider viel stärker prägten als alle architektonische Kunst davor. Und die verspätet eingesetzte Postmoderne der 1990er Jahre fällt zumeist entweder durch protzende Wucht (Banken und Versicherungen) oder durch verniedlichenden Kitsch ins Auge.

Literatur

Die Slowaken hatten jahrhundertelang keinen eigenen Staat, die Schaffung ihres Nationalbewusstseins verlief deshalb vorwiegend über den Rückgriff auf volkstümliche Überlieferungen.

Die Zeit des legendären Großmährischen Reiches, als dessen Nachfahren man sich betrachtet, lag in allzu weiter Vergangenheit. Das mittelalterliche Schrifttum war lateinisch oder tschechisch dominiert, das Ende des 18. Jh. brachte dann erste Versuche, das Slowakische zu einer ›Schriftsprache‹ zu normen. Dies gelang L. Štúr mit seiner ›Náuka reči slovenskej‹ (s. S. 24). Gegen die klassische Periode polemisierten die Romantiker – kurz als Štúrianer zusammengefasst. Sie griffen verstärkt auf Stoffe der Volksliteratur zurück. Der eigenwillige Janko Kráľ (1822–76) war ein wahrhaft dichterischer Rebell und blieb einer der stärksten und modernsten Dichter der Romantik. Der größte Ruhm gebührt traditionell bis heute Andrej Sládkovič (1820–72), der in dem Versepos ›Marína‹ (1846) die unerfüllte Sehnsucht nach der Angebeteten mit einer Hymne ans Vaterland verbindet. Vom letzten großen Dichter des 19. Jh., Pavel Országh Hviezdoslav (1849–1921), der bereits dem lyrischen Realismus zugerechnet wird, kann man zumindest die ›Blutigen Sonette‹ (Krvavé sonety, 1914) auch auf Deutsch lesen. Er ist ein Meister der Natur- und Gedankenlyrik, führte das Slowakische zu nuancenreicher Ausdruckskraft, verband Persönliches mit Nationalem, Volkspoesie mit hoher Dichtkunst.

Nach dem Zweiten Weltkrieg gelang es der Literatur, sich vom Diktat der Nationalbewusstsein stiftenden Aufgabe zu lösen. Da, wo sie sich vom Druck der nun hinzugekommenen Ideologie befreien konnte, lässt sie sich besonders in den liberalen 1960er Jahren mit europäischen Maßstäben messen. Die 1970er und 1980er Jahre brachten große Repressionen, neben der offiziellen staatskonformen Literatur entstanden Subkulturen im Dissens oder Exil. Eine der Lichtgestalten dieser Zeit war Dominik Tatarka (1913–89). Die Ohnmacht gegen die Kommunisten drückte er in seiner Anklage ›Sám proti noci‹ (›Allein gegen die Nacht‹, 1984, dt. 1995) aus, das zum Kultbuch avancierte.

DIE SLOWAKISCHE SPRACHE

Im Staatsverband der Tschechoslowakei ging in der Wahrnehmung von außen das Slowakische als eigene Sprache meist unter. Auch gebildete Ausländer sprachen gern nur von der tschechischen, allerhöchstens von der nicht existenten ›tschechoslowakischen‹ Sprache. Zugegeben, das Tschechische steht dem Slowakischen sehr nahe, Sprecher beider Sprachen können sich ohne größere Schwierigkeiten verständigen, doch könnte keiner für sich die Sprache des anderen korrekt sprechen, ohne sie gelernt zu haben.

Nach dem gemeinsamen Ursprung wurde die slowakische Sprache immer wieder vom Tschechischen beeinflusst. In der Folge der hussitischen Emigration kam die *bibličtina* (Bibel-Tschechisch) zu den protestantischen Slowaken, die die Liturgie bis dahin nur auf Latein vernahmen. Die tschechischen Exilanten nach der Schlacht am Weißen Berg 1620 brachten neue tschechische Einflüsse. Anton Bernolák, der Ende des 18. Jh. erste Versuche zu einer Festschreibung der slowakischen Sprache unternahm, orientierte sich noch stark am Bibel-Tschechisch, obwohl er selbst als katholischer Priester nicht in dieser Tradition stand. *Bernoláčtina* (Bernolák-Slowakisch) verwendeten dann vorwiegend die Katholiken, die Lutheraner hielten weiter am Bibel-Tschechisch fest. Die Bemühungen um Eigenständigkeit auch in sprachlicher Hinsicht hatten ihren Höhepunkt in den 40er Jahren des 19. Jh., als eine Gruppe von Schriftstellern um Ľudovít Štúr unter dessen Federführung in der ›Lehre von der slowakischen Sprache‹ auf der Grundlage der mittelslowakischen Dialekte eine neue Schriftsprache schuf. Diese unterschied sich deutlich vom Tschechischen. Für ihre Verbreitung hatte die ›Matica slovenská‹, die ›Slowakische Kulturinstitution‹, entscheidende Bedeutung. Da es im habsburgischen Ungarn lange kein Recht auf slowakische Schulbildung gab, sorgte sie mit volksaufklärerischen und literarischen Schriften für ein auch sprachlich gestärktes Nationalbewusstsein. Dennoch verfügt das Slowakische bis heute über eine Reihe von deutschen und ungarischen Lehnwörtern.

Gegen ›Tschechismen‹ ging es noch einmal nach der Staatsgründung 1918, denn zum Aufbau einer staatlichen und schulischen Infrastruktur waren viele Tschechen in den slowakischen Landesteil gekommen. Der Widerstand dagegen erfuhr seinen Höhepunkt in ›Reinigungsaktionen‹ in der Zeit des Slowakischen Staates (1939–45). Nach dem Zweiten Weltkrieg fand sich ein Kompromiss. Eine bis heute gültige Änderung der Kodifizierung bewahrt die Eigentümlichkeiten der slowakischen Sprache und verzichtet darauf, eingeschliffene Parallelen zum Tschechischen zu eliminieren. Historisch ist das Lautsystem des Slowakischen konservativer, es hat einige der tschechischen Entwicklungen nicht mitgemacht. In der Formenlehre ist es entschieden regelmäßiger. Das ›schönste‹ und weichste Slowakisch vernimmt man in der Mittelslowakei. Im Westen ist der Einfluss des Tschechischen herauszuhören, im Osten der des Polnischen und Ukrainischen.

Lebensart

ESSEN UND TRINKEN

Fehlanzeige für Gourmets

Die ursprüngliche Küche der gebirgigen Zonen war zwar sehr karg, sie entspräche aber in vielem den Vorstellungen der Naturkost-Küche: kaum Fleisch, dafür verschiedene Breie und Eintöpfe aus Getreide und Hülsenfrüchten, außerdem Gerichte aus Teigwaren, süß oder salzig. Ergänzt wurde der Speiseplan der Bergbewohner durch Milchprodukte aus Schaf- und Kuhmilch, darunter vor allem Sauer- und Dickmilch, sowie jüngere Käsesorten. Diese Zeiten sind lange vorbei, die Massentierhaltung brachte den täglichen Fleischkonsum mit sich.

Viel Fleisch, kaum Salat

Die Gastronomie-Küche spiegelt diesen Zustand wider. Es gibt eine große Auswahl an **Fleischgerichten,** nicht raffiniert und nicht wirklich vielfältig, aber meist schmackhaft zubereitet, dazu eine kleine Gemüsebeilage *(obloha)*, die eigentlich immer rohes Kraut enthält. Die Salatportionen sind ebenfalls eher klein, am besten schmeckt auch hier der Krautsalat.

Worauf man sich fast immer verlassen kann, sind panierte *(vyprážané)* Speisen oder Fleisch vom Grill. Und mit einem Gulasch kann man im Grunde auch nichts falsch machen. Von international klingenden Gerichten ist eher abzuraten, dazu fehlt es den Köchen an Finesse. Explizit **vegetarische Gerichte** entsprechen meist nicht unseren Erwartungen, da man sie nicht zu würzen versteht.

Slowakische Spezialitäten

Wer kein oder nur wenig Fleisch essen möchte, sollte nach folgenden Gerichten Ausschau halten (leider werden sie im Zuge einer falsch verstandenen ›Modernisierung‹ gering geachtet): **Vyprážaný syr** – den gibt es eigentlich überall – ist eine in Panade gebackene Käsescheibe mit Tatar-Soße *(tatarská omáčka)*. Das Nationalgericht **bryndzové halušky** ist ein typisches Essen der Gebirgsbewohner (s. S. 43), für ausländische Gaumen jedoch zuweilen gewöhnungsbedürftig.

Halušky sind daumengroße Nocken aus Kartoffelteig, sehr den italienischen Gnocchi verwandt. Sie werden heiß mit Schaffrischkäse vermengt, der Brinsen oder Brimsen genannt wird. Besonders beliebt ist der Mai-Brinsen vom ersten frischen Gras im Frühjahr. Die fertigen Nocken werden zum Schluss mit Speckwürfeln bestreut, oft wird auch das ausgelassene Fett darüber gegossen. Wem das zu deftig ist, lasse sich die *oškvarky* (Grieben) extra servieren, dann kann er sie besser dosieren. Traditionsbewusst genießt man die *halušky* mit dickflüssiger Sauermilch *(kyslé mlieko)*, im Allgemeinen jedoch mit Bier. Eine weitere Variante der Nocken sind **strapačky** (Rupfennudeln), sie

BOROVICA ODER SLIVOVICA?

Zur sprichwörtlichen Gastfreundschaft der Slowaken gehört unbedingt der Schnaps. Egal zu welcher Tageszeit Sie in ländlichen Gegenden willkommen geheißen werden, man wird Ihnen in der Regel eine *borovica* (Wacholderbrand wie Gin), gern auch im Diminutiv *borovička,* oder *slivovica* (Pflaumenschnaps) anbieten. Wenn der Gastgeber jedem zur Begrüßung einen *štamperlík* (Schnapsglas) einschenkt, ist nur der Fahrer eines Autos 100-prozentig tabu – nach wie vor gelten am Steuer 0,0 Promille. Sollte einem ein Schnäpschen an einem heißen Sommertag oder aus anderen Gründen nicht genehm sein, muss man vor dem Eingießen schwer wiegende Ausreden vorbringen. Denn ist das Schnapsglas erst einmal gefüllt, wird einen der Hausherr nicht eher gehen lassen, als bis es geleert ist – man werde doch kein Unglück über sein Haus und seine Familie heraufbeschwören wollen! Auch ohne explizite Mahnung stellt ein nicht ausgetrunkenes Glas immer noch einen kleinen Affront dar. Zum Glück lockern sich diese Sitten zunehmend, man kann weitere *štamperlíky* eher ablehnen, ohne dabei das Gesicht zu verlieren.

Die Destillate werden in unterschiedlich hohen Alkoholprozenten angeboten (30–45 %), dagegen das slowakische Bier, von dem es einige gute regionale Marken gibt (Zlatý bažant, Smädný mních, Šariš), in unterschiedlichen Stammwürzegraden (10–14°). Besonders angenehm weich am Gaumen ist die Trenčíner Borovička. Das Pendant zur tschechischen Becherovka ist die süße *(likér)* oder bittere *(horká)* ›Demänovka‹, ein ausgezeichneter Kräuterschnaps aus Liptovský Mikuláš.

Lebensart

werden mit Sauerkraut oder Topfen, manchmal auch süß angeboten. Ebenso köstlich können **pirohy** (Piroggen) sein, die man sich wie kleine Maultaschen oder halbrunde Ravioli vorstellen muss. Sie haben eine Topfen- oder Fleischfüllung und kommen mit zerlassener Butter an den Tisch.

Ein besonderes Thema: Die Suppen

Zum Schluss, entgegen der Menü-Folge, ein Wort über Suppen. Auch und gerade in einfachen Gasthäusern bekommt man oft gute hausgemachte Bouillon, typisch sind Knoblauch- *(cesnaková polievka)* und Krautsuppe *(kapustnica)*. Ausgezeichnet können saure Pilzsuppen *(kyslá hubová polievka)* schmecken. Generell würzt die slowakische Küche gern mit Knoblauch, und Kraut gibt es zu jeder Jahreszeit und in jeder Variation. Gut und zu empfehlen sind Kartoffelpuffer *(zemiakové placky)*, sie sind herzhaft mit Knoblauch und Majoran abgeschmeckt, werden zu Fleisch oder mit Kraut angeboten und passen hervorragend zu einem süffigen Bier.

Was sind ›koliba‹ und ›salaš‹?

Die gepflegteste Form, essen zu gehen, bietet normalerweise eine **reštaurácia** (Restaurant). Leider meint man auch in guten Lokalen, den Gast mit schriller und überlauter Pop-Musik beglücken zu müssen. Auf slowakische Spezialitätenlokale in rustikaler Ausstattung weisen die Bezeichnungen **koliba** oder **salaš** (s. S. 130) hin. Ersteres bedeutet ›Räuberhütte‹ und knüpft an den legendären Jánošík an, letzteres ›Almhütte‹ und geht auf die reiche Hirtentradition des Landes zurück. Einfacher und bei der Speisenauswahl eingeschränkter sind **vináreň** (Weinschenken) und **piváreň** (Bierkeller), die zuweilen aber schmackhafte, unverfälschte Hausmannskost bieten. Die ›modernere‹ Variante sind **Pubs**, die allenthalben aus dem Boden schießen. Ausländische, insbesondere italienische und französische Küche wird allzu sehr ›slowakisiert‹, Kulinarik-Freaks sollten deshalb keine hohen Erwartungen haben. In einem **hostinec** bekommt man zwar auch zu essen, doch sind das meist sehr einfache, verrauchte Dorfwirtschaften.

Die Preisangaben bei den im Reiseteil genannten Speiselokalen beziehen sich auf ein einfaches Menü: Suppe, Fleischgericht mit Beilagen, Getränk.

Im Café gibt es keinen Kuchen

In einem Café oder slowakisch *kaviareň* darf man nicht unbedingt ein Kuchenangebot erwarten. Reiche Kuchenauswahl zum Kaffee oder Tee gibt es aber bestimmt in einer *cukráreň* (Konditorei). Hier ist es vielfach üblich, den Kuchen an der Theke auszusuchen und sofort zu bezahlen. Die Bedienung bringt ihn dann mit den Getränken an den Tisch und man bezahlt bei ihr nur Letztere.

BRYNDZOVÉ HALUŠKY
(LIPTAUER BRIMSEN NOCKERLN)

(für 6 Portionen)

800 g Kartoffeln (mehlige Sorte)
2 Eier, Salz
150 g Mehl (Typ 405)
150 g griffiges Mehl (in Deutschland als ›Doppelgrießler‹ oder ›Wiener doppelgriffiges Mehl‹ bekannt)
300 g Schafsfrischkäse (bei fehlender Originalzutat kann man sich auch mit je 150 g Feta und fettem Frischkäse behelfen, die man gut miteinander vermengt)
100 g Räucherspeck

Die Kartoffeln schälen, waschen, abtrocknen und fein reiben. Die Eier, die beiden Mehlsorten und etwas Salz dazugeben und alles mit einem Kochlöffel zu einem zähflüssigen Teig rühren.
In einem großen Topf reichlich Salzwasser zum Kochen bringen. Nockerlnteig wie schwäbische Spätzle portionsweise von einem Brett in das sprudelnd kochende Wasser schaben: Dafür ein nasses Holzbrett etwa zu einem Viertel dünn mit Teig bestreichen. Das Brett mit der bestrichenen Seite über den Kochtopf halten. Für jedes Kartoffelnockerl knapp daumenbreite Teigstreifen rasch vom Brett ins sprudelnd kochende Wasser schaben. Dabei hin und wieder umrühren.

Sobald die Nockerln an die Oberfläche steigen, noch 3 Minuten garen. Mit einem Schaumlöffel herausnehmen und in eine Schüssel geben. Sofort mit dem zerkrümelten Käse mischen und im Backofen bei 50 °C warm halten.

Zum Schluss den gewürfelten Speck in einer Pfanne auslassen und über die angerichteten Nockerln geben.

Tipps für Ihren Urlaub

Flößer auf dem Dunajec mit ihren
Fahrgästen

DIE SLOWAKEI ALS REISEZIEL

Pauschal oder individuell?

Reisen in die Slowakei bieten einige der großen Reiseveranstalter über hiesige Reisebüros an, doch sind hier qualitätsvolle Angebote rar. Ein auf die Slowakei spezialisiertes Reisebüro für Pauschal- und Individualreisen ist Satur, das aus dem ehemals staatlichen Reiseveranstalter hervorgegangen ist und über Dependancen in den deutschsprachigen Ländern verfügt, doch sind das die üblichen Standard-Reisen. Der Bund Naturschutz organisiert Fahrten in kleinen Gruppen zu Natursehenswürdigkeiten. Ein kleiner Veranstalter in Regensburg versucht, seinen Kunden das Land auf persönliche Weise näher zubringen und bietet kombinierte Aktiv- und Bildungsreisen an. Für sein kulturell anspruchsvolles und auf konkrete Begegnungen mit den Landesbewohnern bedachtes Reisekonzept wurde er mehrfach ausgezeichnet: Dr. Erwin Aschenbrenner, Dechbettener Str. 47b, 93049 Regensburg, Tel. 0941/2 60 80, Fax 2 60 81, www.boehmen-reisen.de.

Rundreise

Die Hauptstadt Bratislava ist gleichsam das Tor zum Land und selbst allein als Städtereise einen Besuch wert. Danach führt die typische Reiseroute an den Kleinen Karpaten mit seinen Weinorten entlang zum Waagtal, wo Trenčín mit seiner Burg und der sich daran anschmiegenden Altstadt ein idealer Standort ist. Danach geht es entweder östlich über das Schloss Bojnice bei Prievidza und die bunt bemalten Bauernhäuser von Čičmany oder weiter durch das Waagtal nach Norden in die Tatra. Hier ist das Demänová-Tal mit seinen Höhlen ein Muss für die Niedere Tatra. Und in der Hohen Tatra nordwestlich davon gibt allein eine Fahrt entlang der Tatra-Magistrale (mit dem Auto oder mit der von Poprad aus verkehrenden Bahn) einen bleibenden Eindruck von diesen Mini-Alpen. Eine weitere Station könnte die Zips mit Kežmarok und Levoča nebst der Zipser Burg sein, bevor man sich wieder nach Westen Richtung Banská Bystrica wendet. Die quirlige Metropole der Mittelslowakei lohnt ebenso wie das beschaulichere Städtchen Banská Štiavnica einen Besuch. Wenn man durch die südliche Slowakei wieder nach Hause fährt, wäre noch die Kathedrale von Nitra als letzter Höhepunkt sehenswert. Eine Rundreise dieser Art lässt sich in 7–10 Tagen gut absolvieren.

Kultur und Natur – was ist sehenswert?

Die historische Architektur ist in erster Linie in den Städten der Slowakei zu besichtigen, man darf sich nur nicht von den beinahe überall gegenwärtigen Plattenbausiedlungen abschre-

Tipps für Ihren Urlaub

Malerisch gelegen: die Burg Beckov

cken lassen. Für Gotik und Renaissance ist die Zips berühmt, hier sind Kežmarok, Levoča und Spišské Podhradie mit Burg und Kanonikerstädtchen Spišská Kapitula sowie Spišský Štvrtok besonders zu empfehlen. Doch auch Košice mit der östlichsten gotischen Kathedrale und dem ungewöhnlich gut erhaltenen historischen Hauptplatz und das mittelalterliche Bardejov lohnen den Abstecher in die östlichste Region.

Städte mit schönen Burgen sind Bratislava und Trenčín. Weitere sehenswerte Burgen stehen in Častá (Červený kameň) und bei Dolný Kubín (Orava-Burg). Wer sich für die sakrale Baukunst des Barock interessiert, muss nach Trnava und Nitra. Und die ehemaligen Bergbaustädte der Mittelslowakei Banská Bystrica, Banská Štiavnica und Kremnica haben außergewöhnlich gut erhaltene Altstadtkerne mit gotischer bis barocker und historistischer Architektur aufzuweisen.

Ein besonderes Erlebnis bietet eine Reise zu den hölzernen Kirchen des Nordostens (s. S. 192); rund um Svidník kann man sich auch in kurzer Zeit einen bleibenden Eindruck von ihnen verschaffen. Volkstümliche Architektur ist mit dem Gütesiegel der Unesco in Vlkolínec zu besichtigen. Außerdem stehen schöne Freilichtmuseen unweit davon in Zuberec (West-Tatra) und Pribylina bei Liptovský Mikuláš.

Zu den Highlights der Natursehenswürdigkeiten gehört natürlich die weithin gerühmte Tatra. Auch Menschen, die keine Wander-Freaks sind, werden

Tipps für Ihren Urlaub

davon beeindruckt sein und am Endpunkt des Demänova-Tals, in Jasná, oder in Štrbské Pleso und im alten Hauptort der Hohen Tatra, in Starý Smokovec, den Anblick der Bergwelt sowie die herrliche Luft genießen.

Anspruchsvolle Wanderer und Kletterer kommen in der Hohen Tatra natürlich ganz auf ihre Kosten. Ungewöhnliche Ein- und Ausblicke bieten auch die Jánošík-Schlucht bei Terchová in der Kleinen Fatra sowie der Thomas-Ausblick des Slowakischen Paradieses.

Wer eher Einsamkeit in der Natur sucht, sollte sich in die weniger touristische und bäuerlichere West-Tatra und die Region Orava aufmachen. Und die Muránska plánina (Murán-Plateau) nördlich von Rožňava sowie der Slowakische Karst im Süden davon können als Geheimtipp für Wanderungen auf Hochplateaus gelten. Höhlenfreunde sollten die Höhle der Freiheit und die Eishöhle des Demänova-Tals ebensowenig auslassen wie die seltene Aragonit-Höhle und das weit verzweigte System der Gombasek-Höhlen bei Rožňava.

Ausgehen

Für Nachtschwärmer bieten neben der Hauptstadt vor allem Banská Bystrica und Košice Nightlife nach westlichem Vorbild, und auch die Touristenhochburgen der Tatra stehen hier in nichts nach, wirklich schick und mondän geht's allerdings nirgendwo zu.

Hotel oder Familienpension?

Die Privatisierung der **Hotels** ist nahezu abgeschlossen. Leider kann man sich nicht immer auf die Sterneklassifizierung (1–5-Sterne-Hotels) verlassen, sie ist in Umbruchsländern wie der Slowakei nicht das geeignete Mittel, dem Gast Hilfestellung zu geben. So können z. B. Hotels, die komplett restauriert, aber wegen eines fehlenden Aufzugs in der Kategorisierung (nicht im Preis!) von drei auf einen Stern zurückgefallen sind, sehr viel angenehmer und komfortabler sein als ein nur oberflächlich hergerichtetes ehemaliges Staatshotel, das noch ›sozialistische Atmosphäre‹ verbreitet (die zuweilen auch ihren Charme haben kann).

Insgesamt ist das Verhältnis von Angebot und Leistung noch nicht überall harmonisiert, manche Hotels sind entschieden übertreuert, nur weil man

---

Eine ›Hütte‹ für die Ferien

Ferienhäuschen oder ländliche Apartments werden als *chata* (mit kehligem ch-Laut gesprochen) oder *apartmán* meist von den örtlichen Reisebüros angeboten. Die als Wochenenddomizil allseits bekannte *chata* (Hütte‹) kann tatsächlich eine einfache Unterkunft sein, doch in Touristenzentren gibt es auch schon modern ausgestattete Holzhäuser, die die deutsche Bezeichnung ›Ferienhaus‹ nicht zu scheuen brauchen.

Tipps für Ihren Urlaub

glaubt (!), westlichen Standard zu bieten. Es gibt jedoch eine Reihe von Hotels, die den Erwartungen hiesiger Urlauber durchaus entsprechen und 20–30 % unter den westeuropäischen Preisen liegen. Und dann wiederum gibt es Pensionen, die westliche Hotelstandards (und Preise) erreichen.

Unangenehm und oft unangemessen ist es, wenn Hotels bei den Zimmerpreisen zwischen einheimischen und ausländischen Gästen, von denen sie zuweilen mehr als doppelt so hohe Preise nehmen, unterscheiden. Zwar ist diese Praxis rückläufig, doch man muss noch damit rechnen. Wirklich günstig sind Privatunterkünfte, und manchmal können es auch Pensionen oder kleine Hotels sein. Reservieren empfiehlt sich in der Ferienzeit Juli und August sowie an Ostern und Weihnachten

In touristisch sehr frequentierten Gegenden wie der gesamten Tatra, aber auch in den Mittelgebirgen und der Zips, werden viele **Privatquartiere** angeboten. Entweder hängt über dem Gartenzaun das Schild ›ubytovanie‹ oder auf Deutsch ›Zimmer frei‹, oder man geht ins Tourismus-Büro, wo die meisten der Zimmer vermittelt werden. Viele Menschen der Gebirgsregionen setzen auf diese Nebeneinkünfte und haben Zimmer (auch mit Dusche und WC) für Touristen z. T. bemerkenswert hergerichtet, was das Haus von außen nicht immer vermuten lässt. Übernachtungen in Privathaushalten gibt es je nach Region pro Person schon für ca. 5 €, zuweilen mit Frühstück!), mehr als etwa 9–10 € zahlt man in der Regel nicht.

Ferien auf dem Bauernhof

Unter dem Begriff *agroturistika* bietet man seit Mitte der 1990er Jahre naturverbundenen Urlaub auf dem Land an. Nicht immer sind es tatsächlich bäuerliche Wirtschaftsbetriebe, doch zumeist trifft man auf familienfreundliche, preisgünstige Ferienquartiere. Nähere Auskunft sowie einen Prospekt mit den zur Verfügung stehenden Unterkünften erhält man über den Verband: Slovenský zväz vidieckej turistiky a agroturistiky, Priemyselná 6, 82109 Bratislava. Telefonische Auskünfte über das Info-Büro von Zuberec (West-Tatra): 043/5 32 07 77, Fax 043/5 39 51 97, slovakguide@stonline.sk, www.agroturist.sk.

Urlaub mit Kindern

Kinder haben bei Slowaken, auch hier sind sie den Italienern ähnlich, einen hohen Stellenwert, ohne dass sie in den meisten Familien materiell verwöhnt werden können. Man macht nicht viel Aufhebens um sie, doch gehören sie selbstverständlich dazu und werden respektvoll behandelt. Deshalb gibt es auch selten speziell ausgewiesene Angebote für ›Kids‹, aber es wird immer an sie gedacht. Die zunehmend häufiger erhältlichen Kinderteller *(detský tanier)* und Beistellbetten *(prístelka)* für einen geringen Aufpreis in Hotels und Pensionen spiegeln nur die praktische Seite des Unterwegsseins mit Kindern in der Slowakei. Niedrige Eintrittspreise meist erst für Kinder ab 12 Jahre entlasten die Urlaubskasse.

Tipps für Ihren Urlaub

Sportlich und aktiv

Angeln und Jagen

Das, woran Wassersportler ihre Freude haben, steht in der Regel auch **Anglern** zur Verfügung: Flüsse, Gebirgsbäche, große und kleine Seen. Ähnlich wie fürs Jagen muss man sich in der zuständigen Gemeinde (Tourismus-Büro) einen Berechtigungsschein holen. Für den Forellenfang ist der See Vrbické pleso (Demänovská dolina in der Niederen Tatra) zu empfehlen. Weitere Süßwasserfische kann man sich aus Stauseen wie Sĺňava bei Piešťany, Oravská priehrada oder Liptovská mara angeln.

Das **Jagen** in den waldreichen Landschaften ist sehr beliebt. Jagdscheine sind zumeist über die Tourismus-Büros erhältlich, hier kann man auch zu örtlichen Jägern Kontakt aufnehmen, um an Jagden teilzunehmen. Der Slowakische Jagdverband (Spoločnosť ZVEREX) sitzt in: Dom poľovníkov, Štefániková 10, 81105 Bratislava, Tel. 02/52 49 21 07, Fax 52 49 39 13.

Bergsteigen und Klettern

Fürs Bergsteigen und Klettern sind die Mini-Alpen Ostmitteleuropas hervorragend geeignet. In der Hohen und West-Tatra stehen zahlreiche Zweitausender für hochalpine Touren zur Verfügung. In den Zentren wie Štrbské Pleso, Smokovce, Tatranská Lomnica oder Zuberec in der West-Tatra werden erfahrene Bergführer vermittelt, die nicht nur Gefahrenstellen kennen. In ihrer Begleitung kann man auch die markierten Pfade der Nationalparks verlassen.

Bungee-Jumping

Diese waghalsige Sportart fand in der Hohen Tatra in Štrbské Pleso die ersten Anhänger. Im ›Areal der Träume‹ (Areál snov) kann man im Sommer von der Skisprungschanze oder von einem Autokran aus 70 m Höhe in die Tiefe springen.

Golf

Golf ist in der Slowakei ein junger Sport, und obwohl es schon viele Klubs gibt, haben deren Mitglieder nur wenige Möglichkeiten, ihn auch zu praktizieren. Immerhin bestehen in der Umgebung von Bratislava drei Golf-Areale mit unterschiedlicher Ausstattung: in Bernolákovo ist ein 9-Loch-Platz, Lozorno und Čierna Voda haben jeweils eine Driving-range und Übungswiesen. Der repräsentativste Golfplatz befindet sich seit 2003 an den Südhängen der Niederen Tatra, in Tále bei Brezno. Es verfügt über 18-Loch, erstreckt sich in herrlicher Landschaft am Rand des Nationalparks und heißt Sivý medveď (Grauer Bär). Informationen zum aktuellen Stand über das Nationale Golfzentrum: Národné golfové centrum, Bratislava-Čierna Voda, Tel. 02/45 94 48 26, ita@ita.sk.

Kajak und Kanu

Knapp 60 der slowakischen Flüsse und Bäche sind für Wassersport im Kanu, Kajak oder Floß geeignet und ausgewiesen. Die Oberläufe der Gebirgsflüsse (z. B. Malý Dunaj, Dunajec, Hornád, Ipeľ, Nitra, Ondava, Poprad, Orava,

Tipps für Ihren Urlaub

Váh) sind für geübte Kajakfahrer im Frühling und Frühsommer besonders zu empfehlen, da sie dann ausreichend Wasser führen. Doch man kann auch auf stillen und geruhsamen Wasserflächen dahinpaddeln und zivilisationsferne Flusslandschaften genießen, wie auf den Seitenarmen des Váh (bei Trenčín oder Piešťany) oder der Donau. Letztere bildet zwischen Bratislava und dem Wasserkraftwerk Gabčíkovo ein Netz von Seitenarmen mit einer bewundernswerten Vogelvielfalt.

Paragliding

In der Umgebung von Donovaly (bei Banská Bystrica) und in der Orava-Region gibt es ideale und gut erreichbare Bergkuppen, von denen man für kilometerlange Flüge starten kann. In Donovaly steht auch ein Sessellift für die Schirmgleiter zur Verfügung.

Radfahren, Radwandern, Mountainbiking

Die Städte sind noch nicht mit gesonderten Wegen auf die Radfahrer eingerichtet, doch insgesamt wird die *cykloturistika,* also der Radsport, zunehmend beliebter. Und das Land eignet sich auch dazu. Doch sollte man wegen der nicht immer vorsichtigen Fahrweise der Autofahrer auf ausgewiesene Radwege durch das gebirgige Gelände achten. Für die Region Liptov, die Mittelgebirge und südlich von Bratislava die Donau entlang gibt es detaillierte Karten, und es werden ständig mehr. In Buchhandlungen und Tourismusbüros Ausschau danach halten.

Reiten

Die bekanntesten Gestüte der Slowakei befinden sich in Topoľčianky (bei Nitra) und Motešice unweit von Trenčín. Doch Reitstunden und Ausritte in herrlicher Natur werden in sehr vielen touristischen Zentren günstig angeboten. Nicht selten stellt man in der Agrotouristik (Ferien auf dem Bauernhof) Gästen Pferde zum Ausritt zur Verfügung.

Rafting

Zwei künstliche Wildwasserkanäle bieten den Liebhabern dieser rauen Sportart Möglichkeiten zum Trainieren. Sie befinden sich in Čunovo bei Bratislava und in Liptovský Mikuláš in der Tatra.

Skilaufen

Die Gebirgsregionen der Slowakei sind traditionsreiche Wintersportgebiete. Selbst die Hauptstadt in der Donauebene besitzt einen Skilift am beginnenden Karpatenbogen. Und so verhält es sich mit nahezu allen Städten: Fast überall, oft in unmittelbarer Stadtnähe, findet man Skilifte und Loipen. Zentren für Alpinski (mit zusätzlichen malerischen Loipen) sind natürlich die Hohe Tatra (Štrbské pleso, Smokovce, Tatranská Lomnica) und Niedere Tatra (Demänovská dolina, Donovaly), zunehmend auch die West-Tatra mit ihrem Zentrum Zuberec. In der Kleinen Fatra eignet sich das Vrátna-Tal ebenfalls für beide Skiarten. Skischulen und große Hotels bieten Unterricht für beide Sportarten an. Infos zu den Schneeverhältnissen in den slowakischen Ski-

Tipps für Ihren Urlaub

Trecking in der Hohen Tatra

gebieten über die Internet-Seite von SACR (s. S. 217) unter ›snow reports‹.

Tennis

Tennis ist inzwischen fast so verbreitet wie bei uns. Bei großen oder guten Hotels in touristischen Zentren oder in größeren Städten werden Sie immer eine Möglichkeit zum Spielen finden.

Wandern

Die Slowakei ist ein Wanderland par excellence, besteht sie doch überwiegend aus gebirgigem Terrain. Es gibt im Grunde kaum einen Ort, von dem aus man nicht zumindest einen ausgedehnten Rundweg ablaufen kann. Ein slowakischer Tourenführer verzeichnet gut 1200 markierte Wege im ganzen Land. Für Wanderer mit Ambitionen sind das gesamte Tatra-Gebirge bis zu den Pieninen sowie Kleine und Große Fatra besonders attraktiv. Aber auch die südlichen Ausläufer der Erzgebirge, z. B. um Banská Štiavnica, und natürlich das Slowakische Paradies mit seinen Klettersteigen in den typischen Karstschluchten sowie der Slowakische Karst im Südosten sind gute Wandergebiete.

Wassersport

Die großen Wasserflächen der slowakischen Stauseen wie Sĺňava bei Piešťany, Oravská priehrada, Liptovská mara eignen sich hervorragend für Windsurfen und Segeln. Es gibt hier immer auch Badestrände *(pláž* oder *kúpalisko)* – wie auch an etlichen kleineren Seen, z. B. an den ehemaligen Bergbauseen der Mittelslowakei (Banská Štiavnica) und des Slowakischen Paradieses bei Dedinky und Mlynky.

Tipps für Ihren Urlaub

Wellness

Bei vielen geriet in Vergessenheit, dass die Slowakei ein traditionsreiches Heilbäder-Land ist. Dem einen oder anderen fallen gerade noch Piešťany oder Trenčianske Teplice ein, dabei gibt es eine Reihe weiterer Kurorte. Manche warten zwar noch auf ihre Modernisierung, eine Reihe von ihnen ist jedoch bereits neu gestaltet und ausgestattet. Man sollte auf jeden Fall nach neuen oder renovierten Gästehäusern fragen. Für Selbstzahler bieten die insgesamt 22 slowakischen Heilbäder (davon 16 balneologische, die übrigen sind klimatische) preisgünstige Therapieanwendungen an; nahezu alle Hotels und größeren Pensionen in diesen Orten haben auch Personal für Massagen und entspannende oder heilende Körperpackungen.

Die vielen mineralischen Quellen haben ein dichtes Netz von Thermalbädern (fast 40) entstehen lassen, die sich häufig in den Heilbädern, aber auch andernorts befinden: wie z. B. in Bešeňová am Liptauer Stausee, unweit auch der neue Aquapark Tatralandia, in Bojnice sowie in Rajecké Teplice bei Žilina.

Reisezeit und Kleidung

Die Slowakei hat gemäßigtes kontinentales **Klima,** d. h. kalte Winter und warme Sommer. In den südlichen Ebenen des Landes herrschen günstige klimatische, beinahe mediterran anmutende Verhältnisse (hier gedeihen auch Pfirsiche, Aprikosen, Melonen, Esskastanien und Paprika), in den nördlichen Gebirgsregionen sind die Sommer am kürzesten, von etwa Juni bis Mitte September.

Wenn man nicht zum Wintersport in die Bergregionen fährt (Dezember bis Ostern), sind die Monate Mai, Juni und September eine ausgezeichnete **Reisezeit** für kombinierte Besichtigungs- und Naturreisen. Während der Ferienmonate Juli und August kann es auch in den Bergen ordentlich heiß werden, wobei es nachts in der Tatra immer wieder angenehm abkühlt. In den Städten und Niederungen des Waag- und Donautals verzeichnet man zu dieser Zeit alljährlich Hitzerekorde mit Temperaturen über 35 °C. Doch erfrischende Abkühlung ist in der Slowakei meist nicht weit, etwa in Form von Stauseen oder Flüssen.

Die Slowakei hat zwei Hauptsaisons, im Winter dominiert der Wintersport in der Hohen und Niederen Tatra sowie in den beiden Fatras. Im Sommer bieten sich vor allem Wandern und, in den zahlreichen natürlichen und künstlichen Seen und Thermalbädern, Baden an. Frühjahr bis Herbst eignen sich besonders gut für Städtebesichtigungen.

Was die **Kleidung** angeht, sollte man auch im Sommer und gerade in den Bergen immer Regenschutz dabei haben. Gutes Schuhwerk empfiehlt sich nicht nur für Aufenthalte in der Natur. In den historischen Stadtzentren wurde zwar emsig restauriert, doch schon in der vom Hauptplatz wegführenden Nebenstraße könnte man über aufgeplatzten Asphalt oder schadhaftes Pflaster stolpern.

UNTERWEGS
IN DER SLOWAKEI

Auf dem Thomas-Ausblick

Ein Leitfaden für die Reise und viele Tipps für unterwegs.

Genaue Beschreibungen von Städten und Dörfern, Sehenswürdigkeiten, Ausflugszielen und Reiserouten.

Die Slowakei erleben: Ausgesuchte Familienhotels und Pensionen, Restaurants und Kolibas, Wanderungen und Touren.

Bratislava und der Westen

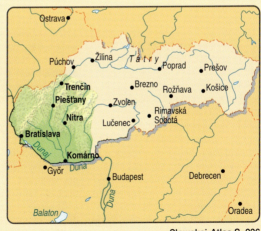

Blick über die
Donau auf die Burg

Slowakei-Atlas S. 236

BRATISLAVA

Für anderthalb Jahrhunderte war Bratislava das Herrschaftszentrum des Ungarischen Reichs, doch erst sehr viel später wurde sie slowakische Hauptstadt. Spazieren Sie durch die neu herausgeputzte Altstadt des einstigen Pressburg mit viel Historie, aber auch jeder Menge Cafés und Restaurants, in denen sich heutige Bratislaver häufig treffen. Burg und Donaukais bieten weite Ausblicke sowie Stunden der Muße, denn in dieser europäischen Metropole geht es gemütlich zu.

Bratislava

Atlas: S. 236, A3

Seit der staatlichen Eigenständigkeit scheint das Dasein im Schatten von Prag endgültig beendet. Unweit von Wien situiert (ca. 60 km) und inzwischen sich beiderseits der Donau weit ins Land ausbreitend, bildet Bratislava seit jeher ein Tor zur Slowakei. Lange Zeit nannte man die Stadt Porta Hungariae, und es scheint, als müsse man von Osten kommen, um ihre Urbanität richtig schätzen zu können. Im 19. Jh., als die Donauschwestern noch einmal an Pracht und Mondänität zulegten, lebte das damalige Pressburg eher vom Glanz des vorangegangenen 18. Jh. und kann heute im Hinblick auf weltstädtische Ausmaße nicht mit ihnen konkurrieren. Dennoch wird der sensible Besucher mitteleuropäisch geprägte Stadtgeschichte spüren, auch wenn man versuchte, sie viele Jahrzehnte lang zu negieren. Die Peripherie ist durch unansehnliche Plattenbausiedlungen der sozialistischen Ära markiert, die Industrieanlagen dringen bis weit in städtische Viertel vor. Doch schon bei der Anfahrt von Westen lockt die viertürmige Burg, das Wahrzeichen der Stadt, die strategisch günstig vom Hügel Altstadt und Donau überblickt. Und wer sich auf Bratislava einlässt, wird ein lebendiges Gemeinwesen antreffen, das zwar nicht immer frei ist von Provinzialismus, das aber eifrig daran arbeitet, heimischen und internationalen Anforderungen an eine Kapitale gerecht zu werden.

Aus der Stadtgeschichte

Die Geschichte Bratislavas ist naturgemäß eng mit ihrer Lage an der Donau verknüpft, die einerseits Verbundenheit und Kontinuität symbolisiert, andererseits eine natürliche Grenze bildet. Wichtig waren daher seit ältester Zeit die Festungen auf dem Devín und dem Burgberg des heutigen Bratislava. Archäologisch lässt sich eine Besiedlung bis in die Jungsteinzeit (5000 v. Chr.) belegen. Im 6. Jh. n. Chr. bemächtigten sich slawische Stämme des Territoriums, und die erste schriftliche Erwähnung der Stadt stammt von 907. Man spricht von der Burg Brezalauspurc im Zusammenhang mit der Schlacht zwischen Bayern und Madjaren. Nach der endgültigen Übernahme durch letztere gründet der ungarische König Stephan I. um 1030 hier einen Komitatssitz und lässt Münzen mit der Aufschrift ›(B)reslava Civitas‹ prägen.

Aus der Zeit vor der Erlangung der Stadtrechte 1291 seien aus den Annalen noch zwei Ereignisse von gesamteuropäischem Rang hervorgehoben: 1189 treffen sich auf der Burg die Teilnehmer am dritten Kreuzzug unter der Führung von Kaiser Friedrich Barbarossa, und 1207 wird ebendort die später heilig gesprochene Elisabeth als Tochter des ungarischen Königs Andreas II. geboren, die Fürsprecherin der Armen und Kranken (aufgrund ihrer Heirat auch als Elisabeth von Thüringen bekannt).

Bestimmend für die städtische Entwicklung wurden, ähnlich wie in vielen anderen Orten des alten Oberungarn, die deutschen Kolonisten des Mittelalters. Die repräsentative Zeit Pressburgs begann, als 1536, nach der Türkenbelagerung von Buda, die königlichen Amtsgeschäfte nebst Landtag und Königsinsignien hierher verlegt wurden und Pressburg Hauptstadtfunktion (bis 1783) für Ungarn übernahm. Noch bis 1830 (das Ständeparlament tagte bis 1848 hier) fanden im Martinsdom die Krönungen von elf ungarischen Königen, darunter die Maria Theresias, und acht ihrer Gemahlinnen statt. In der ungarisch Pozsony genannten Stadt ließen sich zahlreiche Adelige nieder, errichteten Palais und bestimmten die Atmosphäre. Im 19. Jh. war diese glanzvolle Epoche im Grunde vorbei, die Stadt war wieder stärker vom deutschen Bürgertum dominiert, das ein reiches gesellschaftliches und kulturelles Leben entfaltete. Nach der Gründung der Tschechoslowakischen Republik 1918 erlebte die Stadt unter dem neu geschaffenen und nun offiziell eingeführten Namen Bratislava einen städtebaulichen Aufschwung, neue Viertel entstanden, der Donauhafen wurde wesentlich erweitert. In der dunklen Zeit des Slowakischen Staates (1939–45) wurde sie wieder einmal zu einer Hauptstadt. Nach der kommunistischen Machtübernahme 1948 versuchte man, die traditionsreichen (besonders deutschen) Spuren der Vergangenheit zum einen zu tilgen, zum anderen gab man sie der Verwahrlosung preis. Erst nach 1989 begann das nun fast vollständig slowakisierte Bratislava, das das deutschsprachige Pressburg abgelöst hatte, aus dem Dornröschenschlaf zu erwachen. Die slowakische Eigenstaatlichkeit 1993 ließ es erneut zu einer Kapitale werden, die sich ihrer vielfältigen Wurzeln bewusst ist.

Rund ums Alte Rathaus

Klein, aber fein ist er, der zentrale einstige Marktplatz der Altstadt, heute **Hauptplatz** (Hlavné námestie) ge-

Bratislava

Atlas: S. 236

Sehenswürdigkeiten
1. Altes Rathaus
2. Apponyi-Palais
3. Roland-Statue
4. Jesuitenkirche
5. Mirbach-Palais
6. Primatial-Palais
7. J. N. Hummel-Haus
8. Michaelertor
9. Apotheke zum Roten Krebs
10. Grassalkovič-Palais
11. Evangelisches Lyceum
12. Große Evangelische Kirche
13. Pálffy-Palais
14. Holocaust-Mahnmal
15. Bibiana
16. St. Martinsdom
17. Jüdisches Museum
18. Haus zum Guten Hirten
19. Burg
20. Slowakisches Nationalmuseum
21. Slowakisches Nationaltheater
22. Slowakische Philharmonie
23. Slowakische Nationalgalerie
24. Neue Brücke

Übernachten
25. Hotelschiff Gracia
26. Hotel Tatra
27. Hotel Perugia
28. Hotel Devín

Essen und Trinken
29. Krušovická izba
30. Hradná vináreň
31. Slovenská reštaurácia
32. Chez David
33. Modrá guľa
34. Café Verne
35. Le monde

Altes Rathaus

Bratislava

nannt. In seiner erneuerten Gestaltung und mit etlichen Cafés, die ihn im Sommer in eine südländische ›Piazza‹ verwandeln, sowie einigen Verkaufsständen wurde er wieder zu einem angenehm belebten Ort des historischen Kerns.

Das **Alte Rathaus** [1] (Stará radnica; Tel. 54 43 58 00-230, Di–Fr 10–17 Uhr, Sa, So 11–18 Uhr) entstand im 15. Jh. durch den Zusammenschluss dreier Bürgerhäuser. Am markantesten ist das Haus von Stadtrichter Jakob mit dem Turm, der nicht nur die Zeit, sondern auch Tag und Nacht durch eine sich drehende Kugel mit Sonne und Mond anzeigt. Sein jetziges Aussehen ist eine meisterhafte Arbeit der Barockzeit; Fanfarenbläser verkündeten einst vom Turm die Sitzungen des Ständeparlaments, heute ertönen sie zu sommerlichen Konzerten. Weitere Erwerbungen benachbarter Häuser führten Ende des 19. Jh. zu einer grundlegenden Umgestaltung des Innenhofs mit historisierenden Ost- und Nordflügeln in Neogotik und Neorenaissance, die ihm jedoch ein gelungenes mediterranes Flair verleihen. Ein Gang durch die Räume des Rathauses, das als Städtisches Museum dient, lohnt wegen der reichlich vorhandenen originalen Ausstattungen. In den Kellerräumen gibt es eine Ausstellung (Expozícia feudálnej justície) mit Schaurigem über mittelalterliche Justiz.

Gleich neben dem Rathaus befindet sich im **Apponyi-Palais** [2] eine Schau zum traditionsreichen Weinbau der Stadt (Expozícia vinohradníctva, Radničná 1, Tel. 54 43 58 00-241, tgl. außer Di 10–17, Sa und So 11–18 Uhr).

Typisches Attribut mitteleuropäischer Stadtplätze sind Roland-Figuren, die als Symbol für die Stadtrechte, speziell der städtischen Gerichtsbarkeit, gelten. Die aus Sandstein gehauene **Roland-Statue** [3] vor dem Rathaus entstand 1572 allerdings nach dem Abbild des österreichischen Kaisers Maximilian II., der 1563 als erster in Pressburg auch zum ungarischen König gekrönt wurde. In der ersten Republik machte man einen ›unverfänglichen‹ Roland daraus und heute verabredet man sich gern ›u Rolanda‹ (beim Roland).

Nördlich vom Rathaus schließt sich der schmale **Franziskanerplatz** (Františkánske námestie) mit seiner zierlichen Mariensäule und der an der Ecke befindlichen **Jesuitenkirche** [4] an. Das zuvor von den deutschen Protestanten im Renaissance-Stil (1636–38) erbaute Gotteshaus wurde von den ›Soldaten der Rekatholisierung‹ im Zeichen des Barock neu eingerichtet. Besondere Aufmerksamkeit verdienen die Rokoko-Kanzel von Ludwig Gode sowie die Altarbilder.

Seinen Namen gaben dem Platz die **Franziskanerkirche** nebst Kloster an dessen Ende. Sie ist eine der ältesten Kirchen der Stadt (1280–97) und weist heute neben renaissancezeitlichen Elementen vor allem barocke auf. Aus gotischer Zeit stammen noch das Presbyterium und die Sandstein-Pietà auf dem linken Seitenaltar. Mittelalterliches Kleinod ist die im Norden angebaute Seitenkapelle (14. Jh.). Sie ist dem hl. Johannes dem Täufer geweiht und diente der Familie des beim Alten Rathaus erwähnten Stadtrichters Jakob

Bevölkerungsgruppen

PRESSBURG – POZSONY – BRATISLAVA

Jeder der drei Stadtnamen hat für sich seine historisch bedingte Berechtigung und war immer auch simultan gültig. Vor der Gründung der ersten Tschechoslowakei gab es zwar noch kein slowakisches Bratislava, dafür nannten es die Slowaken ›Prešporok‹, die slawisierte Form von ›Pressburg‹. Und es wird der Donaustadt nicht gerecht, sie heute entweder ausschließlich Bratislava zu nennen (es gibt nun einmal eine deutsche Variante, ebenso wie z. B. für Milano Mailand) oder allein auf dem deutschen Namen Pressburg zu beharren (das, was einst damit gemeint war, ist unwiderbringlich dahin).

Im Nachhinein verklären sich die Dinge, es wird ein friedliches Zusammenleben verschiedener Bevölkerungsgruppen heraufbeschworen, der Mythos einer ›vorbildlich‹ gelebten Multikulturalität entsteht. Dass aber jeweils eine der beteiligten Nationalitäten ›am Ruder‹ war und die andere als geringer erachtete bzw. sie offen diskriminierte, wird im Rückblick gern übersehen. Einmal galten die Slowaken nichts, dann sollten während der Ungarisierungsphase die Deutschen und die Slowaken zurückgedrängt werden und mit der Republik, oder genauer noch nach dem Zweiten Weltkrieg übten Letztere dann für allzu lange Kränkungen Vergeltung. Trotz allem mussten sie *mit* einander sowie mit Angehörigen weiterer Ethnien und Nationalitäten auskommen: Man ging z. B. zum jüdischen Tuchhändler, kaufte beim ›Bulgaren‹ sein Gemüse, die Kroaten bildeten seit der türkischen Besetzung Südungarns eigene Siedlungen in der Vorstadt, Tschechen kamen vermehrt nach der Staatsgründung und Roma gab es in der Stadt schon seit sehr langer Zeit.

Andererseits bildete jede der Gruppen eine eigene Kultur, man versuchte nach eigenen Sitten und Gebräuchen zu leben. Im Nationaltheater, damals Stadttheater, gab es z. B. eine deutsche und eine ungarische Saison, jede mit ihrem Ensemble. Trotz des Bemühens um Unterscheidung war man sich oft gar nicht bewusst, in welchem Ausmaß man Gepflogenheiten der jeweils ›anderen‹ annahm, so dass ein Amalgam entstand. So war es u. a. bei Deutschen durchaus üblich, jiddisch ›*Kiss ti hant*‹ (statt ›Küss die Hand‹) zu grüßen und ganz ›undeutsch‹ mit Knoblauch und viel Paprikapulver zu kochen, obwohl man ansonsten so viel Wert auf seine deutsche Abstammung legte. Auch dies eine der Manifestationen der mitteleuropäisch versöhnlichen Mischungen, die ihren besonderen Charme hatten und durch deren ›Purifizierung‹ so viel zerstört wurde.

Überhaupt musste man zumindest in Alltagsdingen dreisprachig sein, wenn es auch selten in allen drei Sprachen für eine höhere Konversation reichte. Amtlich festgelegt war die Dreisprachigkeit interessanterweise in der Zwischenkriegszeit, als man zunächst nur versuchte, das Slowakische gleichberechtigt neben die anderen Sprachen zu stellen. Nahezu jede Firmenaufschrift oder Reklame war damals auf Slowakisch, Deutsch und Ungarisch verfasst.

Bratislava

Atlas: S. 236

als Grabkapelle. Gegenüber dem ehrwürdigen Gemäuer bietet seit mehr als 100 Jahren die **Franziskaner-Weinstube** (Veľkí františkáni) sehr weltliche Genüsse: neben Essen und Wein auch Zigeunermusik in alten Kellergewölben (Františkánske nám. 10, Tel. 54 43 30 73). Der Pub im Erdgeschoss ist bis Mitternacht Treffpunkt der Jugend.

Einen weiteren Kontrast in verspielter Leichtigkeit des Rokoko bildet das **Mirbach-Palais** 5 (Mirbachov palác, Františkánske nám. 11, Tel. 54 43 15 56, Di–So 10–17 Uhr), 1770 von Matthias Höllriegel fertig gestellt. Das Treppenhaus, die grazilen Rokoko-Stukkaturen und das holzgetäfelte Graphische Kabinett im ersten Stock geben die Atmosphäre der Entstehungszeit wieder. In der Ausstellung zur mitteleuropäischen Malerei des Barock finden sich einige Plastiken der bedeutenden Bildhauer Georg R. Donner und Franz Xaver Messerschmidt. Von Letzterem sind hier dessen berühmte Charakterköpfe zu bewundern.

Hinter dem Rathaus eröffnet sich ein weiterer Platz, der nach dem imposanten **Primatial-Palais** 6 (Primaciálny palác) benannt ist. Das zartrosa Palais zählt zu den schönsten klassizistischen Bauwerken des Landes und wurde vom Wiener Architekten Melchior Hefele für den Erzbischof von Esztergom, Joseph Batthyányi, 1778–81 erbaut. Die Attika zieren Vasen und allegorische Statuen, an der Spitze des Tympanons ist das Wappen des Hausherrn angebracht, bekrönt von einem 150 kg schweren Kardinalshut – eine selbstbewusste Demonstration kirchlicher Macht. Im Innern des zum Teil von der Stadtverwaltung genutzten Gebäudes sind der Spiegelsaal und eine Reihe von Tapisserien sehenswert. Sie erzählen die Liebesgeschichte von Hero und Leander. Es handelt sich um wertvolle manieristische Gobelins aus einer der königlichen Webereien in der Nähe Londons, die erst 1903 hinter einer Tapetenwand wieder zum Vorschein gekommen waren.

Unweit des Primatial-Palais befindet sich im **Geburtshaus** des barocken Komponisten **Johann Nepomuk Hummel** 7 (Rodinný dom J. N. Hummela) eine Ausstellung zu dessen Leben und Werk (Klobučnícka 2, Tel. 54 43 38 88, Di–So 12–17 Uhr).

Über die Michaelertorgasse hinaus

Michaelertorgasse nannte die deutsche Bevölkerung die **Michalská ulica;** sie ist in Ermangelung einer Prachtstraße die prominenteste und eine der am meisten frequentierten Straßen der Altstadt und seit jeher eine ihrer Hauptachsen. Vom Hauptplatz (Hlavné námestie) kommend, stößt man in ihrem unteren Ende auf einen überdimensionalen Pflasterstein. Er verweist auf den Korso (Korzo), der von hier über die Sedlárska zum Hauptplatz und weiter zum Nationaltheater verlief.

Haus Nummer 1 war Sitz der **Königlichen Ungarischen Kammer,** sie stellte die höchste Finanzbehörde im alten Ungarn dar. Erbaut hat das Palais mit einem typischen Pawlatschenhof

Die Michaelertorgasse
in der Altstadt von Bratislava

Bratislava

Mitte des 18. Jh. der kaiserliche Baumeister G. B. Martinelli im Stil des ausgehenden Barock. Nach der Verlegung der Kammer zurück nach Buda tagte hier noch 1802–48 das Ungarische Ständeparlament, heute ist es Bestandteil der Universitätsbibliothek.

Bis zum Michaelertor, dem letzten erhaltenen Stadttor, folgen weitere Palais. Bei einigen sind die Innenhöfe zugänglich, und man sollte die Gelegenheit nutzen und hineingehen, denn sie eröffnen (meist) schöne Einblicke. Der untere Teil des **Michaelertors** [8] (Michalská brána) entstand im 14. Jh., 1513 erhielt der Turm eine erste Verlängerung in Form eines achteckigen Aufsatzes, der weit in die Höhe gezogenen barocke Helm kam 1758 hinzu. Auf ihm ist eine Michaelsstatue befestigt, da sich früher in unmittelbarer Nähe die St. Michaelskirche befand. Das Tor gehört zu den beliebtesten Motiven Bratislavas, es ist eines ihrer Wahrzeichen. Ein Aufstieg ist möglich – im Turm ist ein Museum über Fortifikationsanlagen untergebracht – und lohnt wegen der schönen Aussicht auf Altstadt und Burg (Expozícia zbraní a mestského opevnenia – Michalská veža, Michalská 24, Tel. 54 43 30 44, tgl. außer Di 10–17, Sa, So 11–18 Uhr).

Innerhalb der Barbakane über dem Stadtgraben befindet sich die schöne alte **Apotheke zum Roten Krebs** [9] (Lekáreň u červeného raka), eine pharmazeutische Ausstellung mit historischem Mobiliar auch aus anderen Stadtapotheken (Michalská 26, Tel. 54 43 35 96, tgl. außer Di 10–17, Sa, So 11–18 Uhr).

Am **Platz des Slowakischen Nationalaufstands** (Námestie SNP) unweit des Stadttors stellte man 1974 in

Zur Burg

Grassalkovič-Palais, Gartenansicht

sozialistischer Manier ein Denkmal für die Partisanenbewegung auf. Hier wurden im November 1989 die Kundgebungen der samtenen Revolution abgehalten, die kurz darauf zum Sturz des totalitären Regimes führte und dem Platz eine neue historische Bedeutung verlieh.

In nördlicher Richtung kreuzt man auf dem Weg zum Grassalkovič-Palais die Geschäftsstraße **Obchodná**. Es ist eine Einkaufsstraße von bescheidenen Ausmaßen, lässt aber mit ihren ungewöhnlich niedrigen Bauten die bis ans Zentrum heranreichenden Winzerhäuser der alten Weinbaustadt Pressburg erraten. Der große freie Platz (Hodžovo námestie) vor dem **Grassalkovič-Palais** 10 bringt den heutigen Amtssitz des slowakischen Präsidenten majestätisch zur Geltung. Die gehisste Flagge bedeutet, dass der Haus-

herr zumindest in der Stadt weilt. Dahinter befindet sich eine Gartenanlage, die mitten im städtischen Getriebe eine erholsame Oase bildet und einen modernen **Skulpturenpark** beherbergt (Eingang über die Štefánikova).

Unweit des Präsidentensitzes sollten vor allem die an slowakischer Nationalgeschichte Interessierten zwei Gebäude aufsuchen. An der Konventná 15 steht das alte Gebäude des legendären **Evangelischen Lyceums** 11 von 1788, wo sich Ľ. Štúr und seine Gefährten unter der Leitung ihres Lehrers Juraj Palkovič zusammenschlossen, um für ihre Vorstellungen von einer slowakischen Schriftsprache zu kämpfen. Der neue Schulbau (Hausnr. 13) entstand 1854 und beherbergt heute die Sprach- und Literaturabteilung der Slowakischen Akademie der Wissenschaften. Über die schmale Lycejná führt der Weg zur **Großen Evangelischen Kirche** 12, einem spätbarocken Gotteshaus, nach den Plänen von Mattias Walch 1776 fertig gestellt. Sie spiegelt das Selbstbewusstsein der deutschen protestantischen Bürgerschaft wider. Ihre hervorragende Akustik sowie der schöne Klang ihrer Orgel sind bekannt und geschätzt.

Von der Altstadt zur Burg

Die Ventúrska ist die Verlängerung der Michalská ulica nach Süden, über sie gelangt man zum Dom, und von dort ist der Fußweg zur Burg am kürzesten.

Wo Ventúrska und Michalská ulica ineinander übergehen, befindet sich das **Antiquariat Steiner** (Hausnr. 20, Mo–Fr 9–18 Uhr), eine wieder erstandene Reminiszenz an das deutsch-jüdische Pressburg. Etwas südlich dann das **Pálffy-Palais** 13, 1747 mit einem der typischen Pawlatschenhöfe entstanden. Man kann nur das reich geschmückte Portal bewundern, das an die Verdienste des Adelsgeschlechts erinnert (es stellte über Generationen die Gespane Pressburgs); heute residiert hier die österreichische Botschaft. Wolfgang Amadeus Mozart gab 1762 ein Konzert in dem noblen Haus.

Sehr schlicht wirkt dagegen das Gebäude der **Academia Istropolitana** (Hausnr. 5–7). Auf die leider nur kurz bestehende erste Universität der Stadt (1465–86) nach Bologneser Vorbild ist man sehr stolz. Vorbei an weiteren Palais in der Panská – in dem der Familie Keglevič (Hausnr. 27) war 1796 Ludwig van Beethoven zu Gast – erreicht man das **Rudnayovo námestie,** rüde abgeschnitten durch die vierspurige, in den 1970er Jahren ohne urbanistisches Gespür gebaute Einfallsstraße. Der Verkehr donnert nur wenige Meter am gotischen St. Martinsdom vorbei, und das, was Jahrhunderte hielt, muss nun durch aufwendige Maßnahmen gestützt werden, da es den Erschütterungen nicht standhält.

Nicht gerettet werden konnte die große Synagoge, die sich an diesem Platz befand und die die schlimmste Zeit des Faschismus überstanden hatte. In unmittelbarer Nachbarschaft zum höchsten christlichen Gotteshaus der Stadt stellte sie ein ausgezeichnetes Symbol früheren Zusammenlebens dar. Zumindest wurde 1995 an ihrem Standort das **Holocaust-Mahnmal** 14 errichtet, das weit mehr zu beklagen hat als ihren Abriss: den gewaltsamen Tod von insgesamt rund 60 000 slowakischen Juden, die zur Zeit des Slowakischen Staates bis 1945 in Konzentrationslagern ums Leben kamen.

Erfreulicher ist die Bestimmung des Eckhauses (Haus Nummer 41). Es heißt **Bibiana** 15 und dient als internationale Begegnungsstätte für Kunst für Kinder (Medzinárodný dom umenia pre deti). Seit 1967 werden in Bratislava die BIB-Äpfel an die Sieger der Biennale der Kinderbuch-Illustration verliehen, einer inzwischen auf der ganzen Welt begehrten Auszeichnung für alle, die sich für künstlerisch wertvolle Kinderbücher einsetzen. Im Haus gibt es neben einer umfangreichen Bibliothek auch einen Spielraum. In einer Dauerausstellung und in aktuellen Präsentationen sind die prämierten Werke in- und ausländischer Künstler zu sehen (Panská 41, Tel. 54 43 13 08, Di–So 10–18 Uhr, www.bibiana.sk).

St. Martinsdom

An der Stelle des **gotischen St. Martinsdoms** 16 stand früher eine kleinere romanische Basilika. Man begann im 14. Jh. mit der Errichtung eines dreischiffigen Kirchenraums. Im 15. Jh. ersetzte ein vergrößertes Presbyterium mit reich verzweigtem Sterngewölbe (vermutlich von Hans Puchsbaum) das vorhergehende. Aus der gotischen Bauphase ist das ehemalige nördliche Eingangsportal mit einem Relief der hl. Dreifaltigkeit sowie das Taufbecken vom Beginn des 15. Jh. erhalten.

St. Martinsdom

Stadtplan: S. 60/61

Bemerkenswert ist vor allem die **Kapelle des hl. Johannes des Almosengebers** aus barocker Zeit (1729–32). Sie ist der erste Auftrag, den Imrich Eszterházy nach seinem Amtsantritt als Erzbischof vergab, und das erste Werk, das Georg Raphael Donner in Pressburg realisierte. Der Wiener Bildhauer (1693–1741) zählt zu den Meistern eines klassizistisch beeinflussten Barock, er bevorzugte den Bleiguss und hinterließ in der Stadt nicht wenige seiner bedeutenden Kunstwerke. Eszterházy wollte mit dieser Kapelle zum einen die Verehrung für den Alexandrinischen Patriarchen beleben, zugleich schuf er sich beizeiten seine eigene Grabkapelle. Als Gesamtkonzept ist die Johannes-Kapelle das einzige Werk Donners, das unverändert erhalten blieb. Den Mittelpunkt des Altars bildet ein Gittersarkophag mit den sterblichen Überresten des Erzbischofs, von sechs Engeln umgeben und effektvoll von einem Baldachin überkrönt.

Zu den Hauptwerken nicht nur des Doms, sondern von Donners Schaffen überhaupt zählt die imposante, aber feingliedrige **Reiterstatue des hl. Martin.** Sie war nach dem Willen Eszterházys das Kernstück eines im Barock neu entstandenen Hochaltars des Doms und damit ein angemessener Hintergrund für die feierlichen Königskrönungen. In der zweiten Hälfte des 19. Jh. wollte man den ursprünglichen gotischen Stil des Doms wieder herstellen und beseitigte nicht nur den Altar, sondern nahezu die gesamte barocke Ausstattung. Immerhin blieb die schöne Gussplastik im südöstlichen Seitenschiff stehen. Sie zeigt den heiligen Martin als zeitgenössisch gekleideten Edelmann gerade in dem Augenblick, als er seinen Mantel für den Bettler zerteilt und sein Pferd sich aufbäumt. Angeblich trägt er die Gesichtszüge des Auftraggebers Eszterházy. Virtuos gestaltet ist die in der Bewegung verharrende Haltung von Reiter, Pferd und Bettler.

Zwei Hinweise finden sich auf die Bedeutung des Gotteshauses als Krönungskathedrale. Eine gemalte Gedenktafel an der Nordseite des Presbyteriums nennt alle hier zum König von Ungarn gekrönten Häupter nebst Gattinnen. Und außen weist die Turmspitze auf die hier stattgefundenen Zeremonien hin. Nachdem der Turm wieder einmal durch Blitzschlag beschädigt wor-

---

Der Krönungsweg

Wenn im alten Pressburg die Herrscher über Ungarn zu Königen gekrönt und gesalbt wurden, musste neben dem entsprechenden Zeremoniell auch ein vorgeschriebener Weg von der Burg durch einige Straßen der Stadt (z. B. an der Ungarischen Kammer vorbei) zum Dom abgeschritten werden. Diese Trasse kann man heute mit Hilfe von kleinen runden Messing-Platten, auf die eine Krone geprägt ist, selbst ablaufen. Seit neuestem wird sogar einmal im Jahr (September) eine Krönung samt Krönungsweg mit Hilfe von Schauspielern nachgestellt. Heute wie damals ein Spektakel fürs Volk.

den war, schuf ihn Ignaz Feigler 1835–49 in der heutigen Form neu. Statt eines Kreuzes platzierte er auf die Spitze ein übergroßes vergoldetes Paradekissen mit der ebenfalls vergoldeten Nachbildung der heiligen Stephanskrone (etwa 1 m hoch und 300 kg schwer).

Der Turm war früher auch Wehrturm und Teil der städtischen Befestigungsanlage, von der ein letzter Rest entlang der Staromestská erhalten blieb. Über Treppen gelangt man hinauf und kommt über den Verbindungssteg zum Burghang hinüber. Seit Anfang des 17. Jh. durfte die jüdische Bevölkerung hier Häuser errichten und Handel treiben. Jetzt erinnern nur noch der Straßenname Židovská (Judengasse) und das gut bestückte **Jüdische Museum** [17] (Múzeum židovskej kultúry na Slovensku, Židovská ul. 17, tgl. außer Sa 11–17 Uhr) an das Leben dieser Bevölkerungsgruppe.

Am südlichen Ende der Židovská steht das **Haus zum Guten Hirten** [18], ein schmales Rokokohaus mit einer kleinen Hirtenfigur in der Ecknische. Das schmucke Bürgerhaus beherbergt eine ansehnliche Sammlung historischer Uhren (Expozícia historických hodín, Židovská 1, Tel. 54 41 19 40, tgl. außer Di, 10–17, Sa, So 11–18 Uhr). Um die Ecke durch die Beblavého ulica geht es gleich steil bergan zum gotischen **Sigmundstor**, einem nur für Fußgänger erreichbaren Eingang zum Burgareal.

Die Burg

Die ältesten Zeugnisse einer Besiedlung des Burgbergs stammen aus der Zeit um 2500 v. Chr., seither wechselten sich Stämme und Völker in der Bebauung der strategisch wichtigen Erhebung über der Donau ab. Heute blickt man von der **Burg** [19] (Bratislavský hrad) auf die Dächer der Altstadt, vom schönsten Aussichtspunkt am Hauptportal jedoch auf die größte Trabantenstadt des Landes, Petržalka – etwa 130 000 Menschen leben dort.

Mit dem Bau des gotischen Burgpalasts für König Sigismund, der trotz vielfacher Umbauten und Zerstörungen als Grundstock des heutigen Gebäudes angesehen werden darf, begann man 1430. Die Nachfolger Sigismunds nutzten die Burg kaum, und erst Kaiser Ferdinand entschloss sich zu einem umfassenden Umbau, der 1552 vom Ständeparlament genehmigt wurde, da Buda wegen der türkischen Belagerung nicht länger Königssitz bleiben konnte.

Die Burg übernahm die Funktion einer königlichen Schatzkammer, im südwestlichen (größten) ›Königsturm‹ brachte man die Krönungsinsignien unter. Im 17. Jh. wurden die Fassaden vereinheitlicht und ein drittes Stockwerk aufgesetzt; die Burg glich einem Kastell der Spätrenaissance.

Zur Regierungszeit Maria Theresias fanden die letzten großen baulichen Veränderungen statt, die Burg sollte eine komfortable Barockresidenz des königlichen Statthalters, ihres Schwiegersohns Albert von Sachsen-Teschen, werden. Im Osten entstand ein kleines Schloss für das Statthalterehepaar, **Theresianum** genannt (und leider nicht erhalten), ferner eine überdachte Reithalle sowie das Gebäude der *Sala ter-*

Burg

Neue Brücke und Wohnstadt Petržalka

rena mit Wintergarten. Im Innern beeindruckt heute wieder das monumentale Treppenhaus. Der Barock war auch an neuester Technik interessiert, so durfte der gebürtige Pressburger und berühmte Erfinder Johann W. Kempelen ein Wasserleitungssystem für das Gebäude entwerfen.

Nach dem Tod Maria Theresias verlor die Burg ihre Bedeutung als königliche Residenz. 1811 brannte sie fast vollständig aus und blieb danach als Ruine beinahe 150 Jahre unverändert stehen. 1958 setzte eine intensive archäologische Forschung ein, in deren Verlauf die Fundamente kirchlicher Bauten aus dem 9.–12. Jh. auf der Ostseite des Burggeländes frei gelegt wurden. Die Fundstücke von früheren Festungsbauten (9.–13. Jh.) sind im Souterrain des Burggebäudes untergebracht. Zu den wertvollsten Exponaten gehört die **Venus von Moravany** (s. S. 103).

Seit der Rekonstruktion wird das Gebäude von verschiedenen Institutionen genutzt: Vom Präsidenten der Republik und vom Slowakischen Nationalrat zu Repräsentationszwecken, das **Slowakische Nationalmuseum** [20] hat seinen Hauptsitz in der Burg (Tel. 59 34 16 26, Di–So 9–17 Uhr). Im obersten Stock ist ein Teil seiner Exponate in einer Dauerausstellung unterge-

Bratislava

SLOWAKISCHE NATIONALGALERIE

Die Slovenská národná galéria (SNG) ist die höchste staatliche Institution für die Sammlung bildender Kunst und deren wissenschaftliche Erforschung und Bearbeitung. Das größte Kunstmuseum der Slowakei wurde 1948 gegründet und sollte sich der Sammlung und Vermittlung heimischer Kunst widmen, d. h. Kunst slowakischer Herkunft sowie jener, die auf ihrem Gebiet entstanden ist. Daneben begann man eine kleine Sammlung mit internationalen Künstlern aufzubauen, darunter Caravaggio, Brueghel d. Ä., Tintoretto, Rodin, Kokoschka, Picasso, Vasarely. Außenstellen der SNG finden sich im ganzen Land.

In den Ausstellungsräumen in den ehemaligen Wasserkasernen sind Kunstwerke aus acht Jahrhunderten versammelt. Wer nicht bis in die östliche Slowakei fahren will, findet hier unter den ältesten Exponaten einige typische gotische Tafelbilder und Holzplastiken, vorzugsweise von bedeutenden Künstlern wie Meister Martin und Meister Paul. Aus der Zeit des Barock seien die beiden Bildhauer erwähnt, mit denen Pressburg in dieser Zeit besonders verbunden war: Georg R. Donner (s. S. 69) und Franz X. Messerschmidt. Von beiden gibt es hier einige (leider nur) Werk-Abgüsse zu sehen, u. a. Messerschmidts berühmte Charakterköpfe. Der Besucher wird weiter durch alle Epochen der europäischen Kunst geführt, wie sie sich in dieser Region manifestierte. Mit dem 20. Jh. werden die Namen immer slowakischer, seit Mitte des 19. Jh. kommen zunehmend slowakische Motive hinzu, wie z. B. bei Peter Michal Bohún (1822–79). Der Porträtmaler stellte sich in den Dienst der nationalen Bewegung. Berühmt ist sein Bildnis Ján Franciscis in romantisch-dramatischer Pose als Anführer slowakischer Freiwilligenkorps der Revolutionsjahre 1848/49.

Einen eigenen Ausdruck findet auch der Expressionismus, wie ihn die slowakischen Künstler neben und nach anderen ›Ismen‹ Anfang der 1920er Jahre aufnahmen. Zu seinen bedeutendsten Vertretern gehören Ľudovít Fulla, Mikuláš Galanda und Imro Weiner-Kráľ. In dieser Zeit kommt das Thema der Großstadt hinzu, doch das Wichtigste bleibt die Inspiration aus dem Leben des Volkes. Impressionistisch-farbenfroh und poetisch sind die Bilder Janko Alexys (1894–1970), z. B. ›Sen hôr‹, ›Traum der Berge‹ von 1938. Miloš A. Bazovský (s. S. 110) stellt die Religiosität der Dorfbevölkerung manchmal auch kritisch dar. Martin Benka (1888–1971) fasste die enge Verbundenheit zu Volk und Natur zunächst sehr realistisch auf, gelangte aber in den 1930er Jahren zu abstrakteren Formen.

Beachtliche Werke brachten die fruchtbaren 1960er Jahre hervor, hier hatte man sich von nationalen Themen befreit und reagierte zum Teil sehr erfrischend und ideologiefrei auf europäische Trends. Neben anderen wären hier zu nennen: Juraj Bartusz, Albín Brunovský, Rudolf Filla, Alojz Klimo, Tamara Klimová. Der neueren Kunst bis hin zu jüngsten Werken international arbeitender Künstler ist ein neu rekonstruierter Anschlussbau der SNG vorbehalten, das Eszterházy-Palais.

Stadtplan: S. 60/61

Uferpromenaden und Parks

bracht. Ein kleines Café im Bistro-Stil bietet geruhsame Ausblicke vom einstigen Königssitz. Auch das **Karpatendeutsche Museum** am Fuß des Burgbergs (Múzeum kultúry karpatských Nemcov, Žižkova 14, Di–So 10–16 Uhr) gehört zum Nationalmuseum.

Uferpromenaden und Parks

Vom Hlavné námestie in der Altstadt aus kann man aber auch Richtung Süden, am Café Mayer vorbei durch die Rybárska brána (Fischergasse) gehen. Am Ende dieser Durchgangsstraße befand sich früher das gleichnamige Stadttor, in dessen Umgebung viele Donaufischer wohnten. Heute befindet sich hier einer der schönsten begrünten Plätze Bratislavas, der **Hviezdoslav-Platz** (Hviezdoslavovo námestie), der heute wie früher zum Flanieren einlädt. Der stolz von seinem Sockel herabblickende Dichter Pavol Országh mit dem Pseudonym Hviezdoslav gab ihm seinen Namen, der auf Deutsch etwa bedeutet: ›der die Sterne Rühmende‹.

Der Platz liegt vor dem glanzvollen **Slowakischen Nationaltheater** 21 (Slovenské národné divadlo), das 1886 an der Stelle des klassizistischen Gebäudes des Ständetheaters im Stil der Neorenaissance errichtet wurde. Früher war es das Stammhaus des hiesigen Deutschen Theaters, doch fanden auch regelmäßig Aufführungen in den beiden anderen ›Hauptsprachen‹ der Stadt, Slowakisch und Ungarisch, statt. Seit 1920 trägt es den jetzigen Namen; hier werden vor allem Opern- und Ballettaufführungen gegeben.

Den Weg in südlicher Richtung fortsetzend, folgt in der Mostová das Gebäude der **Slowakischen Philharmonie** 22 (Slovenská filharmónia), eine Redoute (Reduta) im Neobarock (1913–19). Seit 1994 ist hier auch ein Kasino untergebracht. Der Konzertsaal im oberen Stockwerk ist üppig stuckiert und besitzt eine gute Akustik (Vorverkauf: Palackého 2, Mo, Di, Do, Fr 13–19 Uhr, Mi 8–14 Uhr).

Die Mostová mündet in das Námestie Ľudovíta Štúra, das mit einem Denkmal den Nationalhelden und seine Kampfgefährten ehrt. An diesem Platz ändert die Uferstraße ihren Namen, in westlicher Richtung folgt am Rázus-Kai (Rázusovo nábrežie) die **Slowakische Nationalgalerie** 23 (Slovenská národná galéria, Rázusovo nábrežie 2, Di–So 10–18 Uhr, s. S. 70). Die ehemalige hübsche Wasserkaserne mit umlaufenden Arkaden auf drei Stockwerken entstand 1763 mit vier Gebäudeflügeln. Bei der Umgestaltung des Donauufers wurde der Flügel an der Straßenseite abgerissen. In den 1970er Jahren ersetzte man ihn durch einen modern gedachten, leider klobigen Vorbau, den man aber fast vergisst, wenn man erst in den begrünten Innenhof eingetreten ist.

Am **Donau-Ufer** kann man lange Spaziergänge direkt am Wasser unternehmen. Stromaufwärts, ein Stück hinter der **Neuen Brücke** 24 (Nový most) mit ihrem Restaurant und Café über der Donau, geht es durch die Grünanlagen des Park kultúry a oddychu, PKO.

Am Ufer gegenüber der Altstadt liegt der älteste öffentliche **Stadtpark** (Sad Janka Kráľa), er entstand 1775 aus

Bratislava

Atlas: S. 236

einem Auenwald und hieß früher nur Au-Garten. Der Park erstreckt sich über etwa 21 ha und hat einen kleinen Rummelplatz *(lunapark)* mit Kindereisenbahn. Man kann ihn auch mit der Fähre erreichen, von der Anlegestelle am Nationalmuseum gibt es regelmäßige Überfahrten (nur Mai–Sept.).

Vom Námestie Ľ. Štura aus kann man auch donauabwärts am Fajnorovo nábrežie näher am Wasser entlanggehen. Dabei passiert man linker Hand das **Nationalmuseum** mit naturkundlichen und geologischen Sammlungen. Wer mag, kann über diesen Uferweg bis zum Donauhafen gehen, der allerdings nichts Malerisches hat. An der **Alten Brücke** (Starý most) vorbei, einer Eisenkonstruktion von 1890, die ursprünglich nach Kaiser Franz Joseph, der sie eingeweiht hatte, benannt war, geht es zurück in die Stadt. Über die Gondova erreicht man das Hauptgebäude der **Jan Amos Comenius-Universität.** Der markante Rundbau von 1936 war für die Börse entworfen worden, die er jedoch nie beherbergte.

In der Bezručova in der Nähe steht eine kuriose kleine Kirche, offiziell der hl. Elisabeth geweiht, doch die meisten kennen sie unter dem Namen **Blaues Kirchlein** (Modrý kostolík). Die Außenmauern sind mit blauer Majolika verziert, das Mosaik über dem Eingang zeigt das Wunder der Kirchenpatronin, einer Tochter der Stadt. Entstanden ist die Kirche 1910–13 nach Entwürfen des ungarischen Architekten Ödön Lechner in einer Art volkstümlichem Jugendstil; mit Pfarrhaus und Gymnasium bildet sie einen ganzen Gebäudekomplex.

Nicht allzu weit von hier entfernt befindet sich der **Andreas-Friedhof** (Ondrejský cintorín), auf dem seit langem nicht mehr bestattet wird und der deshalb als Park genutzt wird. Er spiegelt auf wunderbare Weise das alte Pressburg vom Ende des 19. und Beginn des 20. Jh. wider. Neben bedeutenden Persönlichkeiten der Stadt liegen hier Angehörige verschiedener Bevölkerungsgruppen (da es ein christlicher Friedhof war, natürlich nicht aller), die man gut an den unterschiedlichen Namen und Sprachen auf den Grabsteinen unterscheiden kann.

Vorwahl: 02

Bratislavská kultúrna a informačná služba (bkis): Klobučnícka ul. 2, 81102 Bratislava, Tel. 54 43-37 15/-12 52, Fax 54 43 27 08, www.bkis.sk oder www.bkis.bratislava.sk, Okt.–April Mo–Fr 8–17, Sa 8–13 Uhr, Mai–Sept. tgl. 8–18 Uhr.

Kam v Bratislave: Das Monatsprogramm der Stadt mit allen aktuellen Veranstaltungen und den Museen. Wird in der Bratislavská informačná služba und an vielen Kiosken verkauft.

Bratislavský Propeler: Kostenlose und sehr informative kleine Gazette (leider nur auf Slowakisch), die alle 14 Tage erscheint.

Adonis: Slovnaft Rekreacentrum, Vlčie hrdlo, Tel. 58 59 76 38, Fax 58 59 72 50. Etwas außerhalb des Zentrums, einfach aber neu, 30–35 €.

Echo: Prešovská 39, Tel. 55 56 91 70, Fax 55 56 91 74. Annehmbares, kleines Hotel, außerhalb der Altstadt, 44 €.

Botel Grácia 25: Rázusovo nábrežie, Tel. 54 43 21 32, Fax 54 43 21 31, www.hotel-gracia.sk. Aus hübschen Kajütenzimmern Blick auf Donau und Stadt, 45–60 €.

Adressen

Stadtplan: S. 60/61

Hotel Radisson SAS in Bratislava – ehemals das legendäre Hotel Carlton

Ahnlich im **Botel Fairway:** Nábr. Gen. L. Svobodu, Tel. 54 41 20 90, Fax 54 41 27 11, 48–60 €.
City Hotel Bratislava: Seberíniho 9, Tel. 43 41 15 92, Fax 43 33 64 20, www.hotelbratislava.sk. Etwas außerhalb im Stadtteil Ružinov neues, modern eingerichtetes Hotel mit Restaurant und Fitnessräumen; Business-Zimmer (80 €) und Standard-Zimmer (57 €).
Tatra 26: Nám. 1 mája 5, Tel. 59 27 21 11, Fax 52 92 35 87. In der Stadtmitte neben dem Präsidentenpalast, 90–100 €.
No. 16: Partizánska 16a, Tel. 54 41 16 72, Fax 54 41 12 98, hotelno16@internet.sk: Privathotel im Villenviertel des Burgbergs mit individuell eingerichteten Zimmern, Garten, Sommerterrasse, 90–115 €.
Perugia 27: Zelená 5, Tel. 54 43 18 18, Fax 54 43 18 21. Kleines, modernes Hotel in einer Seitenstraße des Hauptplatzes, 125 €.

Danube: Rybné nám. 1, Tel. 59 34 00 00, Fax 54 41 43 11, danube@internet.sk. Neues Luxushotel an der Donau, modern und bis ins Detail nach amerikanischem Muster, 144–196 €.
Devín 28: Riečna 4, Tel. 54 43 44 60, Fax 54 43 08 58. Traditionshaus an der Donau, außen nicht sehr ansprechend, jedoch zeitgemäß elegant eingerichtete Zimmer, ansonsten viele Lüster und Teppiche, hoher, großer Frühstücksraum, der zugleich als Kaffeehaus dient, 162–180 €.

Jugendherberge
Youth hostel Bernolák: Bernolákova 1, Tel. 39 77 23 07, Fax 39 77 24, 7 €/Bett.

🍽 **Krušovická izba** 29: Biela 5, Tel. 54 43 28 44, 4–6 €. Gute Hausmannskost.
Prešporská kúria: Dunajská 21, Tel. 52

Bratislava

Atlas: S. 236

Slovak Pub

Ein kurioser Einfall und endlich mal was Originelles in der allgemeinen Retro-Welle: In den zehn Räumen des Lokals werden Themen der slowakischen Geschichte und Literatur abgehandelt – sei es mit überdimensionalen Wandgemälden oder brav eingerahmten Autoren-Porträts. Es gibt natürlich viele einheimische Spezialitäten, sogar einen ›slowakischen Hamburger‹, der dann als einfaches schmackhaftes Schmalzbrot daherkommt. Jugendtreff mit aktueller Musik. Obchodná 62, Tel. 52 63 19 51, 4–5 €.

96 79 81, 6–8 €. Hausmannskost, im Sommer Gartenterrasse.

Hradná vináreň 30: Mudroňova ul. 1, Tel. 59 34 13 58, 6–8 €. In den ehemaligen Ställen der Burg kann man bei Wein und guten traditionellen Gerichten angenehm sitzen.

Trafená hus: Šafárikovo nám. 7, Tel./Fax 529 25 473, 6–8 €. Modern eingerichtetes Lokal im Bistro-Stil, mittags und abends birst es vor Studenten, denn es liegt gleich neben dem Uni-Hauptgebäude.

Reštaurácia Veža: Kamzík, 6–8 €. Endlich wieder eröffnet: In modernem City-Stil und mit drehbarer Bühne ist das Fernsehturm-Lokal bei schönem Wetter und abends ein kleines Erlebnis. Flinker Service, traditionelle Speisen.

Restaurant Leberfinger: Viedenská cesta 257, Tel. 62 31 75 90, 6–8 €. Auf der der Altstadt gegenüberliegenden Donauseite. Gute Sicht auf die Burg, gutbürgerlich in historisierendem Landhausstil, mit Sommerterasse.

Alžbetka: Mickiewiczova 1, Tel. 52 92 39 88, 6–10 €. Wohlschmeckende, auch viele typisch slowakische Speisen sowie gute Auswahl an slowakischen Weinen.

Aušpic: Viedenská cesta 24, Tel. 62 25 09 16, 6–10 €. Ein Lokal im Alt-Pressburger Stil mit schöner Aussicht, am rechten Donauufer gelegen.

Reštaurácia Hubert: im Hotel Dukla, Dulovo nám. 1, Tel. 55 96 85 34, 11–13 €. Auch ausgefallenere Jagdspezialitäten.

Slovenská reštaurácia 31: Hviezdoslavovo nám 20, Tel./Fax 54 43 48 83, 12–14 €. Im Hinblick auf Speisen und Service das beste Spezialitätenlokal in gepflegt-rustikalem Ambiente.

Chez David 32: Zámocká 13, Tel. 54 41 38 24, 12–14 €. Einziges und ausgezeichnetes koscheres Restaurant des Landes. Aufdringlicher Service

Modrá gul'a 33: Suché Mýto 6, Tel. 58 50 40 07, 12–14 €. Gepflegtes Lokal in der obersten Etage einer Bank; durch große Fenster Blick auf das Grassalkovič-Palais.

Cafés

Café Mayer: Hlavné nám. 4, Tel. 54 41 17 41 und **Roland Café:** Hlavné nám. 5, Tel. 54 43 13 72. Die zwei größten Cafés in der Altstadt, mit leider zuweilen gestresstem Personal.

Čajovňa: Michalská 3, Tel. 54 41 10 79. Eine verträumte kleine Teestube in Kellergewölben.

Café Verne 34: Hviezdoslavovo nám. 18, Tel. 54 43 05 14. Eines der beliebtesten alternativen Café-Restaurants; antikes, zusammengewürfeltes Mobiliar, freundliche Bedienung, im Sommer Tische zum großzügigen Platz hinaus.

Café Domenico: Nám. Ľ. Štúra 4. In den hohen Räumen des Eszterházy-Palais gleich neben der Nationalgalerie versucht man, den ›Fünf-Uhr-Tee‹ stilgemäß wie-

Stadtplan: S. 60/61

Adressen

der zu beleben: So um 17 Uhr mit Livemusik.Die ganze Woche über herrliche Kuchenauswahl und gute kleine Speisen.
London Café: Panská 17, Tel. 54 43 12 61. Das Café mit gutem Bistro-Angebot (die größten Salate Bratislavas!) ist über die Pforte des British Council zugänglich.
U anjelov: Laurinská 19, Tel. 54 43 27 24. Einst ein schräges kleines Café für die Intellektuellen der Stadt, nach der Vergrößerung jetzt auch für jeden anderen ein angenehmes Café mit gutem Service.
Omama Café: Sasinkova 19, Tel. 55 41 57 21. Es nennt sich ›belebtes Handelsmuseum‹, weil die Wände mit Schildern und Plaketten alter Firmen und Markenartikel behängt sind. Schräger und kurioser Treff etwas abseits vom Zentrum, in dem sich aber auch mal die Damen der Nachbarschaft zum Kaffeetrinken treffen.
Le monde 35: Ventúrska 1, Tel. 59 22 75 18. Das schickste und teuerste Café (mit unverhältnismäßig hohen Preisen im Restaurant-Bereich).

Handwerkerhof der Zentrale des Slowakischen Kunsthandwerks: Obchodná 64. Das ÚĽUV (s. S. 36) hat neben zwei schönen Geschäften auch diesen Handwerkerhof mit Café und Restaurant (für Nicht-Raucher!) eingerichtet.
Dizajn štúdio: Dobrovičova 13. Die neuesten Kreationen des ÚĽUV.
Lea Fekete: Weit hinten in einem Innenhof der Michalská 7, www.leafekete.com. Ungewöhnliche, hochwertige Mode und Accessoires bietet Lea Fekete in ihrer gleichnamigen Galerie.
GalériA: Zámočnícka 5. Ähnliches Angebot wie bei Lea Fekete, zuweilen aber noch schräger.
Twigi: Klariská 7. Eine Fundgrube für hübsche, z. T. handgefertigte Geschenke und Kleidung.
San Francesco: Sedlárska 5. In der hübschen Vinothek kann man sich zur Weinverkostung eine Käse- oder Wurstplatte bestellen.
Ein gutes **Musikgeschäft** befindet sich gleich neben der Touristen-Info, Klobučnícka 4.

Montana's Grizzly Bar: Michalská 19, Tel. 54 43 49 98. Ein Amerikaner eröffnete in Bratislava die urige Bierkneipe.
Jazz Café: Ventúrska 9, Tel. 54 43 46 61;
Aligátor: Laurinská 7, Tel. 54 41 86 11. Gute Livemusik am Abend (viel Jazz).
Café studio club: Laurinská 17, Mob. 0904/991 452. Tages- und Nachtcafé mit gelungen authentischem Bistro-Ambiente; in die Tische sind unter Glas alte Schallplatten eingelassen und es gibt fast jeden Abend Livemusik (ab 19 Uhr).
Live!Club: Einsteinova 18, Tel. 63 45 41 08, www.lifeclub.sk. Größter slowakischer Disco-Club mit modernster Technik (Lightshows etc.) und in coolem Styling (Techno verpönt) im Einkaufszentrum Aupark, etwa 10 Min. zu Fuß vom Zentrum. Regelmäßig Parties, am Wochenende bis 4 Uhr früh geöffnet, in eigenen Räumen auch Café und Pub.
Circus Barock: Rázusovo nábr., Tel. 54 64 20 91. Bar mit Restaurant, die auf der Donau schwimmt. Ein beliebter Treff unter den Bratislavern und bekannt für die schönen Töchter der Stadt.
Kasino Reduta: Mostová 3, Tel. 54 43 20 21.

Während des **Kultur-Sommers** (Kultúrne leto), der um den 26. Juni mit der nachgespielten feierlichen Krönungszeremonie eröffnet wird, gibt es zum sonstigen kulturellen Angebot der Stadt bis Mitte September viele weitere Openair-Veranstaltungen (im Info-Büro das aktuelle Programm besorgen).
Zu den wichtigsten **Musik-Veranstaltungen** von Bratislava s. S. 32; es lohnt sich

immer, das aktuelle Opern- und Ballettprogramm zu beachten.
Die **Bratislaver Jazz-Tage** sind seit 1976 jeweils Ende Oktober ein landesweit beachtetes Ereignis.
Monat der Fotografie: Der November ist in vielen Galerien der internationalen Fotografie gewidmet (meist freier Eintritt).

Seit 2004 wird am 24. April eine Art **Stadtfest** mit Straßenaktionen und -umzügen begangen; es ist der Tag, an dem früher das wichtige Amt des Richters besetzt wurde. In sportlicher Hinsicht hat der jährliche **Dauerlauf** am 4. April von Devín (unterhalb der Burg) nach Bratislava zum Hviezdoslav-Platz die längste Tradition (seit 1947). Im Dezember findet der schöne **Weihnachtsmarkt** statt.

Golf: Ein Golfplatz mit 9-Loch liegt im erneuerten Park eines Barockkastells unweit der Stadt in Bernolákovo: Kaštiel'ska 4, Tel./Fax 02/45 99 42 21, www.golf.sk.
Schiffsausflüge: In der Sommersaison (Mitte April–Ende Okt.) kann man reizvolle Schiffsausflüge unternehmen, z. B. zum Wasserkraftwerk Gabčíkovo mit Durchfahrt durch die Schleusen oder zur Burg Devín. Auskunft und Tickets: Blue Danube Travels, Vajanského nábr. 7, Tel. 52 92 08 86, Fax 52 92 08 90, bdt@netax.sk.

Die Anreise per **Flugzeug** geschieht meist über den Wiener Flughafen Schwechat (regelmäßige Busverbindungen nach Bratislava). Der Flughafen von Bratislava liegt etwa 9 km von der Stadt entfernt: Letisko M. R. Štefánika, Tel. 48 57 33 53, Fax 43 42 30 03, lkbts@ssl.sk. Vom Busbahnhof Wien Mitte verkehren tgl. mehrere **Busse** (ca. 1,5 Std.) nach Bratislava, die **Züge** gehen am Wiener Südbahnhof ab, und mit dem **Schiff** kann man zweimal täglich von der Reichsbrücke fahren und steigt am Nationalmuseum aus.
Taxi: Um unangenehmen Gaunereien beim Taxifahren zu entgehen, sollte man die zuverlässigen Fahrer von Delta-Taxi bestellen, die rund um die Uhr über die Zentrale (Tel. 16 016) vermittelt werden. Standplätze: Hauptbahnhof (auf die Firmenaufschrift achten!), Nový most (Neue Brücke) und Starý most (Alte Brücke).
Donaufähre: Am ›Propeler‹ (Fajnorovo nábrežie 2, vor der Nationalgalerie) ist die Anlegestelle der Fähre, die einen zum anderen Donauufer mit dem J.-Kráľ-Park (s. S. 73) bringt; Saison ist vom 1. Mai bis 30. Sept., wobei die Schiffe nur im Mai und Juni tgl. außer Mo 11–19 Uhr verkehren, sonst nur Fr–So und an Feiertagen.

Ausflüge in die Umgebung

Auf den Kamzík

Mitten in der Stadt beginnt der insgesamt 1200 km lange Karpatenbogen, der im südlichen Rumänien ausläuft. Doch der ›Gipfel‹, der zu Bratislava gehört, Kamzík (Gemsenberg), erreicht nur bescheidene 381 m Höhe, die weitläufige Grünanlage dort oben heißt ›Bergpark‹ (Horský park). In der Nähe befindet sich der weithin sichtbare Fernsehturm Koliba, und hier, wie sollte es im Gebirgsland Slowakei anders sein, stehen sogar ein paar Skilifte. Im Sommer spaziert man oben in guter Waldluft und mit herrlicher Aussicht auf Stadt und Donau.

Von der rückwärtigen Seite kann man sich dem Stadtberg über das so genannte **Eisenbrünnel** (Železná studienka) nähern bzw. man kann auf dieser Seite hinabsteigen. Hier verläuft ein hübscher Wanderweg entlang des Baches Vydrica, der immer wieder kleine Teiche bildet. Früher war dies ein beliebtes Ziel der Städter für Wochenendausflüge; man nahm in einer mitgebrachten Flasche gern noch das stark eisenhaltige Wasser der Quelle nach Hause mit, die hier entspringt.

 Kamzík: Am Grassalkovič-Palais in Bus 203 Richtung Kamzík-Koliba einsteigen.
Eisenbrünnel: Bus Nr. 43 von Patrónka.

Burgruine Devín

Atlas: S. 236, A3
Ähnlich wie der Burgberg von Bratislava spielte das Felsmassiv über dem Zusammenfluss von March (Morava) und Donau seit Jahrhunderten eine wichtige Rolle, hatte vielleicht sogar noch größere strategische Bedeutung. In den ersten nachchristlichen Jahrhunderten bewachten hier römische Legionen in befestigten Grenzstationen das Imperium Romanum, doch gibt es in der archäologischen Forschung Hinweise auf eine noch frühere Nutzung. Die Burg (hrad Devín, auf Deutsch Theben genannt, genau wie die griechische Stadt) erfüllt für die Slowaken eine wichtige Identität stiftende Funktion: Sie sehen in den altslawischen Ruinenresten ihre Wurzeln als eine der slawischen Nationen, die aus dem legendären Großmährischen Reich hervorging. Nach dem Zweiten Weltkrieg begann man mit emsiger archäologischer Forschung, die den Ursprung des nationalen Mythos wissenschaftlich untermauerte. Am 24. April 1836, als Ľ. Štúr mit seinen Gefährten auf den Burgfelsen gestiegen war, wurde die Tradition der nationalen Wallfahrten auf den Devín begründet.

Am romantischsten wirkt der einzeln und eigentlich verloren stehende **Jungfernturm** über dem Abgrund zur Donau. Ein unglückliches Liebespaar soll sich von dort in die Tiefe gestürzt haben. Dennoch, die Aussicht vom Burggelände lohnt sich, beeindruckend ist vor allem die Vereinigung der beiden Flüsse und die ursprüngliche Auenlandschaft an ihren Ufern.

Der Burghügel ist ein Naturschutzgebiet mit Resten erhaltener thermophiler Flora und Fauna. Zu sozialistischer Zeit konnte man weder ihn noch die wildromantischen Uferwege genießen. Da March und Donau an dieser Stelle die Grenze zu Österreich bilden, sprangen besonders nach 1968 einige Wagemutige in die Donau, um das gegenüberliegende freie Ufer zu erreichen. Das Gebiet wurde zu einem der strengsten Sperrgebiete, auf der Donau patrouillierten Tag und Nacht Schiffe mit schwer bewaffneten Einheiten. Umso erfreulicher ist jetzt der Ausflug dorthin, rund um den Museumsberg lassen sich angenehme Stunden verbringen; im Gegensatz zur Stadt ist es hier immer luftig und frisch (Burg Mai–Okt. Di–So 10–17 Uhr).

Wandern: Am besten in die Stadt zurück (ca. 7 km). Vom Museumsberg der roten Markierung folgen bis zum Stadtteil Karlova Ves und zu den Haltestellen der städtischen Busse.

Bratislava

Anfahrt: Vom Busbahnhof am Nový most (Neue Brücke) mit **Bus Nr. 29** bis zur vorletzten Haltestelle vor der Endstation, Stadtteil Devín; die Fahrt dauert etwa 30 Min.

Römersiedlung in Rusovce

Atlas: S. 236, A3

Rusovce im Süden der Stadt, hinter der Siedlung Petržalka am Ufer der Donau, ist seit 1972 ein Stadtteil Bratislavas. In der Nähe der ehemaligen Gemeinde entdeckten Archäologen die bedeutendsten Denkmäler aus römischer Zeit auf dem Gebiet der Slowakei, genannt **Gerulata** (Antická Gerulata, Gerulatská ulica 69, Di–Fr 10–17 Uhr). Ein erstes Armeelager aus Holz und Lehm muss zur Regierungszeit Kaiser Domitians (81–96 n. Chr.) entstanden sein. Kurze Zeit später, Anfang des 2. Jh., erbaute man an derselben Stelle eine größere, diesmal steinerne Festung. Die am besten erhaltenen Überreste einer bereits wieder verkleinerten Anlage stammen aus dem späten 4. Jh., ihre Ausmaße betragen 30 x 29 m. Sie besaß eine Schutzmauer und einen rechteckigen Hof, der mit zwölf mächtigen Pfeilern begrenzt war. Der Weg zur Ausgrabungsstelle ist von der Kirche aus beschildert.

In Rusovce hat das einzige **staatliche Folkloreensemble SĽUK** sein Stammhaus, gleich neben dem Schloss im Windsor-Stil, das auf seine Renovierung wartet (Balkánska cesta 31, Tel. 62 85 91 25, Fax 62 85 92 91, den Aufführungsplan am besten im Info-Büro von Bratislava erfragen).

Anfahrt: Vom Busbahnhof am Nový most (Neue Brücke) mit **Bus Nr. 91**, die Fahrt dauert etwa 30 Min.

Danubiana

Atlas: S. 236, B3

Südlich von Rusovce, im Stadtteil Čunovo, befindet sich auf einer Donauhalbinsel das neueste und ausgefal-

Burgruine Devín an der Donau

lenste Museumsgebäude Bratislavas. Wie ein Schiffsbug ragt die Danubiana, das Meulensteen Art Museum, in den spitzen Ausläufer der Insel. Vom oberen Stockwerk überblickt man wie von einer Kommando-Brücke die Donau, die sich hier scheinbar zu einem riesigen See geweitet hat. Das Museum zeigt wechselnde Ausstellungen moderner Kunst, ums Haus liegt ein Skulpturenpark, innen gibt es ein hübsches Art Café mit Blick aufs Wasser (Di–So 10–18 Uhr, www.danubiana.sk.).

Weiter südlich in Čunovo dominiert die Donau die Attraktionen: Es gibt von hier die Möglichkeit, das **Wasserkraftwerk Gabčíkovo** näher in Augenschein zu nehmen und von einer Besucherbrücke das Schleusen von Frachtern zu beobachten. Und in einem Teil des alten Flussbetts wurde für Kajak-Fans ein modernes **Wildwasser-Areal** eingerichtet.

 Mit **Bus 91** von der Neuen Brücke bis zur Endhaltestelle Čunovo.

KLEINE KARPATEN

In die Kleinen Karpaten fährt man seit jeher wegen des Weins und der gemütlichen Schenken. Die jahrhundertealten Winzergemeinden reihen sich gleich hinter Bratislava wie Perlen an einer Schnur die Landstraße entlang. Doch die sanften Hänge locken auch Wanderfreunde für eher geruhsame Ausflüge. Aus Modra stammt nicht nur guter Wein, sondern auch die berühmteste Keramik des Landes. Die Burg Červený kameň bei Častá, ein trutziges Vermächtnis der Fugger, bildet den Abschluss des Gebirgszugs.

Weinstraße der Kleinen Karpaten

Atlas: S. 236, B3–2

Verlässt man Bratislava im Norden in Richtung Svätý Jur, gehen die üblichen Vorstadtsiedlungen fast unmerklich in sanft ansteigende Weinhänge über. Die **Malé karpaty** (Kleine Karpaten) links von der Landstraße 502 bilden einen letzten kleinen Wall nach Westen. Sie erreichen Höhen von gut 500 bis etwa 750 m, einzelne Bergkuppen tragen kuriose Namen wie Somár (Esel, 649 m) bei Limbach oder Čertov kopec (Teufelshügel, 751 m) bei Modra.

Geht der Wiener nach Grinzing oder Klosterneuburg zum Heurigen in eine Buschenschenke, so begibt man sich aus der slowakischen Hauptstadt traditionell in die Winzergemeinden Rača, Svätý Jur, Limbach, Pezinok oder gar nach Modra. Für den Fremdenverkehr hat man diesen Abschnitt in jüngster Zeit zur ›Karpaten-Weinstraße‹ (Malokarpatská vinná cesta) zusammengefasst. Die Ortschaften liegen nicht parallel zur Landstraße oder bilden auf ihr ein Straßendorf, die Hauptstraßen verlaufen im rechten Winkel zu ihr, den Berghang hinaufsteigend. Von hier zweigen weitere Straßen mit den zum Teil noch typischen eingeschossigen Winzerhäusern ab. Seit vielen Jahrhunderten wird Wein angebaut, und wenn manche Gemeinde heute etwas verschlafen wirkt, so kann sie trotzdem auf eine lange Geschichte zurückblicken.

Svätý Jur

Atlas: S. 236, B3

Gleich nach Rača, heute ein Stadtteil von Bratislava, kommt Svätý Jur (St. Georgen), das den heiligen Georg mit Drachen in seinem Wappen trägt. Weinreben werden in den Urkunden erstmals 1270 erwähnt, doch spielte der Weinbau hier sicherlich schon viel

Pezinok

früher eine Rolle. Der Eindruck eines karpatischen Winzerstädtchens ist durch die charakteristischen **Winzerhäuser** erhalten geblieben, auch wenn einiges der Renovierung bedarf. Es gibt hier sogar die ›vornehmeren‹ zweigeschossigen Winzerhäuser (wer es sich leisten konnte, richtete in der zweiten Etage prächtige Gästezimmer ein). Typisch für die aneinander gebauten Häuser ist ihre Anordnung zu einer L- oder U-Form. Durch einen gemeinsamen Eingang betritt man zwei oder mehr Wohnungen und Wirtschaftstrakte, unabdingbar sind im Kellergeschoss Gewölberäume zur Lagerung des Weins.

Da, wo die Prostredná am breitesten ist, steht links das kleine **Rathaus** mit seiner neugotisch schmucken Fassade, es geht auf zwei renaissancezeitliche Kurien zurück. An der nächsten Kreuzung rechts befindet sich in leuchtendem Hellgelb die **Kirche der Piaristen.** Das Gotteshaus wurde 1654 als evangelische Predigerkirche mit umlaufender Empore erbaut und nach der Übernahme durch den katholischen Orden 1686 barockisiert. Später kamen Kloster und Gymnasium hinzu.

 Private Weinkeller mit Weinprobe und -verkauf:
Vintour, Prostredná 29, Tel. 02/44 97 00 77.
František Hergot, Prostredná 32, Tel. 02/44 97 14 85.

Pezinok

Atlas: S. 236, B3
Auf das traditionsreiche Winzerdorf **Limbach,** in dem man sich ebenfalls gut bewirten lassen kann, folgt Pezinok. Die Bezirksstadt mit ihren rund 22 000 Einwohnern lebt hauptsächlich von Weinbau und Landwirtschaft, aber auch Ziegelherstellung und Keramikproduktion spielen eine wichtige Rolle. Es gibt auch viele Pendler ins 20 km nahe Bratislava. Nicht wenige Hauptstädter haben hier oder in einem der Nachbarorte ihre *chata* (Datscha), und wenigstens ein paar eigene Reben stehen, um Gästen stolz ›eigenen‹ Wein einzuschenken.

Das ganze Jahr lang dreht sich nahezu alles um den Wein. Höhepunkt ist das herbstliche Weinfest, das zur Weinlese *(vinobranie)* im September seit vielen Jahren gemeinsam mit der Nachbarstadt Modra begangen wird. Mit Reben und Weinlaub geschmückte Wagen, mit Weinköniginnen und -könige sowie Winzern in regionaler Tracht darin, ziehen als Prozession durch die Straßen. Großzügig wird *burčiak* ausgeschenkt, der frisch vergorene Wein (Federweißer), den man ab diesem Zeitpunkt für etwa zwei Wochen in jedem der umliegenden Gasthäuser zur regionalen Küche trinken kann.

Im **Karpatenmuseum** (Malokarpatské múzeum) lässt sich dann Näheres zur Geschichte des Weinbaus der Region erfahren. Die Exponate sind in einem schön hergerichteten Winzerhaus untergebracht, besondere Beachtung verdient das Kellergewölbe aus dem 17. Jh., in dem alte Weinfässer zu besichtigen sind und nach Anmeldung Weinverkostungen durchgeführt werden (ab 7 Personen, à ca. 6 €; Štefánikova ul. 4, Di–Fr 9–17 Uhr, Sa 9–15 Uhr).

Kleine Karpaten

Atlas: S. 236

In den Straßenzügen rund um den **Rathausplatz** (Radničné námestie) des ehemals Bösing genannten Städtchens stehen immer noch viele der karpatischen Winzerhäuser, die allmählich restauriert werden. Früher war das niedrige Rathaus auf Grundfesten aus dem Jahr 1600 die weltliche Dominante des Platzes. Seine breite Fassade schmücken halbrunde Erker.

Am Ende der Haupt- und Einkaufsstraße Štefánikova ulica steht ein kleines **Kastell mit Park.** Seit dem 17. Jh. gehörte es der Familie Pálffy, die das Renaissancegebäude 1718 barock umgestalten ließ. Seine ausgedehnten Keller und Gewölbe dienen heute noch der Lagerung von Wein. In der Schloss-Weinstube (Zámocká vináreň) kann man ihn dann in gemütlicher Atmosphäre verkosten.

Mestské informačné centrum: Radničné nám. 9, 902 01 Pezinok, Tel. 033/6 90 11 07, Fax 641 23 03, informacne.centrum@msupezinok.sk, Mai–Sept. Mo–Fr 10–18, Sa 10–14, So 14–18 Uhr, ansonsten Sa 9–12 Uhr, So geschl.

Penzión Slimáčka: Holubyho 12, Tel. 033/641 24 52. Ganz kleines Fa-

Seit Jahrhunderten wird an den Hängen der Kleinen Karpaten Wein angebaut

Atlas: S. 236

Slovenský Grob

milienhotel in Bahnhofsnähe, Zimmer nicht groß, ländlich eingerichtet, 20 €.
Hotel Lipa: Kollárova ul. 20, Tel. 033/641 24 02. Neues kleines Familienhotel im Zentrum, Restaurant im Kellergewölbe und auf der begrünten Terrasse, 25 €.
Horský hotel Istota: Kučišdorfská dolina, Tel. 033/640 29 37, Fax 640 29 39. Ca. 5 km außerhalb von Pezinok am Waldrand gelegen, neues Haus mit moderner Einrichtung, Sauna und Schwimmbecken, 25 €.
Motel na vrchu Baba: 90201 Pezinok, Tel. 033/640 36 36. Ein neues kleines Hotel am Berg Baba oberhalb von Pezinok, die Straße ist recht kurvenreich. Doch gibt es von hier zahlreiche, schöne Wanderwege und außer dem Restaurant eine gemütliche *koliba,* wo am offenen Feuer gegrillt wird. Man kann also auch hier Karpatenwein genießen, ohne danach ins Auto steigen zu müssen, 23 €.

Zámocká vináreň: Mladoboleslavská ul., Tel. 033/641 23 59, 4–5 €.
Vináreň u magistra: Štefánikova 21, Tel. 033/641 30 55, 4–5 €. Hübsche kleine Weinstube mit offenem Kamin im verglasten Innenhof eines Winzerhauses.

Café
Café Journal: Štefánikova 21, Tel. 033/641 29 36. Schickes, modernes Café und Tagesbar mit großer Kuchenauswahl.

 Wein: František Slezák, Rázusová 31, Tel./Fax 033/640 21 72, Mob. 0903-24 21 72. Ein Kenner der Karpatenwein-Landschaft.
Víno Matyšák, Holubyho 85, Tel./Fax 033/641 36 67.
Pavol Boris, Hviezdoslavova 1, Tel. 033/643 30 05.
Ľudovít Tretina, Kupeckého 51, Tel. 033/640 40 00.

Galéria insitného umenia: Schaubmarov mlyn, Cajlanská 255, Tel. 640 40 35, Di–So 10–17 Uhr. Eine schöne alte Wassermühle, die man wieder funktionstüchtig gemacht hat, sowie eine Sammlung naiver Kunst der Slowakischen Nationalgalerie steht kurz hinter Pezinok in einem Gehöft. Nach dem Ort über die Straßenüberführung nach links in die Siedlung abbiegen, dort bald darauf wieder nach links.

Slovenský Grob:
Gänsebraten und *lokše*

Atlas: S. 236, B3

In diesem durchschnittlichen Dorf sitzen nicht selten Präsidenten und Staatsmänner zu Tisch. Die Bauern verstanden es, sich sogar über die Landesgrenzen hinaus den Ruf zu erwerben, die besten Gänsebrater zu sein. Jetzt werden Gänse zugekauft, um den Andrang zu bewältigen. Das Besondere in diesem Dorf: Heute wie vor über 100 Jahren genießt man den Festtagsschmaus nicht in Wirtshäusern, sondern in Privathaushalten, die sich allerdings mit der Zeit durch gesonderte Gaststuben auf die zahlreichen Besucher eingestellt haben. Kulinarischen Schnickschnack darf man nicht erwarten, höchstens ein Stück Gänseleber vorweg. Und dann kommen der Gänsebraten (nur mit Milch und Salz bestrichen) und *lokše* auf den Tisch, als Beilage gibt es süßsauer eingelegte Gurken oder Paprika. Gegessen wird vorzugsweise mit den Fingern. Zum Trinken werden Karpatenwein und Hochprozentiges angeboten.

Was sind *lokše?* Eine *lokša* ist ein dünner Fladen aus gestampften Kar-

Kleine Karpaten

DIE WEINE DER KLEINEN KARPATEN

Nach der schwierigen Umstellung von großen, staatlich gelenkten Genossenschaften, die zuweilen auf Menge und nicht auf Qualität produzierten, versucht man Wege zu finden, den slowakischen Wein gegenüber qualitätsvollen ausländischen Produkten konkurrenzfähig zu machen. Spitzenweine, die neben solchen aus französischen oder italienischen Anbaugebieten bestehen könnten, wird man selten finden, dafür schon sehr anständige Mittelklasse- und eine große Auswahl an gut trinkbaren Tafelweinen. Die älteste und kompakteste Weinregion der Slowakei bilden die südwestlichen und südöstlichen Hänge der Kleinen Karpaten. Sie erstreckt sich in etwa 46 km Länge vom March-Donau-Zusammenfluss bis zu den Ausläufern des Gebirgszugs bei Orešany. Der Weinanbau nimmt eine Fläche von etwa 3500 ha ein. Das älteste Zeugnis für den Weinbau im Kleinkarpaten-Raum fand sich auf dem Berg Molpír bei Smolenice. Es waren ein tönerner Vorratsbehälter für Wein und sieben Winzermesser aus dem 7. bis 6. Jh. v. Chr. Erste schriftliche Aufzeichnungen über die hiesige Weinkelterei nennt ein Schriftstück von 1295 aus Pezinok. Und der erste Zusammenschluss von Winzern in einer Zunft ist für das Jahr 1494 belegt.

Das westlichste Teilgebiet befindet sich um die Gemeinde **Devín,** aus den Zeiten Marc Aurels (121–180) sind Nachrichten über Weinberge an den Südhängen der Devínska kobyla überliefert. Die besten Bedingungen finden hier die Chardonnay- sowie verschiedene Burgundertrauben, die steinigeren Boden mit höherem Kalziumanteil benötigen. Vermehrt werden hier Pinot gris und Pinot blanc (Grau- und Weißburgunder, Burgundské sivé und Burgundské biele) empfohlen, beide sind nicht frostempfindlich. Vom Grauburgunder werden in guten Jahrgängen ausgezeichnete Weine mit voll-würzigem Charakter und kräftiger Farbe erzeugt. Der typische Wein der Hauptstadt **Bratislava,** deren Weinbauflächen sich gegen den Wohnungsbau behaupten müssen, ist der Rhein-Riesling (Rizling rynský). Er findet hier die besten Boden- und Klimabedingungen. Für die Slowaken ist er der König unter den Weinen und kann in guter Qualität den Geschmack von Lindenblüten erreichen, was sie dann *lipovinka* nennen.

Das Winzerdorf **Rača** (heute zu Bratislava eingemeindet) ist seit dem 18. Jh. für seine Frankovka (Blaufränkisch) bekannt. Diese Rotweinsorte ist in der Slowakei am weitesten verbreitet. Für das Gebiet um Svätý Jur wird der Müller-Thurgau als ergiebigstes Gewächs angesehen, er verträgt schwereres, nicht allzu trockenes Erdreich. In der Slowakei wird er auf 12 % der gesamten Anbaufläche gezüchtet. Das kleine Winzerdorf **Limbach,** von deutschen Siedlern im 14. Jh. gegründet, ist verbunden mit dem Limbacher Silvaner (Limbašský silván). Der grüne Silvaner wird in der Slowakei nur wenig angebaut (1,5 %), doch er ist eine typische Traube der Kleinen Karpaten. Verkosten kann man ihn auf angenehme Weise in der Limbašská koliba. In **Vinosady** (dt. Weingärten) gedeiht der Grüne Veltliner (Veltlinské zelené)

Weine

Eine Auswahl von Karpatenweinen

am besten, nach dem Rhein-Riesling ist er die häufigste Weißweinsorte (18 %) und wird gern mit diesem gemischt, um ihm mehr Säure zu verleihen.

Das Städtchen **Modra** hat den Beinamen ›Perle der Karpaten‹. Schon im 17. Jh. hatte es ein hoch entwickeltes Winzerwesen vorzuweisen, in seiner Umgebung finden sich gute Bedingungen für nahezu alle Rebenzüchtungen. Besonders gut gedeiht die Sorte Dievčie hrozno (Mädchentraube), die aus Ungarn stammt. Der Wein der Rebe verfügt gewöhnlich über einen höheren Alkoholgehalt, ist goldgelb und hat ein charakteristisch volles Bouquet, Säure und Süße halten sich harmonisch die Waage.

In **Dubová** versucht man u. a. die rote Sorte Alibernet heimisch zu machen. Sie ist eine Kreuzung aus Alikante Bouchet und Cabernet Sauvignon, wie man sie im ukrainischen Odessa züchtete, und wird deshalb auch Odešský červený (Odessa-Roter) genannt. Der Wein hat eine intensive Farbe und ein Cabernet-Bouquet. **Dolné** und **Horné Orešany** bilden einen gewissen Abschluss der Karpatenweinregion. Hier ist die Handelsmarke Orešanské červené zu Hause, ein Wein, in dem die Sorte Portugalské modré (Blauer Portugieser) überwiegt und die sich rund um Orešany besonders wohl fühlt.

Anfang April (meist am zweiten Wochenende) werden in Pezinok *Vinné trhy* (Weinmärkte) abgehalten: eine groß angelegte öffentliche Degustation von etwa 400–500 klassifizierten und bewerteten Weinen aus der Slowakei, Tschechien, Ungarn und der Region Neusiedlersee. Zur Weinlese *(vinobranie)* gibt es im September fröhliche Straßenumzüge (s. auch S. 32, 83) mit Ausschank des frischen Weins. Und am St. Martinstag am 11. November wird der junge Wein gesegnet, damit er sich weiter prächtig entwickelt. Man besprengt ihn mit Weihwasser und trinkt die ersten Tropfen aus den im Spätsommer geernteten Trauben.

Kleine Karpaten

Atlas: S. 236

Eingangsportal zur Burg Červený kameň

toffeln und etwas Mehl, der ohne Fett auf der blanken Herdplatte gebacken wird. Hinterher wird diese ›slowakische Tortilla‹ natürlich mit Gänsefett bestrichen und schmeckt auch ohne Fleisch vorzüglich. Die Saison des Gansessens erstreckte sich ursprünglich von September bis November. Der Bratenduft liegt nun bis weit in den Januar über dem Dorf und ist zur Weihnachtszeit am intensivsten. Da die Privathäuser nur über geringe Kapazitäten verfügen, seien hier eher kleine Gasthäuser angegeben, vor Ort kann man dann auch die andere Möglichkeit ausprobieren.

Ein Gansessen kostet ca. 8–10 €.
Grobská reštaurácia: Chorvátska 4, Tel. 033/647 84 31.
Pivnica U zlatej husi: Pezinská 2, Tel. 033/647 82 25, Mob. 0905-41 02 69.
Reštaurácia U gazdu: Hlavná 112, Tel. 033/647 83 55.

Modra

Atlas: S. 236, B2

Mit dem Namen des Winzerstädtchens verbinden Slowaken nicht nur Wein, sondern auch die berühmteste Keramik ihres Landes sowie den prominentesten Vertreter im Kampf um ihre nationale Selbstständigkeit im 19. Jh.: Ľudovít Štúr. Seine Statue in imposanter Pose auf der nach ihm benannten Hauptstraße (Štúrova ulica) ist nicht zu übersehen. Wer sich näher für ihn wie für die **Modra-Keramik** *(modranská keramika)* interessiert, findet einige Ausstellungsstücke im **Štúr-Museum.** Im Haus Nr. 84, wo Štúr starb, hat man dem Dichter eine Gedenkstube eingerichtet (Štúrova ul. 50, Di–Fr 8–16 Uhr, Juli und Aug. Di–Fr 8–18 Uhr, Sa 9–15 Uhr, So nach Anmeldung, Nov.–Feb. Sa und So geschlossen).

In früheren Jahrhunderten stand Modra an vorderster Stelle der karpatischen Winzerstädte und genießt auch heute noch einen ausgezeichneten Ruf, nicht zuletzt wegen der seit gut 100 Jahren hier ansässigen **Weinbauschule**. Sie ist in einem ehemaligen Kastell hinter dem erhaltenen Oberen Tor des ehemaligen Befestigungssystems aus dem 17. Jh. am nördlichen Ende der Štúrova untergebracht. Der vierflügelige Bau mit Innenhof besitzt im Erdgeschoss Räume mit renaissancezeitlichen Gewölben. Hier befindet sich eine kleine Ausstellung zum Weinbau und man kann auch an Verkostungen schuleigener Weine teilnehmen (Tel. 033/647 21 11).

Častá

Malokarpatská TIK: Štúrova 84, 90001 Modra, Tel. 033/647 43 02.

Horský Hotel Zochová chata: Piesok, Tel. 033/647 01 31. Traditionsreiches Berghotel auf dem Hügel oberhalb der Stadt mit typischer *koliba*, einem großen holzgetäfelten Restaurant mit Grillspezialitäten, 20 €.
Penzión Klub M.K.M.: Štúrova 25, Tel./Fax 033/647 53 13. Angenehme Pension in Privathaus; mit guter Verpflegungsmöglichkeit, 23 €.

Vinohradnícky dom: Štúrová 108, Tel. 033/647 41 00. Gemütliche Weinstube in Winzerhaus, 4–6 €.

Slovenská ľudová majolika: Dolná 138, Tel. 033/647 29 41, Mo–Fr 8–16 Uhr. Ehemaliger Staatsbetrieb zur Herstellung handbemalter Traditionskeramik, eigener Verkaufsraum.

Heute versuchen Keramik-Meister, ihre Produkte selbständig zu verkaufen und haben einige der Keramik-Malerinnen in ihren privaten Werkstätten angestellt. Mit Hilfe einer eigenen Zunft wollen sie dem Großbetrieb Konkurrenz machen. Eine davon ist **Zlatica Ďureje** (Súkennícka 2, Tel. 033/647 37 44, Mob. 0905-38 85 49).

Bei Darina Lichnerová, ausgebildet an der Hochschule für Kunstgewerbe, kann man (auch auf Deutsch) **Weben und Klöppeln lernen:** Štúrova 112, Tel. 647 31 55.

Častá

Atlas: S. 236, B2

Wenige Kilometer nördlich von Modra steht oberhalb des Orts Častá die massige **Burg Červený kameň** – übersetzt eigentlich ›Roter Stein‹, doch auf Deutsch heißt sie Biberburg. Vor dem umzäunten Burgareal liegen flache Wiesen und eine liebliche Allee, die darauf zuführt. Die Hauptburg ist innen wie außen grundlegend restauriert worden. Über die erste Burg an dieser Stelle weiß man sehr wenig, sie hatte mehrere Besitzer, bevor sie in

Kleine Karpaten

den Besitz der Familie Thurzo kam. Durch die Heirat Anna Fuggers 1497 mit einem der Thurzos wurde später die reiche deutsche Kaufmannsfamilie zum Burgherrn. Etwa um 1540 erfuhr die Burg den heute noch sichtbaren großzügigen Umbau zur vierflügeligen Anlage mit je einem dicken Rundturm an den Ecken. Das Konzept für die vorbildliche Festung mit geräumigen Lagern (dreigeschossige Kellerräume) und einem speziellen Lüftungssystem in den Wehrtürmen soll Albrecht Dürer den Augsburger Händlern geliefert haben. Einige Zeit nach dem Tod Anton Fuggers erwarb der ungarische Edelmann Nikolaus Pálffy die Wehranlage, der durch seine Erfolge in den Auseinandersetzungen mit den Türken Geschichte machte. Das Adelsgeschlecht besaß Červený kameň bis 1945, danach wurde die Burg verstaatlicht und als Museum eingerichtet. Die Verbindung von trutziger Wehrhaftigkeit und würdevoller Repräsentation sowie die zahlreichen kostbaren Ausstattungsgegenstände machen einen Besuch sehr lohnend (Info und Anmeldung Tel. 033/9 53 16, 9 51 32, Fax 9 51 32, Nov.–Feb. Mo–Fr 9–15 Uhr nur für angemeldete Gruppen über 15 Personen, März und Okt. sowie Sa, So 9–16 Uhr jeweils zur vollen Stunde auch für einzelne Besucher, April und Sept. tgl. 9–16 Uhr, Mai–Aug. tgl. 9–17 Uhr, mit kleinem Imbiss-Restaurant und Café).

Falkenhof Astur: Tel. 033/953 16 27, 47 82 53, April–Okt. Di–So jeweils 11.15, 14.15, 16.15 Uhr Demonstrationen mit Stein- und Steppenadlern, verschiedenen Falkenarten und Bussarden.

Smolenice

Atlas: S. 236, B2

Einen gewissen Abschluss findet die Karpatenweinstraße in Smolenice. Der Ort ist besonders für Naturfreunde zu empfehlen, denn das **Schloss** mit seinem imposanten Turm ist für die Öffentlichkeit leider nicht zugänglich (wenn keine Veranstaltung stattfindet, erlaubt der Pförtner schon mal einen Blick in den Innenhof, von der Terrasse hat man eine herrliche Aussicht in die Donau-Ebene). Das Schloss gehört der Slowakischen Akademie, hier finden Wissenschaftler ein vorübergehendes Zuhause und nehmen an Tagungen teil. Doch der auf hügeligem Terrain angelegte Park lädt ebenso zu Spaziergängen ein wie die umliegenden lichten Wälder des Landschaftsschutzgebiets Kleine Karpaten.

Die **Tropfsteinhöhle Driny** (Jaskyňa Driny) ist die einzige begehbare Höhle (410 m) der Kleinen Karpaten und über das Erholungsgebiet **Jahodník** zu erreichen. Die Grottenführer behaupten, man atme während der Besichtigung so viel Kalzium mit der Luft ein, als hätte man eine Kalziumspritze verabreicht bekommen (15. Mai–15. Sept. tgl. 9–16 Uhr zu jeder vollen Stunde, April–14. Mai und 16. Sept.–Okt. tgl. Führungen um 11, 12.30, 14, 15 Uhr).

DIE DONAUEBENE

Die nördlichen Ausläufer der Donauebene im Südwesten des Landes bieten ungewohnte Ausblicke: weite und flache, höchstens sanft gewellte Felder, die von Pappelreihen, Birkenhainen oder Buschwerk unterbrochen werden. Trnava und Nitra sind hier die größten Städte und besonders eng mit Glaubensdingen verknüpft. Die Landschaft um die Festungsstadt Komárno ist flach wie an einer Meeresküste, am gegenüberliegenden Ufer beginnt Ungarn.

Trnava

Atlas: S. 236, B/C2

Die Kreisstadt hat rund 70 000 Einwohner und verdankt ihren Ruf den dicht gedrängten historischen Gebäuden der Altstadt. Traditionell gibt es einige Großbetriebe, die landwirtschaftliche Erzeugnisse verarbeiten. Zum wirtschaftlichen Wohlstand tragen jedoch maßgeblich die Betriebe der Autoindustrie, Metall- und Plastikherstellung bei. Auch die japanische Firma Sony lässt hier Einzelteile fertigen.

Trnava (Tyrnau) erhielt schon früh den Beinamen ›slowakisches Rom‹, obwohl es mit den monumentalen Bauten der italienischen Hauptstadt nicht konkurrieren kann. Die kirchliche Bedeutung ist auf die Türkengefahr zurückzuführen. Da sich der Erzbischof von Esztergom dort nicht mehr sicher fühlte, verlegte er seinen Sitz 1543 nach Trnava. Und nachdem zu dieser Zeit höhere Bildung mit den Institutionen der Kirche verknüpft war, wurde Trnava für lange Zeit nicht nur geistliches, sondern auch geistiges Zentrum. Bereits 1554 konnte man an der Trnaver Schule den Titel des ›Bakalar‹ erwerben, und 1577 nahm hier die erste Druckerei auf slowakischem Gebiet den Betrieb auf.

Das kulturelle Ansehen der Stadt gewann noch, als Kardinal Peter Pázmány, einer der großen Gegenreformatoren, 1635 die Universität gründete. Zunächst mit nur zwei Fakultäten ausgestattet (Philosophie und Theologie), kamen bald noch die juristische und medizinische hinzu. Diese wichtige akademische Bildungsanstalt im damaligen Ungarn wurde 1777 von Königin Maria Theresia nach Buda verlegt. Zu einer der bedeutendsten Gelehrtengestalten von Trnava im Priesterornat gehört Anton Bernolák (1762–1813; s. S. 39). 1992 trat Trnava wieder in die Wissenschaftsgeschichte ein, als hier erneut eine Universität eingerichtet wurde. Seither beleben wieder Studenten die Stadt.

Donauebene

Atlas: S. 236

Trnava

Platz der Heiligen Dreifaltigkeit

Steht man auf dem **Platz der Heiligen Dreifaltigkeit** (Námestie Svätej trojice), mit dem Rücken zum Theater, sieht man am anderen Ende das Wahrzeichen Trnavas, die roten Spitzhauben der St. Nikolaus-Kirche. Dies ist nach der Renovierung 1993 auch die Blickrichtung der drei Figuren auf der Säule, die dem weiten Platz seinen Namen gaben.

Das Säulenende zieren Gottvater, Jesus und der Heilige Geist, die gerade Maria krönen. Früher blickten sie nach Norden auf den einsam und mächtig stehenden **Wachturm**, in dem sich heute das städtische Tourismus-Büro befindet. Er stammt aus dem 16. Jh., erhielt später eine barocke Kuppel und 1739 eine über 2 m hohe Figur der hl. Maria (Besteigung: April–Sept. tgl. 10–18 Uhr zu jeder vollen Stunde außer 12 Uhr).

St. Nikolaus-Kirche

Die **St. Nikolaus-Kirche** wurde 1380–1421 in ihren heutigen Ausmaßen auf einer ursprünglich romanischen Kirche als dreischiffiger gotischer Bau errichtet. Bei Umbauarbeiten Mitte des 16. Jh. erhielt sie zwei Türme mit Renaissancehelmen. Außen in den Nischen seitlich des Hauptportals befinden sich die Statuen des hl. Niklaus (rechts) und des hl. Adalbert (links), beide von 1805. In der Vorhalle sind noch einige Fres-

Nikolaus-Kirche in Trnava

ken aus dem 15. Jh. erhalten. Den klassizistischen Hauptaltar gestaltete Josef Zanussi 1798, der seitliche Allerheiligen-Altar ist jedoch älter (1659). Der größte Teil der Innenausstattung stammt aus dem 18. Jh., so auch die im Stil des Rokoko reich geschnitzten Kirchenbänke.

Die an der Westseite aus dem Grundriss herausragende **Kapelle der hl. Jungfrau von Trnava** mit einem separaten Eingang entstand 1739–41. Erzbischof Imre Eszterházy gab sie bei dem bekannten österreichischen Architekten Lucas Hildebrandt in Auftrag. Das Tafelbild auf dem Säulenaltar zeigt die segnende Jungfrau Maria. Der Legende nach soll sie jedesmal nach tragischen Vorfällen in der Stadt oder auch im Land (Pest und Türkeneinfälle) echte Tränen vergossen haben. Jeden Samstag wird hier ein Gottesdienst abgehalten, Anfang November findet zu Ehren der hl. Jungfrau von Trnava eine neuntägige Andacht statt, zu der Gläubige aus der ganzen Slowakei anreisen.

Tagsüber ist nur ein Blick durch den Vorraum möglich; im Pfarramt, das Gebäude rechts vor dem Hauptportal, kann man um Zugang fragen (Mo–Fr 10–12 Uhr).

Universitätskirche

Die von den Jesuiten errichtete Kathedrale des hl. Johannes des Täufers – kurz **Universitätskirche** (Univerzitný kostol) genannt – war das größte und künstlerisch bedeutendste Bauvorhaben der Gegenreformation in der Slowakei. Sie ist ein bemerkenswerter

Donauebene

frühbarocker Monumentalbau, den 1629–37 Pietro und Antonio Spazzo errichteten. Ihnen diente die Kirche Il Gesù in Rom als Vorbild und an der Kathedrale orientierten sich wiederum viele Kirchen der Slowakei. An der Ausschmückung haben sich über Jahrzehnte verschiedene italienische, österreichische und einheimische Meister beteiligt. Glanzstück ist der dreistöckige hölzerne Hauptaltar von Balthasar Knilling und Veit Stadler aus dem Jahr 1640 mit der zentralen Darstellung der Taufe Christi. Er füllt die gesamte Rückwand aus, versammelt auf seinen drei Etagen 27 z. T. lebensgroße Statuen und gehört zu den schönsten Barockaltären der Slowakei. Das Gottesaus diente auch universitären Veranstaltungen wie etwa der Überreichung von Abschlussurkunden (Kirche Mo–Sa 6.30–12, 13–16 Uhr, So 8.30–12.30, 13.30–16 Uhr geöffnet).

Das **Rektorat** schließt sich gleich an das Kirchengebäude an, und gegenüber steht die **Akademie,** von J. Hausmann 1780 im klassizistischen Stil errichtet.

Westslowakisches Museum

Den Weg zum ehemaligen Klarissenkloster sollte man von der Nikolaus-Kirche über die Kapitulská zurücklegen, denn hier wird man mit dem Anblick restaurierter Bürgerhäuser entlang einer Grünanlage belohnt. Im **Westslowakischen Museum** (Západoslovenské múzeum) gibt es Expositionen zur Tierwelt der Kleinen Karpaten, zur hiesigen Volkskunst und – kein Wunder in dieser eng mit dem Glauben verknüpften Stadt mit ihren elf Kirchen – eine Ausstellung mit sakralen Gegenständen, die teilweise auch aus Synagogen stammen (Múzejné námestie 5, Juni–Sept. Di–Fr 9–17 Uhr, Sa, So 10–18 Uhr; Okt.–April Di–Fr 8–16 Uhr, Sa, So 11–16 Uhr).

Synagoge Status quo

Sehr engagiert und über die Grenzen der Stadt hinaus bekannt sind die Ausstellungen und Installationen moderner Kunst der **Galéria Jána Koniarka** in der Synagoge an der Halenárska ulica. Das ›Status quo‹ benannte Gotteshaus von 1902 beließ man in seinem verwahrlosten Zustand, den nicht der Zweite Weltkrieg verursacht hatte, sondern die jahrzehntelange Missachtung durch das nachfolgende Regime. Die Frauenemporen sind jedoch begehbar gemacht, hier steht eine ständige Sammlung von Judaica. Die Beschädigungen der Synagoge stimmen den Betrachter nachdenklich, doch wird er durch erstklassige zeitgenössische Kunst auch internationaler Künstler zugleich beglückt. Wegen der Spannung dieses Raums und des Kontrasts zu den anderen sakralen Orten der Stadt lohnt sich der Besuch unbedingt (Di–Fr 9–17 Uhr, Sa, So 13–18 Uhr, Tel. 551 46 57, Fax 551 13 91, gjk@nextra.sk, Ausstellungsprospekte auch auf Englisch).

Die Galerie verfügt zwar selbst über kein Café, aber über die rückwärtige Seite des Gebäudes kommt man zur hübschen kleinen Espresso-Bar ›Bellarossa‹ (ein Zugang existiert von der ulica M. S. Trnavského, die vom Dreifaltigkeitsplatz auf den Dom zu führt).

Atlas: S. 236, 237

Nitra

Trnavský informačný servis TINS: Trojičné nám. 1, 91701 Trnava, Tel./Fax 033/551 10 22, Tel. 550 50 00, www.trnava.sk, Mai–Sept. Mo–Sa 8–18 Uhr, So 14–18 Uhr, sonst Mo–Fr 9–17 Uhr.

Hotel Koliba: Kamenná cesta, Tel. 033/533 44 59, Fax 534 01 51, www.hotelkoliba.sk, 25–30 €. Etwas außerhalb an einem See gelegenes einfaches, aber gutes Landhotel, Restaurant im Haus.
Hotel Apollo: Štefánikova 23, Tel. 033/551 19 39, Fax 551 19 38. Modernes Stadthotel mit kühl-blauem Ambiente, ganz nah am historischen Zentrum, 37–47 €.
Hotel Barbakan: Štefánikova 11, Tel. 033/551 18 47, Fax 551 40 22, www.barbakan-trnava.sk. Das Hotel mit der Fassade eines historischen Bürgerhauses liegt an einem schmalen, komplett renovierten Innenhof. Jedes Zimmer hat Dachgauben, die auf eine Sommerterrasse im Hof schauen, 60 €. Gutes Restaurant, eine stilechte Bierschenke in altem Gewölbe – angeblich wird sogar eigenes Bier gebraut, 8–10 €.

Prácháreň: Radlinského 10, Tel. 033/551 15 22, 4–6 €. Café mit Schnellimbiss, Pizza auch zum Mitnehmen.
Bageta: Hviezdoslavova 3, 8–18 Uhr. Schnellimbiss auf Slowakisch am Weg zur Nikolaus-Kirche.
Penguin – Zelený dom: Hlavná 40, Tel. 033/551 36 85, Trojičné nám. 2, 7–9 €. Café und gepflegtes Restaurant gegenüber vom Rathaus.
Slovenská reštaurácia U Michala: Orolská 5, Tel. 033/552 77 60, 6–8 €. Etwas versteckt gelegen, aber dennoch über die Hlavná durch einen Hausdurchgang gut zu erreichen. Man serviert slowakische Spezialitäten und gute Hausmannskost, wird von den Einheimischen geschätzt.
Slávia-Relax: Rybníková 15, Tel. 551 13 23, 6–8 €. Nicht nur die Küche wird hier gelobt, besonderer Anziehungspunkt auch für nicht ganz junge Discogänger sind die freitäglichen Oldie-Partys.

Café
Študentská cukráreň: Hornopotocká ul. 3, 3–4 €. Das überwiegend studentische Publikum führt diese gemütliche Konditorei schon im Namen.

Internet-Cafés
Heso Com: Hviezdoslavova 13, www.heso-com.sk. Eine nützliche Einrichtung, ohne Schnickschnack, ganz im Gegensatz zu den gestylten Räumen von **Independent Internet Café:** V. Clementisa 21, www.incafé.sk.

Bahn: Tranava liegt an der Haupteisenbahnstrecke, häufige Verbindungen nach Bratislava und in den Norden und Osten.
Bus: Sehr gute **Verbindungen** in alle größeren Städte.

Nitra

Atlas: S. 237, D2/3
Nitra, die viertgrößte Stadt (ca. 87 000 Einwohner) des Landes, liegt an den nördlichen Ausläufern der Donauebene, am Fuß des hier beginnenden Gebirgszugs Tribeč sowie am gleichnamigen Fluss. 1248 erhielt Nitra, einer der ältesten Siedlungsorte der Slowakei, die Stadtrechte. Nach dem Zweiten Weltkrieg erlebte es einen rasanten Aufschwung und breitete sich rasch in der weiten Landschaft aus:

Donauebene

Die Pestsäule in Nitra

Heute ist Nitra ein wichtiges Zentrum für Anbau und Verarbeitung von landwirtschaftlichen Erzeugnissen. Eine landwirtschaftliche Universität und die Hotelakademie verstärken den wirtschaftlichen Schwerpunkt der Stadt.

Nitra wirkt beim Näherkommen wegen der vielen Plattenbausiedlungen nicht sehr attraktiv. Die Innenstadt wird durch die breite Fußgängerzone mit angrenzenden kurzen Straßenzügen geprägt. Um die historische Bedeutung Nitras und ihren Beinamen »Mutter der slowakischen Städte« verstehen zu können, muss man am Ende der Fußgängerzone (Štefánikova trieda), am großen neuen Theater vorbei, den weithin gut sichtbaren Burgberg hinaufsteigen. Er bildete einst eine kleine Stadt für sich (Horné mesto – ›Obere Stadt‹), der in erster Linie Kirche und Geistlichkeit gewidmet war.

Atlas: S. 237

Nitra

Am Burgberg

Bevor man durch die Tordurchfahrt am Župné námestie den oberen Stadtbereich betritt, fällt linker Hand das repräsentative Komitatshaus auf. Es ist ein klassizistischer Bau aus dem Jahr 1823, der zu Beginn des 20. Jh. mit Jugendstil-Elementen versehen wurde. In seinen Räumen ist die **Nitrianska galéria** (Galerie des Kreises Nitra) untergebracht, die einen Überblick über modernes künstlerisches Schaffen bietet (Župne nám. 3, Di–So 10–17 Uhr).

Auf dem Weg zur Burg erreicht man zunächst das Pribinovo námestie. Dort steht die Statue von Pribina, dem legendären Fürsten des ersten bekannten Slawenreichs auf slowakischem Boden (s. S. 22). Um den Platz gruppieren sich ehrwürdige Priesterseminare und andere Palais. Dominant ist das rosafarbene **Große Seminar** (Veľký seminár), heute Sitz der Theologischen Fakultät. Ende des 18. Jh. in mehreren Etappen erbaut, bietet es glanzvolle Fassaden im klassizistischen Stil (auch zur Unteren Stadt hin). Im Innern beherbergt es einen einzigartigen Schatz, die **Diözesanbibliothek.** Der holzgetäfelte Büchersaal, der sich über zwei Etagen erstreckt, wurde 1877 im Beisein des österreichischen Kaisers eröffnet und zählt mit seinem Bestand zu den wertvollsten Bibliotheken des Landes (den Besuch muss man im Voraus anmelden unter Tel. 037/772 17 43, evtl. auch über das Tourismus-Büro).

Vor dem Burgareal steht eine barocke **Mariensäule** von 1750, die Erzbischof Eszterházy beim österreichischen Bildhauer Martin Vogerl zum Gedenken an die Pestepidemien vom Ende des 17. Jh. in Auftrag gab. Unweit davon steht ein Bronzedenkmal für die beiden Slawenapostel Kyrill und Method (s. S. 22), die am Ruhm des wahrhaft heiligen Berges mitwirkten.

Kathedrale St. Emeram

Hinter dem Burgtor gelangt man über eine breite Treppe zur Kathedrale St. Emeram. Laut historischen Quellen weihte an dieser Stelle 828 der Salzburger Erzbischof Adalram die erste christliche Kirche auf slowakischem Boden. 880 gründete man hier das erste Bistum im östlichen Mitteleuropa. Die Kathedrale besteht eigentlich aus drei Kirchen, die miteinander verbunden sind. Die älteste, vom Eingang aus links über einen Durchgang zu erreichen, ist die romanische Apsis. Zu den bedeutenden Reliquien, die hier aufbewahrt werden, gehören diejenigen des hl. Kyrill. Die Untere Kirche, in die man eintritt, entstand im 17. Jh., die Obere Kirche ist gotisch, im 14. Jh. entstanden. Die Untere und die Obere Kirche wurden im 18. Jh. barockisiert. Wegen des Platzmangels auf dem Felsgipfel haben sie nur einen seitlichen Eingang. So wirkt die Untere Kirche eher wie ein Vestibül, weist aber den schönsten und einen für den gesamtslowakischen Kontext des 17. Jh. einzigartigen Hauptaltar aus Stein auf. Er ist eine ungemein lebendige und bewegende Marmorarbeit des Salzburger Bildhauers Johann Pernegger (1662).

Die barocke Umgestaltung zeigt sich vor allem in der Oberen Kirche. Hier

Donauebene

Atlas: S. 237

steht ein üppiger Hochaltar von Domenico Martinelli. Das Fresko von G. A. Galliarti über dem Sanktuarium bezieht regionale Historie ins Heilsgeschehen mit ein und verweist auf die Einbindung des Stephansreichs in den christlichen Westen Europas, indem es den hl. Stephan zeigt, wie er die ungarische Krone unter den Schutz Mariens stellt. An den architektonischen Arbeiten der Barockzeit war Franz A. Pilgram beteiligt, der für den Umbau des Turms, eines Wahrzeichens der Stadt, verantwortlich zeichnet (Kathedrale tgl. 9–12 und 14–16 Uhr).

Die Synagoge von Nitra

Nachdem die Synagoge (1910–12 erbaut) jahrzehntelang der Verwahrlosung preisgegeben war, wurde 2003 ihre Restaurierung abgeschlossen. Nun zeugt sie in neuem Glanz vom jüdischen Leben in Nitra. Da die Wandmalereien nicht gerettet werden konnten, ließ man die Wände schlicht weiß. Bei Konzerten kann man den Raum ebenso auf sich wirken lassen wie bei einem Besuch der bisher kleinen Judaica-Präsentation oder der wechselnden Ausstellungen auf der Frauenempore. Das Gotteshaus befindet sich an der Verbindungsstraße zwischen Fußgängerzone und Farská, die sinnigerweise Pri synagóge (An der Synagoge) heißt (Fr und So 11–17 Uhr).

Nitriansky informačný systém (NISYS): Štefánikova 1, 94901 Nitra, Tel. 037/741 09 06, Fax 741 09 07, info@nitra.sk, Mo–Fr 8–18, Sa 8–13 Uhr, Juli–Aug. Mo–Fr 8–18, Sa 9–19 Uhr, So 14–19 Uhr (bietet Internet-Zugang).

Hotel Agrokomplex: Vihorlatská 10, Tel. 037/653 45 41, 28–35 €: Einfach, aber neu hergerichtet.
Penzión Premona: Železničiarska 44, Tel. 037/653 31 85, Fax 772 99 22, 34 €. Renoviertes, annehmbares Plattenhotel am Bahnhof.
Penzión Átrium: Štefániková 8, Tel./Fax 037/652 37 90, 45–50 €. Eine sehr angenehme, modern eingerichtete Pension im Zentrum, um eine Innenhofterrasse liegen Gästezimmer, Café und Restaurant.
Penzión Rosi: Rastislavova 396, Tel. 037/778 37 67, 35 €. Neue, kleine Familienpension in einem Wohnvorort.
Penzión U Krba: Gorazdova 56, Tel. 037/653 73 77, Fax 655 80 42, 35–40 €. Ebenfalls etwas außerhalb, mit kleinem, gutem Restaurant und Pferden, die für Ausritte zur Verfügung stehen.

Palacinkáreň: Fraňa Mojtu 12, Tel. 037/651 74 83, 4–6 €. Slowakische ›Crêperie‹: Pfannkuchen in allen Variationen.
Izba starej matere: Radlinského 8, Tel. 037/652 60 16, 6–8 €. Rustikales Lokal mit guter Hausmannskost, Sommergarten.
Reštaurácia Átrium (s. Hotel Átrium), 6–8 €. Familiär geführtes Lokal im Landhaus-Stil, im Sommer lädt das schattige Atrium mit plätscherndem Brunnen zu angenehmer Rast; gute Hausmannskost.
U Sv. Huberta: Kasalova 8, Tel. 037/741 16 76, 12–14 €. Liegt auf dem Weg zum Kalvarienberg, ist stilvoll als Jagdrestaurant eingerichtet und bietet entsprechende Spezialitäten, gepflegte Sommerter-

Nitra

Die Kathedrale von Nitra

rasse, wo man auch nur auf einen Kaffee einkehren kann.

Divadeľná predajňa Tatra: ul. 7.pešieho pluku1. Kleiner Kramladen im Gebäude des alten Theaters, das von der alternativen Szene betrieben wird. Einheimische handwerkliche Produkte, Postkarten, Spielzeug.
Vinotéka Aurelius: Župné nám. 3, Tel. 650 65 67. Eine feine kleine Vinothek im Innenhof des ehemaligen Komitatshauses (Nitra-Galerie).

Subterra: ul. 7.pešieho pluku1, www.subterra.sk: Jugendtreff in angesagtem Internet-Café mit kühlem Milchglas-Styling.
Stará pekáreň: Rázusova 2: Disco und Partys ab 18 Uhr in einer alten Großbäckerei.

Es gibt keine direkte Zugverbindung von Bratislava nach Nitra, dafür häufig **Busse:** Die Fahrt dauert ca. 1,5 Stunden; auch mit anderen Städten gute Verbindungen.

Touren in die Umgebung

Wandermöglichkeiten und einen der ältesten Sakralbauten der Slowakei gibt es im ca. 20 km von Nitra entfernten **Kostoľany pod Tribečom.** Man nimmt die Hauptstraße 65 (E 571) in Richtung Zlaté Moravce und biegt bei Neverice in eine Landstraße nach Kostoľany pod Tribečom ein. Die kleine Kirche des hl. Georg befindet sich nicht weit unterhalb des höchsten Gipfels Veľký Tribeč (829 m). Die Anfänge des Gebäudes

Donauebene

liegen in vorromanischer Zeit, im 13. Jh. wurde es romanisch ausgebaut. Erhöht wird der Reiz dieses Kleinods durch einige Reihen erhaltener Wandmalereien.

Zurück auf der Hauptstraße Richtung Zlaté Moravce, kommt nach wenigen Kilometern die Abzweigung nach **Tesárske Mlyňany**, wo schon das Arboretum ausgeschildert ist. Der größte Park (67 ha) mit Zierhölzern (2370 Arten) in der Slowakei wird von der Akademie der Wissenschaften betrieben (April–Sept. Mo–Fr 8–18 Uhr, Sa, So, Fei 8–17 Uhr, werktags Pflanzenverkauf).

Fährt man weiter bis Zlaté Moravce und wendet sich im Ort nach Norden Richtung Partizánske, erreicht man **Topoľčianky** mit dem gleichnamigen Schloss. Dieser Name ist für die Slowaken mit zweierlei verbunden: Es handelt sich um die Sommerresidenz tschechoslowakischer Präsidenten (von 1923 bis 1950 verbrachte u. a. der legendäre T. G. Masaryk seine Ferien hier), und nach wie vor wird hier Pferdezucht betrieben. Das Schloss geht auf eine renaissancezeitliche Anlage zurück, die im rückwärtigen Teil mit seinem typischen Säulengang im ersten Geschoss auf drei Seiten einen Innenhof umschließt. Viel majestätischer ist die in klassizistischer Manier angefügte Vorderfront; den Portikus mit seiner hohen Säulenreihe betont eine Kuppel. Das Schloss liegt in einem verträumten, ausgedehnten Park mit Jagdschlösschen und Teich. Es schließt sich ein großes **Freigehege** an, in dem seit Beginn des 20. Jh. Auerochsen gezüchtet werden. Die umliegenden Wälder werden besonders von Jägern geschätzt.

Hotel Národný dom: Hlavná 122, Tel. 037/630 14 01, Fax 630 17 21, www.hotelnd.sk, 30 €. Eine Alternative zum Wohnen im Schloss (s. u.) bietet dieses Hotel vor der Einfahrt in den Park. Es ist ein moderner Neubau.
Hotel zámok Topoľčianky: Parková 1, Tel. 037/630 11 11, Fax 630 18 63. Die ›Luxusräume‹ des Hotels sind nur für Liebhaber verblichener Pracht (authentisch!), der Glanz ist eindeutig dahin. Besser sieht es mit den schlichten Zimmern des Renaissance-Flügels aus (DZ ca. 22 €). Das Hotel hat auch eine nette Weinstube.

Komárno

Atlas: S. 237, D4

Möglicherweise hat die Stadt gerade wegen ihrer Zerrissenheit ein besonders augenfälliges Bekenntnis zu Europa geschaffen, den neuen **Europa-Hof** mitten im historischen Zentrum. Postmodern umstehen Häusertypen aus verschiedenen europäischen Ländern einen plätschernden Millennium-Brunnen: ein geleckter italienischer Palazzo findet sich ebenso wie ein grellgrüner irischer Pub. Seit dem Ersten Weltkrieg ist Komárno (37 000) geteilt – der ungarische Teil Komárom liegt auf der anderen Donauseite. In Komárno stellt die ungarische ›Minderheit‹ einen hohen Bevölkerungsanteil: 65 % – was slowakische Nationalisten immer wieder zu Angriffen provozierte. Dennoch spricht hier jeder Slowakisch, wenn es darauf ankommt, meist mit ungarischem Akzent und ebensolcher Höflichkeit.

Komárno ist die Geburtsstadt des Operettenkomponisten Franz Lehár. Ihm sind gleich zwei Festivals gewidmet: der alle zwei Jahre stattfindende internationale **Sängerwettbewerb** im April sowie das jährliche **Lehár-Festival,** ebenfalls im April, bei dem seine Kompositionen aufgeführt werden.

Ein Wahrzeichen von Komárno ist das **Rathaus** mit seinem zentralen Turm auf dem General J.-Klapka-Platz (Nám. gen. J. Klapku). Das ursprünglich barocke **Zichy-Palais** seitlich davon wurde nach dem Erdbeben von 1763, dem schwersten, das je auf slowakischem Gebiet stattfand, klassizistisch umgebaut. Einen Teil seiner Räume nimmt das **Donau-Museum** (Podunajské múzeum) ein, das sich hauptsächlich der Stadtgeschichte widmet (Di–Sa 9–17 Uhr, Nov.–April nur bis 16 Uhr).

Das bedeutendste Baudenkmal in Komárno ist die **Festung,** die erfolgreich osmanische Invasionen abwehrte. 1546–57 wurde die Alte Festung auf der Landzunge am Zusammenfluss von Waag und Donau errichtet. Die sich weit um die Stadt ziehenden Verteidigungsanlagen mit zehn Bastionen wurden bis zum Ende des 17. Jh. fertig gestellt. Ihr Wahlspruch ›Nec arte nec marte‹ bewahrheitete sich: Sie wurden weder durch Gewalt noch durch List jemals eingenommen. Schade nur, dass sie noch nicht vollständig restauriert sind. Will man sich von ihren Ausmaßen einen Eindruck verschaffen, muss man zwischen Plattenbauten und Kleingärten hindurch.

Zur Rast ins Kastell

In **Hurbanovo,** der Heimatstadt der Biermarke Zlatý bažant an der Straße zwischen Nitra und Komárno, lohnt eine Rast im gleichnamigen kaisergelben Kastell, wo es einen guten Brauereigasthof gibt (10–23 Uhr, 6–8 €).

Eine der Kasematten präsentiert sich kunstsinnigem Publikum als städtisches **Lapidarium** (April–Okt., Di–So 10–17 Uhr), eine andere hungrigen Besuchern als **Restaurant Highland** im Bollwerk III (Bašta III, ul. Priateľstva, Tel. 035/772 21 20).

Turisticko-informačná kancelária (TIK): Župná 5, Tel./Fax 035/773 00 63, www.komarno.sk, Mo–Fr 8–15.30 Uhr, Juli u. Aug. auch Sa. 9–12 Uhr.

Hotel Európa: Ul. Štefánika 1, Tel. 035/773 13 49, Fax 773 13 51: modernes, kleines Standardhotel, 42 €.

Klapka Restaurant: Nám. gen. J. Klapku 9, Tel. 035/773 00 53, 5–6 €: nostalgisches kleines Gasthaus im Zentrum, das auf seiner dreisprachigen Speisekarte auch die regionaltypischen oškvarkové pagáče (Grieben-Pogatschen) bietet.

Sport: Im nahen Dunajská Streda steht ein neues Thermalbad mit verschiedenen Bassins, Massagedüsen etc., sowie Außenbecken: **Kúpelno-rekreačný Areál:** Gabčíkovská cesta, Mai–Sept Mo 13–19 Ihr, Di–So 9–19 Uhr, sonst Do–So 9–19 Uhr, Mi 13–19 Uhr.

Waagtal

Atlas: S. 236

DAS WAAGTAL (POVAŽIE)

Das slowakisch Považie genannte Tal der Waag ist eine vielseitig attraktive Region: Die Berghänge treten hier sehr weit auseinander und ermöglichen in den Niederungen des Flusses Landwirtschaft und Obstanbau. Das berühmte Thermalbad Piešťany liegt hier ebenso wie die stolze Burg der beschaulichen Stadt Trenčín. Žilina gilt als Industriestadt des Nordens, im dortigen Drahtbindemuseum wird einem alten slowakischen Handwerk gehuldigt.

Heilbad Piešťany

Atlas: S. 236, C2

Die Stadt (ca. 35 000 Einwohner) liegt am Váh (der Waag), östlich des Flusses erhebt sich der Gebirgszug Považský Inovec. Die Region gehört zu den wärmsten der Slowakei. Das 1898 entstandene Stadtwappen zeigt einen Mann, der seine Krücke zerbricht, seit 1954 ist Piešťany ein international anerkanntes Heilbad.

Kurbetrieb und kleinstädtisches Leben sind getrennt, wodurch nicht zuletzt die gute Luftqualität erhalten bleibt: Die Badeanstalten und andere Kureinrichtungen befinden sich auf der autofreien **Bäderinsel** (Kúpeľný ostrov), die man über zwei Brücken erreicht (s. S. 104). Die **Kolonnadenbrücke** (Kolonádový most) ist nur für Fußgänger bestimmt, sie führt ins alte Herz der Bäderinsel. 1932 fertig gestellt, wurde sie am 2. April 1945 von deutschen Truppen bei ihrem Rückzug zerstört, 1956 stand sie wieder. Sie ist so konzipiert, dass sie das Verweilen angenehm macht, denn sie ist überdacht und durch eine Glaswand in zwei Promenadengänge geteilt. Es gibt hier Kioske, Eisstände und Souvenirläden, auf der Stadtseite ist die Statue des Krückenbrechers (1933 von Robert Kühmayer geschaffen) zu sehen. Wem heute die Spaziergänge auf der Insel zu viel werden, kann sich in einer Fahrradriksha kutschieren lassen.

Der Kernbereich der Stadtseite ist ebenfalls autofrei. Die **Winterova ulica** ist eine Fußgängerzone mit Geschäften und Cafés. Von der Kolonnadenbrücke gleich rechts gelangt man in den **Stadtpark** mit dem Musikpavillon. An der Uferpromenade, Nábrežie I. Krasku, befindet sich das **Haus der Kunst** (Dom umenia), ein klobiger Betonbau, der seiner Bestimmung keine Ehre macht. Es ist sozusagen die Außenstelle der Slowakischen Philharmonie Bratislava, die hier regelmäßig gastiert. Im Sommer steht es dem internationalen Musikfestival zur Verfügung.

Piešťany

Das **Balneologische Museum** (Balneologické múzeum, Beethovenova 5, Di–Sa 9–12 und 13–17 Uhr) unweit der Kolonnadenbrücke ist der Geschichte des Kurens gewidmet. Es befindet sich im 1894 errichteten Kursalon, einem schmucken Bau in historistischem Stil. In einer Ausstellung zu Volkskunde und Archäologie des Landkreises befindet sich eine Kopie der berühmten **Venus von Moravany**, die 1938 ein Bauer dort, wo sich heute Piešťanys Stadtteil Moravany befindet, beim Pflügen gefunden hat. Das Aufsehen, das diese nur etwa 7,5 cm große und aus einem Mammutzahn geschnitzte Figur erregte, verdankt die Dame ihrem hohen Alter. Es wird auf nahezu 23 000 Jahre geschätzt. Die Venus von Moravany ist somit das älteste Kunstwerk auf slowakischem Boden. Das Original befindet sich auf der Burg in Bratislava (s. S. 71), weitere Kopien gibt es in anderen Museen der Welt.

Das **Ivan-Krasko-Gedenkzimmer** befindet sich im ehemaligen Wohnhaus dieses slowakischen Dichters der Moderne (Pamätná izba Ivana Kraskru, Nábr. I. Krasku 2, Di–So 11–15 Uhr).

PIC (Piešťanské informačné centrum): Pribinova 2, Tel. 033/771 96-21, -22, www.pic.piestany.sk, Mo–Fr 9–18 Uhr, Sa 9–14 Uhr, So 14–18 Uhr.
Kurverwaltung: Riaditeľstvo Slovenských liečebných kúpeľov (Direktion der Slowakischen Heilbäder) Winterova ul. 29, 921 29 Piešťany, Tel. 033/775 24 58, Fax 033/762 15 60, reservations.zo@healthspa.sk, www. spa-piestany.sk.

Die Kurverwaltung verfügt über modern umgebaute, komfortable Hotelanlagen (verschiedene Preisklassen) mit Thermalfreibädern und Fitnessräumen, wo man Gäste auch für kurzen Aufenthalt willkommen heißt, z. B. in den **Balnea-Hotels Esplanade, Palace und Splendid,** ca. 50–60 € mit Vollpension.
Penzión Vila Anne-Mary: ul. Pod Párovcami 5159, Tel. 033/774 05-10, -11, Fax 033/774 05 12. Neue kleine Hotelanlage mit Restaurant, in ruhiger Lage am Rand des Kurparks, 30–35 €.
Penzión Villa Veres: Winterova 21, Tel. 033/776 31 10, Fax 033/774 21 02, villa@pobox.sk. Außerordentlich angenehme Pension in der Fußgängerzone; nur Apartments (mit Küche), auch im rückwärtigen Teil, wo sich ein kleiner Garten befindet, 36 €.
City Hotel: Winterova 35, Tel. 033/772 54 51, Fax 033/772 46 62. Nettes Stadthotel am Ende der Fußgängerzone; mit Restaurant, 45–50 €.

Camping
Lodenica: Slňava I, P.O. Box C-33, 92101 P, Tel./Fax 033/762 60 93, Mob. 0905-32 75 04, belescak@py.internet.sk. Campingplatz am Stausee Slňava südlich von Piešťany, 4 km von der Autobahnabfahrt.

 Jazz Art Gallery: Winterova 29, Tel./Fax 033/762 55 59, 5–6 €. Ein bekannter slowakischer Jazzer, Dodo Šošoka, hat sich einen Traum erfüllt und betreibt dieses sympathische Café in einem alternativen Bistro-Stil, im rückwärtigen Teil gibt's ein Restaurant; jeden Mo freies Jazzkonzert, Fr mit Eintritt.
Guiness Pub: Teplická ul. 41, Mob. 09035-218 429, 4–5 €. Ein Jugendtreff im Country-Stil im Hof eines der typischen, aber unscheinbaren, niedrigen Stadthäuser; lockt mit 13 Biersorten und günstigen Pizzen, Sommerterrasse.
Tosca: Moyzesova 3, Tel. 033/762 54 68,

Waagtal

ZUR KUR NACH PIEŠŤANY

Piešťany ist das berühmteste der slowakischen Heilbäder. Auch wenn es nicht die Pracht der prominenten tschechischen Kurbäder aufweisen kann, flanierten hier ähnlich illustre Gäste – außer Ludwig van Beethoven und Kaiser Karl I. habsburgische Adelige, später arabische Scheichs und indische Maharadschas. An manchen Stellen ist noch ein Hauch der früheren mondänen Atmosphäre zu spüren. Zurzeit ist man dabei, den Thermalort wieder zu einem attraktiven Aufenthaltsort für alle Welt im wahrsten Sinn des Wortes zu gestalten.

Schriftliche Nachrichten über die Heilkraft der hiesigen Quellen reichen bis ins 16. Jh. zurück: Papst Pius V. (1504–72) erwog einen Aufenthalt und ließ den Ort von seinem Leibarzt begutachten. Ab 1720 gehörte Piešťany den Grafen Erdödy. 1889 schlossen sie mit der Firma Alexander Winter einen Pachtvertrag, danach begann der Ausbau zu einem zeitgemäßen Kurbad mit modernen, auf internationale Klientel ausgerichteten Marketingstrategien. Heute, nach der sozialistischen Ära, kann man sich kaum vorstellen, dass es in der Zwischenkriegszeit direkte Flugverbindungen von Piešťany z. B. nach Berlin und London gab.

Auf der Höhe von Piešťany spaltet sich der Seitenarm der Waag noch einmal auf und bildet eine Insel. Einer Sage nach soll sich ein lahmender Pfau mit Vorliebe am Ufer des rechten Flussarms aufgehalten und nach einiger Zeit sein Leiden kuriert haben. Tatsache ist, dass auf der Insel zehn heiße Quellen dem Erdreich entspringen, mit einer Temperatur von etwa 67 °C. In einem Liter dieses Wassers sind 1500 Milligramm mineralische Stoffe und freie Gase nachzuweisen. Das zweite natürliche Heilmittel ist der Schwefelschlamm, einer der besten und bekanntesten Peloide der Welt. Mit Wasser und Schlamm werden Rheuma, Krankheiten des Bewegungsapparats und einige organische Nervenleiden behandelt.

Auf der Inselseite kommt man geradewegs auf das Thermia Palace zu, links davon steht das Irma-Bad, beide 1912 im Stil der Wiener Sezession errichtet. Leider fehlen bisher die Mittel für die denkmalschützerisch aufwendige Restaurierung. Für eine stilvolle Kaffeepause oder Teestunde ist das Thermia jedoch zu empfehlen.

Alltäglichere gemütliche Atmosphäre herrscht linker Hand unter den Säulengängen des 2001 komplett sanierten Napoleonsbades. Hierher kommen die Patienten aus den Kurhäusern der Stadtseite. Auch als Kurzzeit-Besucher kann man sich hier zu einem wohltuenden Wannenbad mit Massagedüsen oder einer entspannenden Rückenmassage anmelden. Das Besondere hier wie im Irma ist das Schlammbad: Der Besucher steht direkt auf dem Boden des Flussbetts, aus dem wie aus feinen Poren heilendes Quellwasser aufsteigt. Die Fußsohlen befinden sich in wohlig warmem Schlamm und scheinen sanft massiert zu werden. Im angenehm temperierten Spiegelbad – durch die Schwebpartikel spiegelt die Wasser-

Piešťany

Das Napoleonsbad in Piešťany

oberfläche ungewöhnlich stark – darf man ebenfalls einfach nur gemächlich sitzen oder umhergehen.

Hinter der klassizistischen Anlage (1822) befindet sich die Hauptquelle des Kurorts, benannt nach Adam Trajan, der 1642 ihre heilende Wirkung beschrieb. Das Pro Patria genannte Kurhaus von 1916 mit seinen 500 Betten war für verwundete Soldaten des Ersten Weltkriegs gedacht. Die jüngsten Anlagen auf der Insel mit den momentan komfortabelsten Zimmern stammen aus den 1970er Jahren. Es sind die durch breite Gänge miteinander verbundenen Hotels Balnea Esplande Palace sowie Balnea Grand Splendid.

Waagtal

Atlas: S. 236

Im Zentrum des Kurortes Piešťany stehen noch hübsche Jugendstilbauten

8–10 €. Angenehmes Kleinrestaurant in einem Privathaus.
Benátky: Topolčianska 1, Tel. 033/772 11 89, 6–8 €. Neues Restaurant und hübsches Terrassen-Café direkt am Fluss, zugleich angenehme Pension.
Koliba Pltník: Rekraečná 3584, Slňava 1, Tel. 033/762 61 85, 6–8 €. Etwas außerhalb, am Stausee Slňava, eine typisch eingerichtete Koliba mit guter Küche, zu empfehlen sind die am offenen Feuer gebratenen Hähnchen.

Café Čajovňa Anna: Sad A. Kmeťa 43. Kleine, nette Teestube am Kurpark.
Internetcafé: World NET Cafe, Winterova 62, Tel. 030/77 30 951.

Kurbad: öffentliche Badezeiten im Spiegelbad Pro Patria Di–Sa 13–18.30 Uhr, So 9–12 Uhr.

Piešťany ist mit **Zug** und **Bus** gut erreichbar, in beiden Fällen kommt man am Bahnhof nahe der Innenstadt an.

Burg Beckov

Atlas: S. 236, C1
Abseits der Straße führt der Weg nach Beckov – das wegen seiner legendären Burg bedeutend ist. Reiche Funde auf dem Burggelände gaben Hinweise auf eine Besiedlung bereits in vorchristlicher Zeit. Eine zweite Bebauungspha-

se scheint während des Großmährischen Reichs erfolgt zu sein, worauf sich der besondere Stolz der Slowaken auf diese Festung gründet. Das erste schriftliche Zeugnis stammt vom Notar König Bélas III. aus dem 13. Jh., der die Besetzung des Geländes der heutigen Burg durch Arpád I. schildert und dabei vermutlich auf Dokumente aus dem 11. Jh. zurückgreift. Es folgten weitere Um- und Ausbauten, die Burg hatte ja eine strategisch sehr günstige Lage. Ihr Name soll sich von *Blodinc/Bludinec* ableiten, was ›Irrgarten‹ bedeutet und auf ihren verschlungenen Zugang über den Mäandern der Waag hinweist (Hrad Beckov, 913 10 Beckov, Mai–Okt. Di–So 9–16 Uhr). Das Gelände ist auch für kurze Wanderungen geeignet.

Trenčín

Atlas: S. 237, D1

Egal, von welcher Seite man sich Trenčín (58 000 Ew., dt. Trentschin) nähert, von weitem schon erblickt man den mächtigen Donjon, den Hauptturm der drittgrößten slowakischen Burg **Trenčiansky hrad.** Die Stadt, die zu ihren Füßen entstand, schmiegt sich teilweise sehr dicht an die Burgfelsen heran, mittlerweile hat sie sich beiderseits der Waag ausgebreitet. Westlich wird der Fluss von den Weißen Karpaten (Bíele karpaty) begleitet, der östliche Gebirgszug heißt Strážovské vrchy (Strážov-Höhen). 1996 wurde Trenčín zum Sitz des gleichnamigen Verwaltungskreises mit neun Bezirken und insgesamt 600 000 Einwohnern, in der Stadt selbst lebt knapp ein Zehntel davon. Insbesondere die Textil- und Bekleidungsindustrie sowie etliche kleine Schneidereien blicken auf eine lange Tradition zurück. Aber auch die Schmuckherstellung und die Leder verarbeitenden Betriebe haben eine lange Kontinuität aufzuweisen. Wegen der jährlichen Mode-Messe nennt man Trenčín auch gern ›Stadt der Mode‹.

Der Burgberg

Ein besonderer Stolz nicht nur der Trenčíner gründet sich auf eine unscheinbare **römische Steinplatte** mit wenigen eingeritzten lateinischen Worten. Sie stammt aus dem Jahr 179 und legt Zeugnis ab vom Aufenthalt der Truppen von Kaiser Marc Aurel (161–180). Hier hatten sie die germanischen Quaden siegreich geschlagen und das befestigte Lager Laugaricio gegründet:

Château Radošina

Ein wenig hoch gegriffen scheint das neue Etikett der Weine von Radošina schon. Dennoch, das kleine Gut gehörte seit 1332 dem Bistum von Nitra. Seit einigen Jahren versucht man hier wieder Qualitätswein zu erzeugen, der an ausgewählte Restaurants vertrieben wird. Schön, dass man sich auch im alten Gutshaus auf ein Gläschen setzen und zu Käse und kleinen Speisen Wein verkosten kann. Am besten nach Anmeldung: Piešťanská 2, 95605 Radošina, Tel. 038/539 84 36, Fax 539 82 31.

Waagtal

»885 Soldaten der II. Legion widmeten [die Tafel] aus Anlass der Siege angeführt von Marcus Valerius Maximianus, ihrem Kaiser« – so in etwa ließe sich der Inschriftentext wiedergeben. Zu sehen ist die Tafel nur aus dem ersten Stock des Hotel Tatra (s. S. 109).

Die nächsten Beweise der Besiedelung des Burgberges stammen aus dem 11. Jh.: der **Csák-Turm,** heute noch das Wahrzeichen, dessen Grundmauern sogar auf vorromanische Zeit zurückgehen. Im 13. Jh. hat der ungarische Magnat Matúš Csák (um 1260–1321, slowak. meist Čák geschrieben) das Äußere der Burg und ihre geschichtliche Bedeutung geprägt. Nachdem die Tataren 1241 zwar nicht die Burg selbst hatten einnehmen können, aber rundherum wüteten, ließ er die Burg weiter befestigen. Der legendäre Csák herrschte zwei Jahrzehnte lang über zwei Drittel des heutigen Staatsgebiets, weshalb man ihn den ›Herrn über Waag und Tatra‹ nannte. Der nächste bedeutende Burgherr, Ján Zápoľský, konnte im Jahr 1528 weder Burg noch Stadt vor der Erstürmung durch die habsburgischen Truppen bewahren. Dagegen haben die Bewohner 1663 die Türken in die Flucht geschlagen. Nach dem großen Brand 1790 wurden nur Teile der Burg restauriert.

Nach dem Zweiten Weltkrieg wurde mit einer umfassenden Restaurierung begonnen, heute dient die Burg nicht nur musealen Zwecken. Durch das kleine Amphitheater bezieht man sie wieder ins städtische Leben mit ein: Es gibt historische Ritterspiele, Fechtvorführungen, ›Festgelage‹. Die Burg ist nur zu Fuß über die Pfarrstiegen (Farské schody) zu erreichen. (Mai–Sept. Di–So 9–18 Uhr, Okt.–April Di–So 9–16 Uhr, Besichtigung nur mit Führung jede halbe Stunde. Wenn man nur das Burgareal besichtigen will, muss man am Tor keine Karte lösen.)

In der Altstadt

Die Enge zwischen Burgfelsen und Flussufer ließ die Entstehung eines rechteckigen Hauptplatzes nicht zu.

Friedensplatz mit Piaristenkirche in Trenčín

Der **Friedensplatz** (Mierové námestie) ist deshalb eher länglich und läuft am nördlichen Ende spitz zu. Hier steht das ehemalige, spätbarocke Komitatshaus, in dem das **Museum des Trenčíner Kreises** (Trenčianske múzeum) untergebracht ist. Neben archäologischen Funden gibt es viel Mittelalterliches zur Stadt- und Burggeschichte sowie zur Entwicklung des Komitats und der hiesigen herrschenden Adelsfamilien, vor allem der Illésházys, der letzten Burgbesitzer (Di–So 9–16 Uhr).

Durch eine schmale Straße in Verlängerung des Platzes gelangt man zum repräsentativ hergerichteten **Hotel Tatra,** einem Jugendstilgebäude von 1901. Der Besuch lohnt nicht nur aus kulinarischen Gründen: Das Hotel ist so eng an den Felsen gebaut, dass man nur von hier im ersten Stock einen Blick auf die berühmte **Inschriftentafel** (s. S. 108, 111) der römischen Legionäre werfen kann.

Zurück auf dem Mierové námestie, geht man an schmucken Bürgerhäusern vorbei und erreicht kurz vor dem letzten noch erhaltenen Stadttor die **Piaristenkirche,** geweiht dem hl. Franz Xaver. Die ehemalige Jesuitenkirche entstand 1657 als einschiffiger Bau mit Seitenkapellen nach dem Vorbild der

Waagtal

Atlas: S. 237

Universitätskirche von Trnava. In den Nischen der Fassade sind die Heiligen Peter und Paul zu sehen. Ihr üppig geschmücktes Inneres weist sie als ein Meisterwerk aus der Blütezeit des Barock aus. Die Fresken mit Motiven aus dem Leben des Kirchenpatrons schuf 1713 Christoph Tausch, ein Schüler des Begründers der barocken Illusionsmalerei, Andrea Pozzo. An die Kirche schließt sich das Klostergebäude an, beide Gebäude übernahmen 1776 die Piaristen.

Die Fußgängerzone setzt sich noch weit über das Stadttor hinaus fort, die Gebäude werden immer neuer. Hinter der Piaristenkirche gleich links führt eine rechtwinklige Gasse zur stattlichen **Synagoge** (erbaut 1901–12). Hier vermischen sich orientalische mit neuromanischen und spätsezessionistischen Stilelementen zu einem klaren Gesamteindruck. Das Gebäude wird für kulturelle Veranstaltungen genutzt.

Von hier sind es nur wenige Schritte in die neu hergerichtete **M. A. Bazovský-Galerie** (Galéria M. A. Bazovského), die etwa 1000 Gemälde besitzt. Die Ausstellung zur Kunst des 20. Jh. ist vor allem Miloš Alexander Bazovský (1899–1968) gewidmet, der seine letzten sechs Lebensjahre in Trenčín verbrachte. Seine modernen Darstellungen des bäuerlichen Lebens erreichen einen hohen Grad an Eigenständigkeit und Ausdruckskraft. Seit den 1990er Jahren wird sein Können wieder entdeckt und entsprechend gewürdigt. Nach viel pathetischem Folklorismus in sozialistischer Zeit ist seine abstrahierende und zuweilen kritische Bearbeitung dieses zentralen Themas in der slowakischen Kunst wohltuend. Es gibt auch immer interessante Ausstellungen zur zeitgenössischen Kunst (Palackého 27, Di–So 9–17 Uhr).

Ortsvorwahl: 032

Kultúrno-informačné centrum (KIC): Štúrovo nám. 10, 91101 Trenčín, Tel./Fax 743 35 05, www.trencin.sk, 15. April–14. Okt. Mo–Fr 8–18 Uhr, Sa 8–13 Uhr, 15. Okt.–14. April Mo–Fr 8–17 Uhr, Sa geschl. Das hilfsbereite Team ist gut über Aktivitäten in Stadt und Umgebung informiert.

SOU Zeleznicné: Školská 66, Tel. 650 82 16. Einfache Touristenunterkunft in neuem Gebäude, 10–15 €.

›Ertrunkene‹ in Soblahov

Im Dorf Soblahov (ca. 6 km südöstlich von Trenčín) an der Hauptstraße betreibt die örtliche Metzgerei ein klassisches Gasthaus: **Hostinec u Ondreja**. Es gibt herrliche hausgemachte Würste. Eine lokale Spezialität sind die in Tschechien bekannten *utopenci* (Ertrunkene), das sind kurze, dicke Würste, die in mit Zwiebeln gewürztem Essigsud eingelegt wurden. Der Gastraum mit zusammengewürfeltem, aber solidem Mobiliar ist schlicht, im Winter wärmt ein offener Kamin, für den Sommer gibt's hinten, wo auch alte Obstbäume stehen, eine Gartenterrasse.

Penzión Svorad: Palackého 4, Tel./Fax 743 03 32, www.svorad-trencin.sk. Das ehemalige Internat des Piaristen-Klosters wurde renoviert und steht nun bei jedem für geringes Entgeld offen, mitten im Zentrum, nur Nichtraucher (!), 18 €.
Hotel Brezina: Lesopark Brezina, Tel. 65 28 17-1/-2, Fax 652 81 73. Modernes Hotel im Waldpark von Trenčín, mit Restaurant, 20–50 €.
Penzión exclusive: Braneckého 14, Tel./Fax 650 18 10, Mob. 0903-77 10 50, www.penzionexclusive.sk. Moderne Stadtpension im 1. Stock einer Ladenpassage im Zentrum, 33 €.
Penzión Harmónia: Ul. Štefánika 32, Tel./Fax 74 46 20–2. Angenehme und moderne kleine Pension unweit des Zentrums, bahnhofsnah, mit Mini-Restaurant, 35 €.
Hotel Tatra: ul. M. R. Štefánika 2, Tel. 650 61 11, 650 61 02, Fax 653 42 26. Renoviertes Prachthotel von der Wende zum 20. Jh., große Zimmer, guter Service. Das Hotel bietet attraktive Wochenend-Preise.

Jugendherberge: Domov mládeže, Staničná 6, Tel. 652 23 80.

Autocamping: auf der Waaginsel, der Altstadt gegenüber; nur im Sommer, auch ›chaty‹ (kleine Holzhäuschen) sind zu vermieten, P.O. Box 10, 91101 Trenčín, Na ostrove Trenčín, Tel. 743 40 13, autocamping.tn@mail.pvt.sk.

Diamant: Námestie sv. Anny, Tel. 652 74 97, 4–6 €. Gute Küche, niedrige Preise.
Gazdovská pivnica: Braneckého 14, 4–5 €. Ein uriges Kellergasthaus in einer Passage, einfach, aber mit authentischen bäuerlichen Gerichten, zu empfehlen ist die Schlachtplatte (zabíjačkový tanier).
Reštaurácia Trenčan: Ul. 1. mája 1, Tel. 652 15 71, 5–7 €. Eine Art Landgasthaus mitten in der Stadt, gemütliches, traditionelles Ambiente, im Innenhof holzüberdachte Sitzgelegenheiten, preiswerte, gute Mittagsmenüs.
Koliba: Mládežnícka 3182, Tel. 744 35 13, 5–7 €. Slowakische Spezialitäten in Zentrumsnähe, vor allem Grillgerichte, dazu traditionelle Zigeunermusik.
Maritim: Sládkovičova ul. 5, Tel. 744 35 73, 6–8 €. Restaurant im ganz neuen Schwimmbad mit Blick auf das Schwimmbecken; bei jungen Menschen beliebt.
Slovenská reštaurácia und **Vináreň** im Hotel Tatra (s. Hotels), 7–10 €. Slowakische Spezialitäten in gepflegtem Ambiente.

Cafés
Cukráreň Pena: Matúšova ul. 10, Tel. 744 03 88. Der kurze Aufstieg zu der kleinen Konditorei lohnt sich: reiche und gute Kuchenauswahl, Spezialität sind große Eisbecher und Eistorten.
Café Verde: Braneckého 14. In einer Passage; gute Strudel und verschiedene Arabica-Kaffees, großzügiges Ambiente mit Rattansesseln, wechselnde Kunstausstellungen.
Kaviareň Alžbetka: Mierové nám. 7. Lavazza-Kaffee-Bar am Eingang zum Piaristenkloster.
Sanny – Čajovňa pod hradom: Mierové nám. 6. Esoterische Teestube, angenehm die einmal nicht aufdringliche und überlaute Musik sowie im Sommer die bequemen Rattansessel am belebten Stadtplatz.

Die beiden Geschäfte gehören zusammen und führen außergewöhnlich schönes Kunsthandwerk in reicher Auswahl:
Dora, Matúšová 9, und **Malá galéria pod hradom,** Marca Aurelia 9, beide Tel. 744 03 49.
Adelka – staré zlaté časy: Braneckého 14. Altes und Neues findet sich in diesem

Waagtal

Atlas: S. 237

geräumigen Geschäft, das nach einer entfernten Verwandten benannt ist und die ›gute, alte Zeit‹ zurückholen soll.

Harley Road Café: Palackého ul. Großer Pub mit Holz-Interieur, große Bierauswahl (auch an Schankbieren), am Wochenende beliebte Disco mit Rock, Pop, Oldies, Kommerziellem, aber ausdrücklich kein Techno.
Irish Pub Jameson: Mierové nám. Im Innenhof eines historischen Hauses; Kaminfeuer und jede Menge junger Leute.
Steps Music Pub: Sládkovičova 6, Tel. 744 01 21. Gepflegter Szene-Treff unter dem Stadtturm.
Area 51: Farská ul. 6. Underground-Klub der alternativen Szene in Gewölbekeller.

Sport: Auf der Waaginsel bei Trenčín gibt es ein großes **Hallenbad** mit einem Freibecken sowie verschiedene Sportmöglichkeiten:
M-Šport Ostrov: Mob. 0905/835 123, tgl. 7–23 Uhr. Squash, Bedminton, Tennis und Bowling in neuen Hallen sowie im eigenen Restaurant auch leichtere schmackhafte Kost.

Festival ›Pohoda‹: Am zweiten Juli-Wochenende ist sogar das noble Tatra-Hotel ausgebucht, denn die jungen Leute des ganzen Landes kommen zum größten Rock-Pop-Festival der Slowakei. Zahlreiche Freilichtbühnen verwandeln die Stadt in eine einzige Disco, das legendäre Woodstock lässt grüßen.

Trenčianske Teplice

Atlas: S. 237, D1
Sagt man Trenčín, muss man an Trenčianske Teplice denken – und tatsächlich gehörte das Heilbad viele Jahrhunderte lang dem jeweiligen Burgherrn in Trenčín. Der Ort liegt ein wenig abseits vom Váh und höher in einem Seitental der Strážov-Höhen. Trentschin Teplitz, wie man auf Deutsch sagte, ist eine kleine Kurstadt mit Bahnanschluss.

Den berühmten **Hammam,** ein türkisches Bad, ließ Ifigenia Illésházy 1888 in orientalischem Stil erbauen. Sie gehörte zu der Familie, die die Kuranlagen des Orts ausbaute und damit das Heilbad zu einem Begriff im alten Ungarn machte. Diese Familie war es auch, die 1750 ein **Kastell** im Renaissancestil dort errichten ließ, wo die drei Hauptquellen entspringen. Das 36–40 °C heiße Wasser heilt Gelenk-Erkrankungen und Sportverletzungen, im Sommer kann man zusätzlich ein Thermalfreibad nutzen.

Kultúrno-informačné stredisko: Kúpelná ul. 15, 91451 Trenčianske Teplice, Tel. 032/655 91 28, Fax 032/655 29 75.
Kurverwaltung: Slovenské liečebné kúpele, T. G. Masaryka 21, Tel. 032/655 22 88, 655 22 89, Fax 032/655 29 60, slkas@psg.sk, www.psg.sk/prezenta/slkas.

Hotel Adria: Hurbanova 21, Tel. 032/55 34 72, Fax 032/55 23 10. Modernes Stadthotel am Hügel über dem Kurpark; mit Restaurant, 30–35 €.
Hotel Margit: T. G. Masaryka 2, Tel. 032/655 10 28, Fax 032/655 10 29. Komplett renovierte Villa der Wende zum 20. Jh. am Hauptplatz neben der Kirche, 30–35 €.
Hotel Flóra: ul. 17. novembra 14, Tel. 032/655 29 81/82, Fax 655 28 24, www.hotelflora.sk. Renoviertes Gebäude aus den 1970er Jahren am Ende des Kurparks, Vináreň mit Livemusik, 50–60 €.

Penzión Vila Tereza: ul. 17. novembra 19, Tel./Fax 032/655 30 51. Alte Villa am Fluss Teplička, in der Nähe des Kurparks, 50–60 €.

Pivný bar U Beznáka: Hurbanova 18, 4–6 €. Guter Tagesimbiss. Ansonsten stehen Hotels und Pensionen des Kurorts zur Verfügung, 8–10 €.

 Reiten: Žrebčín Motešice, 91326 Motešice, Tel.032/659 42 44, Fax 659 42 13, Mob. 0903-79 12 14. Ausritte, Reitunterricht; im Gestüt sind neue Unterkünfte (Apartments) erbaut, Übernachtung auch in Mehrbettzimmern (pro Person ca. 4 €) und Verpflegung (Halb- und Vollpension) möglich.

Žilina

Atlas: S. 232, C2

Die letzte größere Stadt im Waagtal vor der nur noch etwa 40 km entfernten polnischen Grenze in den westlichen Beskiden heißt Žilina (87 000 Einwohner), auf Deutsch Sillein. Deutsche Kolonisten hatten dazu beigetragen, dass Žilina zur Stadt wurde. Als die deutschen Bürger im Stadtrat allzu bestimmend wurden, erließ Ludwig I. der Große 1381 das ›Privilegium Pro Slavis‹, so dass daraufhin die Sitze paritätisch zwischen Deutschen und Slowaken verteilt waren. Das Dokument ist im **Schloss Budatín** (Budatínsky zámok) zu besichtigen, in dem das **Waagtal-Museum** (Považské múzeum, s. Kasten S. 115) untergebracht ist. Ende des 19. Jh. kam der industrielle Aufschwung, Banken und Filialen größerer Unternehmen siedelten sich hier an. Žilina wurde zu einem wichtigen Zentrum der Nordwestslowakei, was es auch heute noch ist.

Das Zentrum von Žilinas Altstadt bildet der rechteckige **Marienplatz** (Mariánske námestie) mit malerischen Bürgerhäusern aus verschiedenen Jahrhunderten und Laubengängen, die auf renaissancezeitliche Konzeptionen zurückgehen. Der Platz mit Mariensäule und kleinem Bassin lädt zum Verweilen ein, dann kann man auch von einer Bank aus die unterschiedlichen Fassaden gelassen in Augenschein nehmen.

Museum & Glaswaren

In Lednické Rovne, flussaufwärts kurz vor Považská Bystrica, befindet sich das **Slovenské sklárske múzeum,** ein Glasmuseum (Tel. 042/460 14 17, Mo–Fr 8–15 Uhr, Führungen auch auf Deutsch möglich). 1882 gründete Josef Schreiber eine Glasbläserei, heute produziert hier die Aktiengesellschaft LR Crystal Glas für Tisch und Haushalt. Das Museum befindet sich unweit der allzu prosaischen Betriebsgebäude in einem schlichten, flachen Renaissanceschlösschen, umgeben von einem Park. Es dokumentiert die Entwicklung des Glashandwerks auf dem Boden der Slowakei von den ältesten Zeugnissen bis in die Gegenwart. In einem Museums-Shop kann man Produkte aus dem aktuellen Sortiment der Glashütte kaufen.

Waagtal

Atlas: S. 232

Auf dem Marienplatz in Žilina

Den Platz dominiert die hellgelbe barocke **Jesuitenkirche** (1743) nebst Kloster. Die Hausnummer 1 mit dem hohen pyramidenförmigen Dach ist das ehemalige **Rathaus.**

Die Straßen und Gassen der Altstadt gruppieren sich in kleinen Rechtecken um diesen Mittelpunkt, und man kann in ihnen Reizvolles entdecken: nicht nur Gebäude aus der Zeit des Jugendstils, sondern auch aus den 1920er und 1930er Jahren, als Art deco in architektonischen Kubismus überging und hier in einer ostmitteleuropäischen Variante eine gelungene Ausprägung fand.

CK Selinan (Reisebüro): Burianova medzierka 4, 01001 Žilina, Tel. 041/562 07 89, Fax 562 31 71, selinanck@bb.telecom.sk.

Doprastav G Hotel: Kragujevská 11, Tel. 041/734 24 48, Fax 041/734 24 45, www.doprza.sk/g_hotel. Ganz neues Haus, etwas außerhalb, mit hellen, freundlichen Zimmern, 34 €.

Hotel Astória: Národná ul. 1, Tel. 041/562 47 11, Fax 041/562 31 73, www.astoria-zilina.sk. Modernes Stadthotel im Zentrum, mit Restaurant, 53 €.

Hotel Grand: Sládkovičová 1, Tel. 041/564 32 65, Fax 041/564 32 66, www.hotelgrand.sk. Vorteil dieses etwas nachlässig renovierten Hotels ist seine Lage direkt am Stadtplatz, 45–55 €.

Hotel Bránica: in Belá, 25 km östlich von Žilina, Tel. 041/569 30 35, Fax 041/569 30 39, www.hotelbranica.sk. Neues Hotel mit Schwimmbad, Sauna, Fitness, umgeben von den Hängen der aufsteigenden Kleinen Fatra, mit Restaurant, 55 €.

 Gazdovský hostinec: Horný Val 37, Tel. 041/564 36 62, 4–6 €. Gute Hausmannskost.
Gastro Novúm: Závodská cesta, Tel. 041/724 76 63, 4–6 €. Gute Hausmannskost.
Pizzeria Carolina: Národná ul. 17, Tel. 041/500 30 30, 4–5 €. Neben slowakisch angehauchten Pizze und Pasta gibt es auch gute einheimische Speisen. Kellerlokal mit flinker Bedienung.
Vix Reštaurant: Sládkovičova 164, Tel. 041/562 64 01, 8–10 €. Eins der besten Speiselokale der Stadt, große Portionen.

Umgebung von Žilina

Über Rajecké Teplice nach Bojnice

Atlas: S. 232, C2–3
Durch das Tal der Fatra südlich von Žilina läuft eine stark frequentierte Verkehrsverbindung zur Stadt Prievidza. Nach kaum 20 km kommt zunächst das Kurbad **Rajecké Teplice.** Im renovierten Kurhaus Aphrodite kann man angenehm in warmem Thermalwasser plantschen, Sauna, Hammam, eiskalte Güsse genießen oder im Außenbecken vor gebirgiger Kulisse seine Runden schwimmen (Kúpele Rajecké Teplice, Tel. 041/549 42 56). Ganz am Ende des Ortsteils Kunerad steht ein gleichnamiges Schloss in ländlichem Jugendstil.

Doch die meisten Besucher kommen wegen einer ungewöhnlichen Krippe in das wenige Kilometer südlicher gelegene **Rajecká Lesná.** Das

Die Drahtbinder aus dem oberen Waagtal

Im Schloss Budatín widmet man einen großen Saal einem einzigartigen Handwerk, das in manchen Objekten künstlerische Qualität erreichte und in Europa in dieser Vielfalt seinesgleichen sucht: dem Drahtbinden. Die Drahtbinder *(drotári)* der Region um Žilina waren im 19. und noch bis Mitte des 20. Jh. bis weit nach Westeuropa unterwegs und machten kaputt gegangenes Tongeschirr mit Hilfe eines Drahtnetzes wieder gebrauchstüchtig. Doch schufen sie auch neue Gegenstände aus gebogenem Draht: Körbe, Kleiderhaken, Lampen, Käfige, Schmuck.

In den 1950er Jahren, als dieses handwerk bereits im Aussterben begriffen war, wurde das Museum gegründet, um die Erinnerung daran zu bewahren. Seit den 1990er Jahren erlebt das Drahtbinden eine wahre Renaissance, die durch die Drahtbinder-Triennale unterstützt wird, bei der Meister ihres Faches ihre Arbeiten ausstellen und ihre Kunst in Workshops weitergeben. Auch der mächtige Rundturm des Schlosses ist zu besichtigen.
Považské múzeum, Topoľová 1, Di–So 8–16 Uhr. Das Schloss liegt etwas abseits des Zentrums von Žilinas, zu Fuß erreicht man es vom Bahnhof in ca. 30 Min. oder mit dem Bus Nr. 22.

Waagtal

Atlas: S. 232

›slowakische Bethlehem‹ (Slovenský Betlehem) ist eine imaginäre Landschaft, die ein meisterlicher Holzschnitzer mit slowakischen Sehenswürdigkeiten en miniature ausgestattet hat (tgl. 9–12, 13–18 Uhr).

Weiter auf dem Weg Richtung Bojnice liegt eines der malerischsten, weil reich bemalten Dorfreservate. Kurz hinter Fačkov biegt man rechts nach **Čičmany** ab. Haus Nr. 40 kann man sich von innen ansehen. Im Radena-Haus ist ein Museum zur Geschichte des Orts eingerichtet, die Trachten und Stickereien von Čičmany galten von jeher als etwas Besonderes (Juni–Aug. tgl. 10–19, Mai und Sept. Di–So 10–17, Okt.–April Mi–So 11.30–16.30 Uhr). Der hübsche kleine Museums-Shop vermittelt auch Unterkünfte (Tel. 041/9 21 20, cicmany@pobox.sk, www.cicmany.viapvt.sk).

Zurück auf der Straße nach Prievidza steht an deren westlichem Stadtrand die vieltürmige Burg **Bojnice** (Mai– Sept. Di–So 9–17 Uhr, Okt.–April Di–So 9–15 Uhr). Ihr heutiges Aussehen erhielt sie in der zweiten Hälfte des 19. Jh. Es entstand ein romantisches Märchenschloss, bei dem verschiedene Stile kombiniert wurden. Seit 1950 besteht in der Burg das Museum Bojnice, zu den eindrucksvollsten Räumen gehört der türkische Saal aus dem 17. Jh., den man aus Serbien hierher transportierte. Weitere Höhepunkte der Besichtigung sind die Schlosskapelle mit Gruft und Sarkophag von Ján Pálffy sowie eine Tropfsteinhöhle. Der Park, der als Kurpark genutzt wird, weist alten Pflanzenbestand auf. Einer der ältesten Bäume ist die gut 600-jährige Matej-Linde. Zum Park gehört auch ein kleiner Zoo. Eine besondere Attraktion bieten die Abendführungen mit umherirrenden Geistern (nur Fr und Sa in Juli und August und nach Voranmeldung unter Tel. 046/54 30-633, Fax -051, bei mind. 10 Teilnehmern; pro Person ca. 4 €).

Unweit des Schlosses befindet sich ein modernes Kurmittelhaus, die hiesigen Thermalquellen werden seit dem 16. Jh. für Heilzwecke genutzt. Im Sommer ist das Thermalfreibad Čajka zu empfehlen, in Schlossnähe gibt es drei Becken mit 26–33 °C warmem Wasser (ul. Rybníčky 6, Tel. 046/543 08 43).

 Zwei nette Familienpensionen im Ortskern von Bojnice:
Penzión Juko: Sládkovičova 15, Tel. 0 46/543 03 03, Fax 046/542 25 77, 25–30 €.
Penzión Alena: Cintorínska 10, Tel. 046/541 65 53, Fax 046/543 18 09, 25–30 €.

Burgruine Strečno

Atlas: S. 232, C2

Waghalsig über den engen Mäandern der Waag erbaut, liegt die Burg Strečno, die erst im 14. Jh. hier in Wächterfunktion über dem Durchbruch der Waag durch das Massiv der Kleinen Fatra erbaut wurde. Herrliche Aussicht auf die Flussschleife und die umliegenden Berge ist der Lohn für einen Aufstieg zu den von der Fernstraße (mit der Fähre setzt man über) sichtbaren Ruinen. Seit 1995 ist ein kleines Museum zur Burg-Geschichte hier untergebracht. Mit dem Bus erreicht man sie von Žilina Richtung Martin, indem man an der gleichnamigen Haltestelle aus-

»Märchenschloss« Bojnice

steigt (Jan.–März und Okt.–Dez. Mo–Fr 8–15 Uhr, April, Mai, Sept. Di–So 9–17 Uhr, Juni–Aug. Di–So 9–18 Uhr).

Floßfahrten auf der Waag: Unterhalb der Burg Strečno kann man zu Flößern ins Boot steigen – in 50 bis 80 Minuten legt man dann ca. 7 km zurück (ca. 4 €/Person). Hier ist auch ein **Rafting-Verein** (Tel. 569 76 73, www.strecno.sk) ansässig, der einem Tipps zum Selberfahren gibt.

Martin

Atlas: S. 232, C2

In der Stadt Martin, ca. 30 km waagaufwärts von Žilina, sind einige Meilensteine des Weges zur slowakischen Autonomie zu besichtigen. Wichtige Bauwerke in diesem Zusammenhang sind: das **erste Gebäude der Matica slovenská** (s. S. 39) am Memorandové nám. (Platz des slowakischen Memorandums, s. S. 24), in dem sich heute eine Bank befindet, sowie das Gebäude eines der drei ersten **slowakischen Gymnasien** (es gab im 19. Jh. nur drei) hinter der evangelischen Kirche am selben Platz.

Wer sich mehr Zeit nehmen möchte, dem sei der Besuch des **Slowakischen Nationalmuseums** empfohlen. Es birgt die umfangreichste und beeindruckendste Sammlung ethnografischer Exponate slowakischer Herkunft (Slovenské národné múzeum, Malá hora 2, Di–So 9–17.30 Uhr).

Die Gebirgsregion im Norden

Auf dem Kamm der Roháče in der West-Tatra

Slowakei-Atlas S. 232–234

KLEINE FATRA UND WEST-TATRA

Viele meinen, bei der Fatra handle es sich um einen Versprecher und der Begriff der West-Tatra ist ebensowenig geläufig. Es sind touristisch gut erschlossene, aber international wenig bekannte Gebiete. Sie sind den beiden weiter östlich folgenden Tatras vorgelagert und bestechen durch großartige Natur in Nationalparks und dadurch, dass es keine Bettenburgen gibt.

Das Vrátna-Tal in der Kleinen Fatra

Atlas: S. 232, C–D2

Im Osten von Žilina erhebt sich gleich der nächste Gebirgszug; waren die Höhen am Waagtal um 1000 m hoch, geht's hier schon bis etwa 1400 m. Es ist die Kleine Fatra (Malá Fatra), die sich ›schräg‹ vor das Hochgebirgsmassiv der Tatra schiebt und nur dank des Váh einen Durchlass dorthin gewährt.

Hier liegt auch das Vrátna-Tal mit seinen dicht beieinander liegenden Fremdenverkehrsorten. Es erstreckt sich längs der Nordflanke des Nationalparks Malá Fatra, der zu den schönsten Wandergebieten der Slowakei zählt. Das Zentrum ist **Terchová**, der Geburtsort des berühmt-berüchtigten Jánošík (s. S. 122). Das **Jánošík-Museum** zeigt unter anderem Exponate zu volkstümlichen Bräuchen, die Faschingsverkleidungen sind besonders interessant (Tel. 041/569 52 56). Am stolzen Jánošík-Denkmal geht es in das **Alte Tal** (Stará dolina), an dessen Ende man zu Fuß oder per Seilbahn den höchsten Gipfel, den Veľký Kriváň (1709 m), erreicht. Von hier kann man von Gipfel zu Gipfel ›springen‹, d. h. entlang der Bergkämme südwärts bis zum malerischen Váh-Durchbruch bei Strečno mit seiner verwitterten Burg oder nordwärts bis ans Ende des Tales bei Zázrivá wandern.

Turisticko-informačné centrum Terchová: 01306 Terchová, Ul. sv. Cyrila a Metoda 96, Tel./Fax 041/569 53 07, www.terchova.sk.

Hotel Mak: Holúbkova Roveň, Tel./Fax 041/569 59 37/-9 42 www.mak.sk. Einfaches, neues Berghotel, 16–22 €.
Penzión Energetik: Tel. 041/569 53 66. Modernes Holzhaus in würziger Waldluft, 20–23 €.
Hotel Gavurky: Sv. Martin 1400, Tel. 041/500 35 02, Fax 500 35 04, www.hotelgavurky.sk. Kleines, familiär betriebenes Hotel mit modern eingerichteten Zimmern, Restaurant vorhanden, 20–30 €.
Hotel Terchová: Tel. 041/569 56 25, Fax 569 56 30, www.hotel-terchova.sk. Zen-

tral im Dorf gelegenes neues Hotel mit Restaurant, 20–33 €, Weihnachten/Neujahr 58 €.

Reštaurácia Starý majer: Tel. 041/569 54 19. Gute slowakische Küche in großem Einfamilienhaus, Sommerterrasse (6–10 €).

Radfahren: Im Vrátna-Tal sind einige Mountainbike-Wege (*cykloturistické trasy*) mit 2–20 km Länge und verschiedenen Schwierigkeitsstufen ausgewiesen.
Über **Floß- und Kanufahrten** auf Váh (Waag) und Orava informiert Herr Vladimír Riecky, Mob. 0903-546 600.
Jagen: Privates Jagdrevier vergibt Lizenzen zum Jagen: Starý majer, Tel./Fax 041/569 54 77.

Die **Jánošík-Tage** (*Jánošíkovske dni*) Anfang August sind ein großes Ereignis: jede Menge Tanzvorführungen, Galakonzerte im hölzernen Amphitheater, Umzug der Fuhrmänner, feierlicher Gottesdienst und ein bunter Handwerker-Markt.

Orava und West-Tatra

Orava

Atlas: S. 232, C2–D2
Diesem gebirgigem Landstrich nähert man sich entweder über die kurvenreichen, aber gut befahrbaren Straßen der Ausläufer der Kleinen Fatra, also von Terchová weiter Richtung Zázrivá. Oder man biegt dorthin von der großen Durchgangsstraße an der Waag kurz hinter Martin bei Kráľovany ab. Mit Orava bezeichnete man früher die rechts und links des Tals der Orava liegenden Gebirgszüge bis zur polnischen Grenze im Norden und bis zur Region Liptov im Osten. Südöstlich des Tals liegen die **Chočské vrchy** mit ihrem höchsten Gipfel Choč (1607 m), und weiter nordöstlich erheben sich die ersten hohen Gipfel der **West-Tatra.** Orava, das steht in der Slowakei immer noch für einfache, natürliche Lebensweise, blühende Bergwiesen oder verschneite Kuppen und einen unverdorbenen Menschenschlag. Eine Reihe namhafter Literaten, allen voran der bedeutende Pavel Országh Hviezdoslav (1848–1921), hat das Leben hier als nicht immer so idyllisch und einfach beschrieben.

Ganz so weltvergessen, wie es die Fama will, ist die Region nicht mehr. Richtig ist jedoch, dass die Industrialisierung (Metall- und Holzverarbeitung) hier erst nach dem Zweiten Weltkrieg in größerem Maßstab Einzug hielt. Zuvor lebten die Menschen jahrhundertelang von Schaf- und Rinderhaltung für die Käseherstellung, handwerklich hauptsächlich von Leinweberei und -färberei. Wegen der gebirgigen Land-

Fix abgemäht

Im Juni pflegt man an den Hängen der Kleinen Fatra eine alte Kunst, die früher hier zum Alltag gehörte: Alt und Jung, Frauen und Männer messen sich beim Mähen mit der Sense. Im Info-Büro von Terchová kann sich jeder zu den ›Majstrovstvá v kosení kosou‹ anmelden.

Kleine Fatra und West-Tatra

NATIONALHELD JURAJ JÁNOŠÍK

Der Räuber *(zbojník)* Juraj Jánošík ist der unbestrittene Nationalheld der Slowaken. Das Entscheidende an ihm sind nicht seine kriminellen Taten, sondern sein Bemühen um ausgleichende Gerechtigkeit: *bohatým bral a chudobným dával* (›den Reichen nahm er, den Armen gab er‹) – also ein Robin Hood der slowakischen Bergwälder. In der Zeit der größten Unterdrückung der Leibeigenen wurde er zum Symbol des Aufstands des machtlosen einfachen Mannes. Die Phantasie des Volkes stattete ihn mit märchenhaften Eigenschaften aus – mit ungewöhnlicher Kraft und Geschicklichkeit soll er abenteuerliche Taten vollbracht haben. Er wurde zum Helden vieler Volkslieder, Sagen und Tänze. Jánošík war eine wichtige Motivationsquelle im Prozess der nationalen Emanzipation und inspirierte eine Reihe von Künstlern aller Gattungen. Der Romantiker Ján Botto z. B. schrieb das Verspoem ›Smrť Jánošíkova‹ (›Der Tod Jánošíks‹, 1862) über die letzten Stunden vor dem Tod des Räuberhauptmanns, in denen er sich an manche seiner Taten erinnert. Einen neuen Impuls erhielt die Jánošík-Tradition durch die Ereignisse des Zweiten Weltkriegs, in dem sich die ersten bewaffneten Widerstandstruppen 1942 Jánošík-Banden nannten.

Jánošík wurde am 25. Januar 1688 in Terchová, unweit von Žilina, in die Familie eines armen Leibeigenen geboren. In den Jahren 1706–08 kämpfte er im Kurutzenheer von Franz II. Rákóczy, später sogar in der kaiserlichen Armee. Während seiner Dienste dort kam er in Kontakt mit dem eingesperrten Räuberhauptmann Tomáš Uhorčík, dem später die Flucht gelang. Von diesem übernahm er 1711, mit 23 Jahren, in Terchová eine eigene Räuberbande, die in der Nordslowakei reisende Adelige, Händler, doch auch Bauern und andere Menschen aus dem Volk überfiel. Juraj Jánošík und seine Mannen waren nicht die einzigen, Räuberbanden waren ein typisches Phänomen der höheren Karpatenregion (also auch in Polen), wo es gute Verstecke und wenige Wege gab, die die Reisenden benutzen mussten. Doch Jánošík hatte nicht nur Mitleid mit armen Menschen und gab ihnen Golddukaten, damit sie ein neues Leben beginnen konnten. Auch Händler, die glaubhaft versichern konnten, an der selben Stelle zum wiederholten Male ausgeraubt worden zu sein, ließ er unbeschadet weiterziehen. Es spricht nicht nur für Jánošíks menschliche Seite, sondern zeugt von gewisser Schläue. Denn was nutzte ihm ein ruinierter Geschäftsmann, der nicht mehr des Weges kam?

Zur Jánošík-Tradition gehören einige Attribute, die inzwischen vermarktet werden. Sein wichtigstes Kennzeichen ist die *valaška,* eine Axt mit langem Stiel. Außerdem hatten die Räuber immer eine Räuberhütte oder -höhle, eine *zbojnícka koliba,* sowie offenes Lagerfeuer. 1712 wurde Jánošík zum ersten Mal gefangen genommen, dank bestochener Wächter konnte er aber fliehen. Als man ihn ein Jahr später wieder fasste, wurde er in Liptovský Mikuláš in strengeren Gewahrsam genommen und dort am 18. Dezember 1713 zum Tod am Haken verurteilt.

schaft und den langen Wintern kam es früher immer wieder zu Hungersnöten. Eine Gemeinde im oberen Tal heißt nicht umsonst Hladovka (von *hlad* = Hunger). Neue und immer noch wachsende Erwerbsmöglichkeiten ergaben sich nach Schaffung des Orava-Stausees 1954. Die Region wird seither, seit 1989 auch in privater Initiative, für den Fremdenverkehr ausgebaut.

Dolný Kubín

Atlas: S. 233, D2

Die größte Stadt der Orava zählt knapp 20 000 Einwohner. 1638 verlegte man den Sitz des Komitats von der unweit gelegenen Burg hierher, und der Hauptplatz erhielt einige städtische Fassaden. So ist das Komitatshaus vom Ende des 17. Jh. am Hviezdoslavovo námestie (benannt nach dem berühmten Sohn der Stadt), das man von außen am Wappen erkennt, einer der interessantesten Bauten. Es wird von der **Orava-Galerie** genutzt; man kann also nicht nur das schön restaurierte Gebäude von innen besichtigen, sondern auch Kunst des 15.–20. Jh. und Volkskunst. Immer wieder sind auch engagierte Ausstellungen zeitgenössischer Künstler zu sehen (Oravská galéria, Hviezdoslavovo nám. 11, Di–So 10–17 Uhr).

Gleich nebenan steht die evangelische Kirche (1893), und darauf folgt das **Hviezdoslav-Museum** (Oravské múzeum Pavla Országha Hviezdoslava) mit Exponaten zu Leben und Werk des gefeierten Dichters (s. S. 121) sowie die **Bibliothek von Vavrinec Čaplovič,** eines Mitbegründers der Matica slovenská (s. S. 39; Hviezdoslavovo nám. 4, Mai–Sept. Di–So 8–16 Uhr, Okt.–April Mo–Fr 8–16 Uhr).

Hviezdoslavs lebte und arbeitete im gegenüberliegenden Haus (eine Gedenktafel weist darauf hin), begraben liegt er auf dem historischen Friedhof an der Aleja slobody.

Hotel Zelená lipa: Okružná 1258/50, Tel./Fax 043/586 45 71, www.zelenalipa.sk. Am Rand des Zentrums mit weiter Sicht rundum, ein neues Haus in modern-rustikalem Stil, Restaurant und Weinstube vorhanden, 20–30 €.

Oravský Podzámok

Atlas: S. 233, D2

Wenige Kilometer flussaufwärts erreicht man die kleine Gemeinde, die seit Jahrhunderten von der waaghalsig auf steile Felsen gebaute **Burg Orava** (Oravský hrad) dominiert wird. Diese Burg gehört zu den kulturhistorischen Attraktionen der Nordslowakei. Als *castrum Arva* (daher die deutsche Bezeichnung für Fluss und Region ›Arwa‹) wird sie 1267 erwähnt, da gehörte sie König Béla IV. 1370 wählte man sie als Komitatssitz, und die wechselnden Burgherren versahen bis 1713 von hier aus ihr erbliches Amt als Gespan. Die Anlage der Gebäude folgt dem Relief. Aus den verschiedenen Bauphasen stammen Elemente der Romanik, Gotik, Renaissance und Neugotik. 1611 war sie in ihrer heutigen Form abgeschlossen. Fritz Lang wählte sie als Kulisse für seinen berühmten Film ›Nosferatu‹. Die bedeutendste Familie im Zusammenhang mit Burg und Region ist die der Thurzos. Durch ihre Anteile

Kleine Fatra und West-Tatra

Atlas: S. 233

an den mittelslowakischen Bergwerken reich geworden, erwarb sie 1556 die Burg mit ihrem weitläufigen Landbesitz und konnte somit den Weg ihrer Waren nach Polen selbst überwachen.

In der Burg sind nicht nur historische Interieurs zu besichtigen, es gibt auch archäologische und naturkundliche Sammlungen zur Orava-Region – als wertvollstes Exponat wird der ›Eistaucher‹ *(Gavia immer)* genannt. Im Sommer finden auf der Burg Musikveranstaltungen und Ritter-Spiele statt (Tel. 043/586 47 80, Fax 043/581 61 30, Juni–Aug. 8.30–17.30 Uhr, Besichtigung nur mit Führung, zuletzt um 16.30 Uhr, Sept., Okt. 8.30–16 Uhr; sonst nur Gruppen ab 15 Personen nach Anmeldung).

Podbiel und Tvrdošín

Atlas: S. 233, E2

Über die gut ausgebaute Straße E 77 weiter das Orava-Tal hinauf erreicht man **Podbiel,** ein typisches Orava-Dorf mit denkmalgeschützten Blockhäusern, die meist auf farbigen Mauersockeln stehen. Als nächster Ort folgt kurz vor dem Stausee **Tvrdošín.** Hier lohnt es sich, die gotische Allerheiligen-Kirche aus Holz aufzusuchen, die auf einem kleinen Hügel mitten auf dem Friedhof steht. Sie stammt vom Ende des 15. Jh.; im 17. Jh. passte man sie dem Stil der Renaissance an. Besonders schön ist der barocke Altar, die vorbildliche Restaurierung des Innenraums wurde 1993 mit der Plakette ›Europa nostra‹ gewürdigt (Juli–Sept. tgl. 9–17 Uhr, sonst im Info-Büro am Zugang zum Friedhof fragen).

CS-Tours: 02744 Tvrdošín, Tel. 0 43/532 38 88, Fax 532 31 11, Mob. 0903-50 68 41, cstours@mail.viapvt.sk. Die Leiterin Frau Dr. Cabadová gibt gern Tipps für Unternehmungen.

Orava-Stausee

Atlas: S. 233, E1

Die **Oravská priehrada** ist mit 35 km^2 der größte slowakische Stausee, und er hat sich zu einem Zentrum für vielfältige Sportaktivitäten entwickelt. Nachdem die die Weiße und die Schwarze Orava immer wieder für Überschwemmungen gesorgt hatten, erwog man bereits im 18. Jh. den Bau eines (damals hölzernen) Staudamms. Doch erst die Erfindung von Beton machte eine Realisierung möglich, die sich jedoch wegen des Zweiten Weltkriegs noch einmal verzögerte. 1954 war es dann soweit, nachdem fünf Dörfer und ein Teil von Námestovo geräumt worden waren.

Im Süden des ›Oraver Meeres‹ säumen private und kommerzielle *chaty* (kleine Datschen aus Holz), Ferienwohnungen und Hotels die Straße. Der See fügt sich ganz natürlich in die Landschaft ein und weist inzwischen einen reichen Bestand an Fischen und Wasservögeln auf. Erstere kann man angeln, letztere beobachten, u. a. auf der Vogelinsel.

Die **Slanický-Insel** (Slanický ostrov) ist der ehemalige Hügel eines untergegangenen Dorfes, die Kapelle aus barocker Zeit (1843 klassizistisch umgebaut) konnte wegen ihrer Lage auf diesem Hügel erhalten werden. Im Sommer machen Schiffe regelmäßig

Námestovo

Der Orava-See: ein beliebtes Badeziel

Rundfahrten auf dem See, die Insel ist also mühelos erreichbar. Bei **Slanická osada** befinden sich Anlegestellen und Strandbäder (Hafen: Prístav Oravská priehrada, die Schiffe verkehren Mai–Aug., die Rundfahrt dauert etwa 1 Stunde).

Surfen & Boote: Auf der gesamten Fläche des Orava-Stausees kann man surfen und mit kleinen Motorbooten fahren (werden verliehen). Gute Strände sowie Verleih von Surfbrettern beim Hotel Studnička in Slanická osada und am Strand von Námestovo.

Námestovo

Atlas: S. 233, E1

Námestovo ist der wichtigste Ort dieser Gegend und ein altes Zentrum der Leinweberei. Es gab hier kaum eine Familie, die nicht Flachs und Hanf anbaute, um ihn selbst zu verarbeiten. Der Ort ist aber auch ein gutes Standquartier – so erreicht man von hier hübsche Ausflugsziele Richtung Norden. Über Zubrohlava und Rabča, wo ein Straßendorf ins andere übergeht, erreicht man die Abzweigung nach Slaná

Kleine Fatra und West-Tatra

Atlas: S. 233

voda. Es ist der beste Ausgangspunkt für Touren auf die **Babia hora** (1723 m), den höchsten Gipfel der Oraver Beskiden und Grenzkamm zu Polen. Wer der gelben Markierung folgend den Weg zum Gipfel – streckenweise ist ein naturkundlicher Lehrpfad eingerichtet – geschafft hat, wird entsprechend belohnt: Von hier bietet sich ein fantastischer Rundblick über die polnischen Beskiden hin zur Magura und zu den verschneiten Gipfeln der West-Tatra.

Informačné centrum Námestovo: Nábrežie 1038, Tel. 043/552 35 52, Fax 043/552 37 77, infono@bb.telecom.sk, Mo–Fr 8–17 Uhr, Sa 9–12.30 Uhr, 15. Juni–15. Sept. auch So 9–12.30 Uhr.

Penzión Hrubjak: Oravská Polhora, Tel. 043/559 52 33, Fax 043/559 53 30. Neue Unterkunft; Pferde sind vorhanden, 20–25 €.

Chata Kriváň: Oravská osada, Tel. 043/552 39 46, Fax 043/552 38 31. Sympathische Pension mit holzgetäfelten Zimmern, direkter Zugang zum See; 18–23 €.

Václav Jurky: Vasiľov č. 152, 02951 Lokca, Tel./Fax 043/559 12 91. Vorbildlicher Hof des Agrotourismus; mit Reitpferden; pro Person ca. 8 €.

Camping
Autocamp Stará hora: Tel. 043/552 22 23, Fax 043/552 23 52. Auch Bungalow- und Caravan-Verleih.

 Marína: Hviezdoslavova 1, Tel. 043/558 20 57. Gutes Restaurant

Atlas: S. 233

Zuberec

West-Tatra

Historische Eisenbahn: Die Fahrt mit dem Zug, der früher die Regionen Orava und Kysuce verband, bietet schöne Ausblicke auf die abgeschiedene Landschaft. Abfahrtszeiten im Info-Büro erfragen.

Mit dem **Zug** bis Tvrdošín, nur wenige Kilometer vom Stausee entfernt. Wer gleich bis Námestovo will, steigt bei der Orava-Burg in Oravský Podzámok aus und nimmt von hier den **Bus,** der auch entlang dem See hält.

Zuberec

Atlas: S. 233, E2

Die Ski- und Wandergebiete der West-Tatra (Západné Tatry) sind weit weniger bekannt als jene im Süden oder Osten des Tatra-Gebirges. Das kleine Bauerndorf Zuberec in 760 m Höhe entwickelte sich zu einem regelrechten Touristen-Zentrum, ohne seinen ländlichen Charakter einzubüßen. Unterkunft gibt es lediglich in kleinen Pensionen oder privaten Häusern, von kleinen, eher versteckt liegenden Hotels abgesehen. Nahezu jedes Haus hat ein Schild mit der Aufschrift »Zimmer frei« (auf Deutsch!) am Gartenzaun hängen. Viele Häuser sind modern ausgebaut. Zuberec ist ein gutes Standquartier für die Erkundung der Zweitausender.

Der **Hauptkamm der West-Tatra** ist etwa 32 km lang und weist 20 Gipfel mit über 2000 m Höhe auf, nur wenige der anderen unterschreiten 1900 m. Nachdem sich wegen des Kalkgesteins in der gesamten Tatra auch ein Hochgebirgskarst herausgebildet hat, ergeben sich durch die typischen

mit Bar und abends Disco im ersten Stock (4–6 €).
U Grießov: Bernolákova, Tel. 043/552 30 20 (4–6 €). Schlichte Ausstattung, aber man wird freundlich bedient.
Hotel Slanica: Slanická Osada, Tel. 043/552 24 90 (4–6 €). Gute Küche im Hotelrestaurant.

Der bekannte **Holzschnitzer** Štefán Siváň lebt im Dorf Babín (Hausnr. 222) unweit von Námestovo, Anmeldung und Wegerklärung über das Info-Büro.

Orava-Stausee: Gute Strände und Verleih von Surfbrettern.
Wandern: Einen organisierten Gemeinschaftsaufstieg auf die Babia hora gibt es in der ersten Septemberwoche sowie zu Neujahr.

Kleine Fatra und West-Tatra

Atlas: S. 233

Schluchten und Canyons wunderbare Panoramen. Die imposanteste Dolomitengruppe östlich von Zuberec heißt **Roháče** (etwa: ›die Gehörnten‹), der Primus ist **Baníkov** (2178 m), ihm folgen **Pachoľa** (2166 m) und **Tri kopy** (2154 m) jeweils an einer Seite.

Auf dem Weg von Zuberec in das hoch gelegene ›Kalte Tal‹ (Studená dolina) steht das **Orava-Freilichtmuseum.** Auf dem malerischen hügeligen Gelände, durch das wie im Märchen ein klarer Bergbach fließt, wurden die unterschiedlichen charakteristischen Häusertypen der gesamten Orava versammelt (tgl. Juli–Aug. 8–18 Uhr, Juni und Sept. 8–17 Uhr; in der übrigen Zeit Di–So 8–15.30 Uhr).

Turistická informačná kancelária: 02732 Zuberec 289, Tel. 043/539 51 97, Fax 539 53 59, info@zuberec.sk, www.zuberec.sk, Juli, Aug., 26. Dez.–2. Jan., 1. Febr.–15. März Mo–Fr 8–18, Sa 9–17, So 14–16 Uhr. Ansonsten: Mo–Fr 8–16, So 14–16 Uhr. Der Leiter des Büros, Herr Hudec, spricht gut Deutsch, ist kompetent und hilfsbereit, wenn es um Unterkunft und Freizeit geht. Er vermittelt auch Privatunterkünfte im Voraus.

Penzión Milotín: 02732 Zuberec, Tel. 043/539 51 13, Mob. 0903-50 86 50. Grauer Kasten am Ortseingang, wohnliche, modern eingerichtete Zimmer, im Erdgeschoss ein Restaurant, 18–20 €.
Hotel TatraWest: 02732 Zuberec, Tel. 043/539 52 10, Fax 043/539 51 17. Erneuertes ehemaliges Staatshotel mit Restaurant, günstige Apartments, 20 €.
Hotel Primula: 02732 Zuberec, Tel. 043/539 50 01, Fax 043/539 51 79, www.primula.sk. Kleines Berghotel mit gutem Restaurant am unmittelbaren Rand des Nationalparks, bereits abseits des Orts auf dem Weg zu den Roháče, 24 €, in Mehrbettzimmern 6 € pro Bett.
Penzión Urban: 02732 Zuberec 217, Tel. 043/539 51 46. Sympathisches neues Privathaus mit Apartments zu guten Preisen, nur Halbpension, 10 € pro Person.

Nový dvor: in Habovka, Tel. 043/539 55 80. Hübsche Verkaufsgalerie für geschmackvolle Leder- und Holzwaren in der Scheune eines Bauernhofes.

Anfang April findet der Ski-Wettlauf **Goralský klobúk** (Goralenhut) statt, an dem jeder teilnehmen kann.
Am **Peter- und Paul-Tag** (29. Juni) wird seit 1938 der Feiertag der Bergwelt begangen. Von Zuberec geht man gemeinsam durchs Kalte Tal bis zur Berghütte Zverovka, wo unter freiem Himmel ein Gottesdienst stattfindet.

Das **Roháče-Folklore-Festival** mit Handwerkermarkt findet in der 2. Augustwoche statt.

Besichtigung im Laternenschein

Im Orava-Freilichtmuseum hat man sich etwas Besonderes einfallen lassen: Wenn genügend Interessierte zusammenkommen, führt der sangesfreudige Direktor mittwochabends im Sommer wie im Winter seine Besucher mit Gesang durch die alten Gebäude und Gehöfte. Im Laternenschein wird die Vergangenheit auf zauberhafte Weise wieder wach, das einstige karge Leben in der Orava wird romantischen verklärt.

Atlas: S. 233

NIEDERE UND HOHE TATRA

Von den Ski- und Wandergebieten Niedere und Hohe Tatra zehrt der touristische Ruhm der Slowakei seit über 100 Jahren. Für die Niedere Tatra steht das Demänova-Tal mit seinem Hauptort Jasná. Die Urlaubsorte der Hohen Tatra ziehen sich über 70 km entlang der Tatra-Magistrale von Podbanské bis Ždiar. Štrbské pleso ist wegen seines tiefblauen Kar-Sees berühmt, Starý Smokovec ist der älteste Urlaubsort der Tatra.

Niedere Tatra

Demänova-Tal

Atlas: S. 233, E2-3

Der bekannteste und bestens für Gebirgstouristen ausgebaute Startpunkt ist das Demänova-Tal (Demänovská dolina) in der Niederen Tatra (Nízke Tatry), 12 km südlich von Liptovský Mikuláš. Bereits nach dem Ersten Weltkrieg stellte man hier die ersten Berghütten und Unterkünfte auf, 1964 schlossen sich die hiesigen Gemeinden zu einem Ort zusammen, die Erschließung von Höhlen kurbelte den Tourismus zusätzlich an.

Die **Demänova-Höhlen** (Demänovské jaskyne) haben eine Gesamtlänge von 21 km. Zum ersten Mal wurden diese Höhlen 1299 erwähnt und 1723 vom Historiker Matej Bel ausführlich beschrieben. Zurzeit sind nur wenige Kilometer für die Öffentlichkeit zugänglich, doch ist man bemüht, zusätzliche Gänge zu erschließen.

In der **Eishöhle** (Demänovská ľadová jaskyňa; an der Straße ausgeschildert) geht es zunächst 40–50 m in die Tiefe, um in der untersten der drei Entwicklungsetagen zu den verschiedenen Eisformationen vorzudringen (Führungen Di–So Juni–Aug. 9–16 Uhr stdl.; Sept. und 16.–31. Mai 9, 11, 12.30, 14 Uhr; Okt.–15. Mai geschl.).

Um in die nächste Höhle zu gelangen, muss man nach oben steigen bzw. den Sessellift nehmen. Die **Höhle der Freiheit** (Demänovská jaskyňa Slobody) liegt 870 m hoch. Seit 1924 dürfen hier Besucher hinein, beeindruckend sind vor allem die vielfältigen Sinterformationen, die wie Seen wirken, ungewöhnlich bizarre Stalaktiten und massive ›Wasserfälle‹. Seit 1993 legen sich Menschen mit Atemwegserkrankungen während einer Kur in die Höhlen, um deren mineralreiche Luft einzuatmen (Tel. 044/559 16 73, Führungen Juni–15. Sept. stdl. 9–16 Uhr, 15. Dez.–31. Mai Di–So 9, 11, 12.30 und 14 Uhr).

WILLKOMMEN IM SALAŠ

Ursprünglich fand man einen *Salaš* (Almhütte) nur da, wo er hingehört, in den Bergen. Und man freute sich nach mühevollem Aufstieg auf ein Glas frischer Milch oder ein Stück selbstgemachten Käses mit Brot. Die Krönung einer Alm-Bewirtung waren *bryndzové halušky*. Mit dieser Romantik ist es größtenteils dahin. Heute werden mit Salaš gastronomische Einrichtungen bezeichnet, die zwar einfaches, rustikales Ambiente versprechen, doch unweit einer Autobahnausfahrt liegen können. Dafür bieten sie ein größeres Repertoire an Speisen. Trifft man beim Wandern auf echte Salaše, so wird man meist kein Glück mit der Bewirtung haben. Den Hirten ist es offiziell nicht erlaubt, selbst Lebensmittel zu verkaufen.

Das Hirtenwesen, das einen wichtigen Bestandteil der slowakischen Volkskultur bildet, begann mit der ersten Walachen-Migration am Ende des 13. Jh., die sich auch auf die Gebirgsregionen der Nachbarländer erstreckte. Anlass war der Mongolen-Sturm, später das Vorrücken der Osmanen auf die Territorien der rumänischen Walachei und Moldawiens. Die oft auch Ruthenen (da sie sich im 14. Jh. vielfach mit diesen mischten) genannten Walachen, *valaši*, wanderten entlang der Karpatenkämme nordwärts und verschmolzen sehr bald mit dem slowakischen Ethnikum. Schon im 16. und 17. Jh. bedeutet die Benennung keine ethnische Zugehörigkeit, sondern verweist auf einen Bewohner der Bergregion, der sich mit dem Hüten und der Aufzucht von Vieh beschäftigt. Traditionell handelte es sich um Schafe und Rinder. Ähnlich wie in den Alpen wurde eine Gruppe von Hirten (*pastier* oder *ovčiar*, wenn er nur Schafe hütete) mit der Aufsicht einer Herde betraut, die sich aus dem Viehbestand der Dorfbewohner zusammensetzte. Im Frühjahr um den Georgi-Tag (24. April) stiegen sie mit dem Vieh zu den hoch gelegenen Weideflächen (*poľana* oder *pasienka*) hinauf und kehrten erst im Herbst (um Martini am 11. November) zurück. In der gebirgigen Slowakei war die Hirtenkultur sehr ausgeprägt und differenziert, sie bestand in alter Weise bis Mitte des 20. Jh. So gab es nicht nur innerhalb einer Hirtengemeinschaft hierarchische Unterschiede – der Oberhirte hieß *bača* –, auch die Hirten der Hochland-Zonen genossen höheres Ansehen als diejenigen im Tiefland. Sie waren besser qualifiziert und mussten die Milchverarbeitung beherrschen. Typisch für die Käseherstellung der Salaše sind Schafskäse, die gibt es heute im Supermarkt zu kaufen:

Bryndza ist das jüngste Stadium der Verarbeitung des Schafskäses, er ist ein kremiger bis bröckelnder Frischkäse. Es gibt ihn in unterschiedlicher Konzentration, d. h. manchen der Käse wird Frischkäse aus Kuhmilch beigemengt. Die *letná bryndza* (Sommer-Brinsen) ist milder als *liptovská bryndza* (Liptauer Brinsen), die zu 100 % aus Schafmilch besteht und würziger schmeckt.

Parenica, die mittelweiche, biegsame Käseart wird industriell heute meist aus Kuhmilch hergestellt. Da der Käse in langen Streifen aus dem erhitzten Molkewasser gezogen wird (daher übersetzt: ›Dampfkäse‹), bietet man ihn seit jeher in gerollter Form an (wie dicke Garnrollen). Es empfiehlt sich, ihn nicht zu schneiden, sondern zum Essen ›abzuspulen‹. Sehr verbreitet ist die geräucherte Version *(udená parenica)* des milden, aber leicht salzigen Käses. Eine Köstlichkeit sind besonders frische *korbáčiky*. Der Käse wird zu kleinen ›Zöpfen‹ oder, wie es auf Slowakisch heißt, ›Ruten‹ geflochten und oft von Landfrauen an Straßenecken verkauft.

Oštiepok ist ein kräftigerer, geräucherter Käse, heute ebenfalls zumeist aus Kuhmilch. Charakteristisch ist seine Form: er sieht wie ein faustgroßer Rugby-Ball aus. Der Käse ist fester als eine *parenica* und schmeckt herzhafter. In den Restaurants wird er gern zum Ausbacken in Panade verwendet *(vyprážaný syr)*.

Junger Schafhirte

Niedere und Hohe Tatra

Atlas: S. 233

Am Ende des Tals gibt es etliche Wanderwege, im Winter Skilifte und Loipen. Von **Jasná** verkehrt eine Seilbahn (15. Juli–15. Sept., nur bei gutem Wetter) nach **Lúčky** (1670 m), den Rest auf den zweithöchsten Gipfel Chopok (2024 m) muss man sich erwandern (ca. 1 Std.). Besonders schön ist eine Kammwanderung zur höchsten Erhebung Ďumbier (2043 m) mit herrlichen Ausblicken über die Niedere Tatra.

Im Tal Demänovská dolina gibt es hübsche neue Pensionen, eine große Übersichtstafel am Talanfang und in Jasná gibt die Lage an:

Penzión Adriana: Tel. 044/552 51 28, Mob. 0903-50 24 85, 20 €.
Chata Vierka: Tel. 044/554 81 11, Mob. 0903-34 01 39, 20 €.
Chata Záhradky: Tel. 044/559 14 66, Mob. 0905-47 45 95, 20 €.
Penzión Limba: Tel. 044/554 82 05, Fax 044/554 82 09, limba@liptour.sk, 20–25 €. Eine Gruppe von vier Holzhäusern.
Hotel Repiská: Tel. 044/559 15 76, Fax 044/559 15 27, 22–25 €.
Hotel Junior Jasná: Tel. 044/559 15 71/72. Großes Hotel aus den 1970er Jahren; renoviert, nicht komplett saniert, 30 €.

Direkt am Vrbické pleso

Mikulášska chata: Tel./Fax 044/559 16 72, Tel. 559 16 76. Schönes Traditionsberghotel, komplett saniert, 35–45 €.
Am Talende in Jasná:
Grand Hotel: Tel. 044/559 14 41, Fax 559 14 54. Modernes, außen nicht unbedingt schönes Standardhotel, 60–70 €.

Essen wird in allen Hotels und in vielen Pensionen serviert.
Chata Koliesko: in Jasná am Hotel Družba vorbei noch ca. 5 Min. Fußweg, Tel. 0 44/559 16 74, Mo–So 11–21 Uhr. Spezialitätenküche mit Atmosphäre (Kamin und Livemusik; 4–6 €).
Slovenská koliba: in Jasná, 50 m vom Hotel Liptov, Tel. 044/559 16 47, Mo–So 16–24 Uhr. Stilecht, urig eingerichtete Berghütte mit slowakischer Spezialitäten-Küche, die jedoch sehr deftig-derb ausfallen kann (8–10 €).

Liptovský Mikuláš

Atlas: S. 233, E2

Der Verkehrsknoten der Region Liptov führt deren Bezeichnung auch im Ortsnamen. Zwar handelt es sich heute nicht mehr um eine offizielle Verwaltungseinheit, dennoch ist der Name Liptov allgemein gebräuchlich. Liptovský Mikuláš (Liptauer St. Nikolaus sagte man auf Deutsch) liegt in der breiten Senke zwischen den Gebirgskämmen der Hohen und der Niederen Tatra. Die Stadt war seit jeher eine wichtige Station an der Durchgangsstraße zwischen West und Ost, zugleich war sie ein Markplatz für jene, die in den Bergen im Norden und Süden lebten und hierherkamen, um ihre Produkte zu verkaufen oder sie Händlern für den Weiterverkauf anzubieten. Heute sind im Tal Industriebetriebe ansässig, in der viele Einwohner Arbeit finden, wenn sie nicht in der ständig wachsenden Tourismusbranche beschäftigt sind. Denn durch den 1970–75 entstandenen **Liptauer Stausee** (Liptovská Mara) mit der glitzernden Wasserfläche von ca. 21 km^2 und dem herrlichen Gebirgspanorama zu beiden Seiten ist die 31 000 Einwohner zählende Stadt noch attraktiver geworden.

Das älteste Gebäude von Liptovský Mikuláš am hier noch schmalen Fluss

Liptovský Mikuláš

Atlas: S. 233

Váh (Waag) ist die **St. Nikolaus-Kirche,** nach der auch die erste Siedlung benannt wurde, die hier entstand. Um die Kirche gruppiert sich seit jeher das Zentrum des Ortes, heute bestehen hier Fußgängerzonen. Auf dem Platz neben der Kirche (Námestie osloboditeľov) steht das einstige **Komitatshaus,** das 1793 errichtet wurde und 1907 sein jetziges Aussehen erhielt.

Im ersten Sitz der Komitatsverwaltung, der Illésházy-Kurie am Nám. osloboditeľov 31, ist das **Janko Kráľ-Museum** (Múzeum J. Kráľa) untergebracht, in dem jeweils eine Abteilung dem romantischen Dichter Janko Kráľ und dem Rebellen Jánošík (s. S. 122) gewidmet ist. Folter- und Hinrichtungsgeräte, deren Wirkung Jánošík selbst erfahren musste, sind in diesem Haus ausgestellt, in dem er auch zum Tode verurteilt wurde, da hier zu seiner Zeit Gericht gehalten wurde (Juni–Sept. Di–Fr 9–16 Uhr, Sa, So 10–17 Uhr, sonst Sa geschlossen).

Die Wirtschaft der Stadt war vor allem durch Gerberei und Kürschnerei und den damit zusammenhängenden Handwerken wie Schuh- und Stiefelmacherei geprägt. Einen nachhaltigen Impuls gaben die Juden nicht nur dem Wirtschaftsleben, die sich seit Beginn des 18. Jh. verstärkt hier niederließen und vorwiegend als Händler tätig waren. (Ein Hinweis für Literaturinteressierte: Der Jude Samuel Fischer, der Begründer des legendären, heute noch erfolgreich tätigen S. Fischer Verlags in Frankfurt, war aus Liptovský Mikuláš gebürtig.) Die klassizistisch umgebaute **Synagoge** von 1731 an der Hollého ulica ist Juli, Aug. Di–So 10–17 Uhr, sonst nach Anmeldung im Kráľ-Museum geöffnet.

Eine der ältesten regionalen Galerien ist die **Galéria Petra M. Bohúňa.** Neben einem Überblick über die Kunst in der Slowakei vom 15.–20. Jh. zeigt sie die Werke von P. M. Bohúň (1822–79), einem bedeutenden Maler des 19. Jh. (Tranovského 3, Tel. 552 27 58, Di–So 10–17 Uhr).

Liptovský Mikuláš hat in zweierlei Hinsicht slowakische Geschichte geschrieben: Zum einen im Bereich der Volksbildung, denn hier wurde 1826 die erste slowakische öffentliche Bibliothek eröffnet, zum andern im Zusammenhang mit der Ausbildung slowakischen Nationalbewusstseins: Erwähnt sei nur eine der wichtigsten Etappen, die *Žiadosti slovenského národa* (›Forderungen des slowakischen Volkes‹ von 1848), eine Petition, durch die sich die Slowaken erstmalig politisch als Volk verstanden wissen wollten. Zu sehen ist die Petition in der **alten evangelischen Pfarrei,** in einer Parallelstraße östlich der Nikolaus-Kirche (ul. Tranovského, Di–Fr 8–14 Uhr, Sa, So n. Vereinbarung mit dem Info-Büro).

Das **Museum für Umweltschutz und Höhlenforschung** (Slovenské múzeum ochrany prírody a jaskyniarstva) informiert über die geschützten Landschaften und die darin lebenden Tierarten der Slowakei unter besonderer Berücksichtigung der Karstgebiete, ihrer Höhlen und Mineralien (Školská ul. 4, Tel. 552 20 61, www.smopaj.sk, April–Okt. Mo–Fr 8–12 Uhr, 12.30–17 Uhr, Sa, So 10–17 Uhr; in der übrigen Zeit am Wochenende geschl.).

Niedere und Hohe Tatra

Atlas: S. 233

Liptauer Stausee

Informačné centrum mesta: Nám. mieru 1, 03101 Liptovský Mikuláš, Tel. 044/552 24 18, Fax 044/551 44 48, infolm@trynet.sk, www.liptovskymikulas.sk, 15. Juni–15. Sept., 15. Dez.–31. März, Mo–Fr 8–19 Uhr, Sa 8–14 Uhr, So 12–18 Uhr; sonst Mo–Fr 9–18 Uhr, Sa 8–12 Uhr.

Hotel Bocian: Palúčanská, Tel./Fax 044/554 16 35. Kleines Hotel in einer restaurierten Villa aus dem 19. Jh, 25–30 €.
Hotel Borová sihoť: In Liptovský Hrádok, Tel. 044/522 40 31, Fax 044/522 40 55. An der E 85 Richtung Osten kurz vor Liptovský Hrádok, gutes, einfaches Hotel (komplett renoviert) mit Campingplatz und Hüttensiedlung *(chaty)*, 18–23 €.

Liptovská izba: Nám. osloboditeľov, Tel. 044/551 48 53. Traditionell eingerichtetes, sympathisches kleines Restaurant mit ausgezeichneten slowakischen Spezialitäten, 4–6 €.
Salaš Smrečany: Tel. 044/554 71 89. Am Ende des gleichnamigen Dorfs am Waldrand gelegen; eine der angenehmsten Salaš-Bewirtungen, es gibt auch ausgefallene slowakische Spezialitäten, die in Lokalen selten zu haben sind. Authentische Kulisse durch die großen Schafpferche rundum, 4–6 €.

Rafting und Kanufahren: Das Wildwasser-Areal (Areál vodného slálomu) kann man mieten (2 Std. ca. 17 €), Infos bei Kanoe Tatra klub, im Hotel Lodenica, Herr Piaceka, Tel. 044/552 02 18, Fax 044/552 02 17.
Auf der Váh kann man je nach Wasserstand zwischen Kráľová Lehota und Podtureň (ca. 10 km) Rafting in Begleitung eines erfahrenen Führers machen. Pro Person ca. 15 €, Kontakt über das Info-Büro in Liptovský Mikuláš.
Radfahren: Das Info-Büro in L. Mikuláš hat einen detaillierten Führer (mit kleinen Karten und auf Deutsch!) für Radler und Mountainbiker herausgegeben: ›Fahrradtouren durch Liptov‹.

Um den Liptauer Stausee

Atlas: S. 233, E2
Am westlichen Ende des Stausees Liptovská Mara, im Ort **Bešeňová,** gibt es ein neu erbautes Thermalbad (Termálne kúpalisko Bešeňová). In fünf Bassins mit Temperaturen von

Liptauer Stausee

30–40 °C kann man im Sommer und im Winter in mineralreichem Wasser beim Plantschen die Bergkulisse genießen (Mo–So 10–21 Uhr).

Am nördlichen Ufer liegt in einer Art Bucht der Ort **Liptovský Trnovec**. Er ist ein beliebter Ausgangspunkt für Wanderungen in die Südhänge der West-Tatra und entwickelte sich zu einem Zentrum für Segler, Surfer und andere Wassersportler. Hier entstand 2003 auch das riesige Freizeitbad **Aquapark Tatralandia** mit allem, was sich Wasserratten wünschen. (Ráztocká 21, Tel. 044/547 78 11, www.tatralandia.sk, tgl. 10–21 Uhr). Außerdem starten von hier aus gemächliche **Rundfahrten** über den Stausee (Juli, Aug. tgl. 10–16 Uhr, Abfahrt alle 2 Std., Fahrtdauer ca. 1 Std.).

Südlich des Stausees, im westlichen Nachbartal von Demänova, steht am Ortsrand von **Svätý Kríž** die Artikularkirche gleichen Namens (Heiligkreuz). Wegen des Sees wurde sie hierher verlagert. Sie zählt zu den größten ihrer Art und entstand 1773–74. Imposant sind der ein wenig schiefe Turm über dem Eingangsportal sowie der großräumig überwölbte (11 m Spannweite) und mit

Niedere und Hohe Tatra

Atlas: S. 233

Holz vertäfelte Kuppelraum (Besichtigung über das dortige Pfarramt vereinbaren, Tel. 044/559 26 22).

Villa Betula: Liptovská Sielenica, Tel. 044/559 84 64, Fax 044/559 84 65, www.villabetula.sk. Familienpension mit kleinem Restaurant und Caravanstellplätzen, 28–32 €.
Hotel Fontana: Bešeňová 135, Tel./Fax 044/554 94 18, www.fontana4U.sk. Moderne kleine Pension in unmittelbarer Nähe der Thermalbassins, 44 €.

Camping
Autocamping: 03222 Liptovský Trnovec, Tel./Fax 044/559 73 00, 1. Mai–31. Okt. Campingplatz mit Chata-Siedlung und Strandbad.

Vlkolínec und Pribylina

Atlas: S. 233 D2 und E2
Eines der zauberhaftesten ›Reservate‹ für Volksarchitektur befindet sich in einem Tal südlich von Ružomberok. Man fährt die Verbindungsstraße E 77 nach Banská Bystrica, bei Biely Potok biegt man nach **Vlkolínec** ab. Am Fuß des Sidorovo, eines Bergrückens der Großen Fatra, liegt das verträumte Dorf in hügeligem und teilweise steilem Terrain. Da es immer noch bewohnt ist, kann man sich nur im Roľnícky dom (Bauernhaus) aus dem Jahr 1886 in vergangene Zeiten zurück versetzen und ein Originalinterieur besichtigen (Skanzen Vlkolínec, Tel. 044/432 10 23,

Wie aus alten Zeiten: das verträumt wirkende Dorf Vlkolínec

Mob. 09 05-93 99 67, Juni–Sept. tgl. 9–16 Uhr).

Im **Liptauer Museumsdorf** (Múzeum liptovskej dediny) im Osten der Liptauer Region sind die Informationen über das Leben auf dem Land zu feudaler Zeit dichter und umfassender. Von der Autobahn nach Poprad zweigt man bei Liptovský Peter in Richtung **Pribylina** bzw. Štrbské Pleso ab. Der *skanzen* (Freilichtmuseum) befindet sich hinter Pribylina am Waldrand links von der Straße. Seinen Bestand bilden viele Originalhäuser oder Nachbauten aus den im Liptauer Stausee untergegangenen Gemeinden. In den detailliert ausgestatteten Häusern werden die Wohn- und Lebensverhältnisse vom einfachen Lohnknecht bis zum Grundherrn im rekonstruierten Kastell mit Jagdzimmer und Teesalon anschaulich gemacht. Im Dorf werden Schafe, Ponys, Hühner, Gänse, Enten und Katzen gehalten, um die Szenerie zu vervollständigen und den Besuch auch für Kinder attraktiv zu gestalten. Weiter tragen zahlreiche Veranstaltungen und Workshops zur Belebung bei (Jagdatmosphäre bei Hirschversteigerungen, Demonstrationen in der Käserei, Ostereiermalen, Web- und Klöppelkurse etc., Tel. 044/529 31 63, 16. Mai–30. Juni Mo–So 9–16.30 Uhr, 1. Juli–15. Sept. Mo–So 9–18.30 Uhr, 16. Sept.–31. Okt. Mo–So 9–16 Uhr, 1. Nov.–15. Mai Mo–So 9–15.30 Uhr; letzter Einlass jeweils 1 Stunde vor Schluss).

Das älteste internationale **Folklore-Festival** am ersten Juli-Wochenende in Východná.

Hohe Tatra

Kurz hinter Pribylina trifft bei Podbanské die durchgehende Straße auf den Südhang des Tatramassivs. Der südöstliche, größere Teil des Gebirges ist die eigentliche Hohe Tatra (Vysoké Tatry), einen gewissen Abschluss im Nordosten bildet die rechtwinklig dazu verlaufende Weiße Tatra (Belianske Tatry). Die Ortschaften an den Hängen der Hohen Tatra sind durch die ›**Straße der Freiheit**‹ (Cesta slobody) verbunden. Die Bezeichnung verweist wieder einmal auf Partisanenkämpfe während des Zweiten Weltkriegs, die hier bis in luftige Höhen geführt wurden. Man kann einen großen Teil dieser Rundung erwandern, ohne immer dem Straßenverlauf folgen zu müssen, denn oberhalb der Straße schuf man 1949 einen ersten zusammenhängenden Wanderweg von Podbanské bis Tatranská Kotlina. Heute ist die **Tatra-Magistrale** (Tatranská magistrála) etwa 70 km lang, und man kann sie in mehreren Tagen am Stück zurücklegen, da man immer wieder an Hütten vorbeikommt, in denen man nächtigen kann (im Winter sind einige Streckenabschnitte wegen Lawinengefahr geschlossen).

Gemeinsam ist den Tatra-Gemeinden ihre zum Teil über 200-jährige touristische Geschichte. Neben der Alm- und Forstwirtschaft forderte dieser Teil des slowakischen Hochgebirges die Menschen als einer der ersten dazu heraus, im Fremdenverkehr eine Erwerbsquelle zu suchen. Daher verfügt das Gebiet seit Jahrzehnten über eine entsprechende Infrastruktur (z. B. verkehrt die elektrische Tatra-Bahn seit

Niedere und Hohe Tatra

Atlas: S. 233

›Slowakischer Olymp‹: der Kriváň

1912) sowie über ein reiches Angebot an sportlichen Vergnügungen, die über traditionelles Wandern im Sommer und Skifahren im Winter hinausgehen. Zugleich gibt es auf den Hängen zahlreiche geschützte Zonen und Reservate, allen voran der große **Tatra-Nationalpark.** Manche der Reservate sind zu Beginn der 90er Jahre des 20. Jh. neu geschaffen worden, da das ökologische Gleichgewicht durch den Tourismus erheblich gelitten hatte.

Durch das Stille Tal

Atlas: S. 233, F2
Einer der prosaischsten Orte ist **Podbanské,** eine ehemalige Bergmannssiedlung, die im Namen darauf hinweist, dass sie ›unterhalb der Bergwerke‹ lag. Der höchstgelegene Stollen Teresia befand sich nur knapp 50 m unterhalb des Gipfels des Kriváň. Die ersten Touristen kamen gegen Ende des 18. Jh. und fanden bei ihren Wanderungen bescheidene Unterkunft in den Hütten der Hirten im **Stillen Tal** (Tichá dolina). Die ersten 8 km des Tals können auch von ungeübten Wanderern begangen werden, da es an sanften Hängen mäßig bergauf geht. Mit seinen etwa 14 km Länge und gut 50 km^2 Fläche ist es das weitläufigste Tal der Hohen Tatra.

Über das hier abzweigende, östlicher gelegene Tal **Kôprova dolina** erreicht man den höchsten Wasserfall **Kmeťov vodopád** (80 m) und kann sich je nach Kondition und Lust dem **Kriváň** (2494 m) nähern. Von der Landstraße aus ist er schon von weitem an seinem schiefen Gipfel zu erkennen. Daher auch seine deutsche Bezeichnung ›Krümmling‹, die sich jedoch nicht durchsetzen konnte. Und natürlich entstanden rund um diese ›Abnormität‹ verschiedene Legenden. Eine davon erzählt, dass Gott einen Engel ausschickte, um die Welt an manchen Stellen mit besonderen Naturschönheiten zu versehen. Der göttliche Bote unterschätzte die Höhe des Gebirges, blieb mit dem Sack, der das wertvolle Gut enthielt, am Kriváň hängen, so

Atlas: S. 233, 234

Štrbské Pleso

dass er es an dieser Stelle ausschüttete – die Spitze des Gipfels blieb seit diesem Zusammenstoß schief.

Und vielleicht ist es gerade die ›Unvollkommenheit‹ dieses Berges, die die Menschen in besonderem Maße anzog. Denn der Kriváň wurde im Lauf der Zeit zum ›heiligen Berg‹ der Slowaken, sozusagen ihr Olymp. In Zeiten der größten nationalen Unterdrückung unternahm man regelmäßig ›nationale Wallfahrten‹ dorthin, und der Kriváň ging in die Volkspoesie wie in die hohe Literatur ein.

Hotel Permon: Podbanské 18, 03242 Podbanské, Tel. 052/471 01 11, Fax 052/449 01 33, permon@tatry.sk. Renoviertes Hotel aus den 1970er Jahren, mit gutem Restaurant, Swimmingpool und Tennisplätzen. Herrlicher Blick auf den Kriváň. 60 €.

Štrbské Pleso

Atlas: S. 234, A2
Einige Serpentinen von der Straße der Freiheit aus nach oben folgt Štrbské Pleso (Tschirmer See, 1335 m), die

Niedere und Hohe Tatra

WIE VIELE GIPFEL HAT DIE TATRA?

In der Tatra sind große Berge und verschiedene Täler. Niemand hatte diese Berge zählen können. Einmal machten sich zwölf Studenten in die Tatra auf und wanderten dort einen ganzen Sommer umher, und wie sie so von Tal zu Tal zogen, nun da irrten sie sich immer wieder: Auf welchem waren sie denn nun gewesen, und wo waren sie nicht gewesen? Und sie konnten die Berge nicht zählen, wie viele ihrer dort sind. Ja, und eines Tages überraschte sie nun auf einem Berg die Nacht. Sie machten schließlich eine Stelle ausfindig, wo es eine Wiese, so einen kleinen ebenen Platz gab, und da sammelten sie ein bisschen Holz und machten Feuer. Dort aßen sie ihr Abendbrot und wollten sich nun zum Schlafen niederlegen. So suchten sie ein Nachtlager am Feuer. Aber es fanden nicht alle Platz, denn es waren ihrer zwölf. Da fassten sie den Plan, dass alle sich mit dem Kopf zum Feuer hinlegen sollten und Beine streckten sie alle von sich.

Da – ungefähr um Mitternacht, es mochte also um die zwölfte Stunde sein – kam plötzlich, hast du nicht gesehen, ein Ungeheuer mit zwölf Köpfen und sieht sich das an, die zwölf Studenten, und spricht: »Na«, sagt es, »ich bin ja auch ein Ungeheuer, über alle Gipfel der Tatra bin ich schon gewandert, über siebenundsiebzig Berge bin ich gezogen, alle möglichen Ungeheuer habe ich bereits gesehen, aber so eines noch nicht. Mit vierundzwanzig Köpfen, und dass ihm am Hintern ein Feuer brennt, das habe ich noch nicht gesehen!« Von den Studenten war einer wach geblieben, so dass er alles hörte. Ja, und dann sagte das Ungeheuer noch: »Wenn das so ist, lass ich mich mit dir auf nichts ein, denn«, sagte es, »ich sehe ja, dass du vierundzwanzig Köpfe hast und dass du mich auch mit dem Hintern verbrennen kannst.« So trollte sich also das Ungeheuer mit den zwölf Köpfen davon, aber dem Studenten, der nicht schlief, hatte es doch sein Wissen übermittelt, denn der wusste nun, wie viele Berge in der Tatra sind.

Als sich am Morgen die Studenten vom Schlaf erhoben, frühstückten sie, und wie sie mit dem Essen fertig waren, sagte jener nun zu ihnen: »Nun, meine Herren, jetzt sagt mir doch mal, wer von euch in dieser Nacht wach war, wer etwas weiß. Wer war denn bei uns in der Nacht?« Da blickten sie einander an: »Was weißt du denn? Wer war bei uns?« So fragten sie einander. »Na, wenn ihr nichts wisst, so will ich es euch sagen. Es war nämlich ein Ungeheuer mit zwölf Köpfen hier bei uns. Es hat gesagt, dass es schon über alle Berge der Tatra gewandert ist, aber ein solches Ungeheuer mit vierundzwanzig Köpfen habe es noch nie gesehen, und dass bei dem auch noch Feuer aus dem Hintern brennt. Siebenundsiebzig Berge hat die Tatra!« Da freuten sich alle miteinander und wünschten ihm gute Gesundheit, weil er nicht geschlafen hatte und weil sie nun nicht weitergehen mussten. So, und seitdem weiß man, wie viele Berge die Tatra hat.

Aus: Viera Gašparíková (Hrsg.), Slowakische Volksmärchen, München 2000.

Atlas: S. 234

Starý Smokovec

höchste Siedlung der Slowakei, die auch an einem ihrer schönsten Bergseen liegt. Das Auto muss man am Ortseingang auf dem großen Parkplatz lassen, dort hat auch die elektrische Tatra-Bahn ihre Endstation. Pleso bedeutet ›Bergsee‹, und davon gibt es in diesem Teil des Tatra-Gebirges eine ganze Menge. Das Besondere an den Tatra-Seen ist ihre Tiefe, manche sind bis zu 40 m tief. Die unglaubliche Tiefe und der meist fehlende Zu- und Abfluss führten zu der volkstümlichen Vorstellung, dass sie eine unterirdische Verbindung zu den Weltmeeren hätten, und man nannte sie daher *morské oko* – ›Meeresauge‹. Viele der Seen sind erst nach mehr oder weniger aufwendigen Wanderungen zu erreichen, doch der **Štrbské Pleso** bildet eine wunderbare Ausnahme, denn er ist der Mittelpunkt des nach ihm benannten Orts und lässt sich auf einem bequemen Promenadenweg umrunden.

Seit Ende des 19. Jh. ist Štrbské Pleso Luftkurort, er besitzt Kurhäuser und große Hotels. Seit langem wird hier auch professionell Wintersport betrieben. Im ›Areal der Träume‹ (Areál snov) in der Mlynická dolina gibt es außer Ski-Liften und Loipen zwei **Sprungschanzen,** die 1970 und 1998 für Weltmeisterschaften genutzt wurden, 1935 versammelten sich hier zum ersten Mal Sportler aus aller Welt. Im Sommer sind die Schanzen ein beliebtes Ziel, denn man hat von hier einen schönen Blick auf den dunkelblauen See.

Hotel Panoráma: 05985 Štrbské Pleso, Tel. 052/449 21 11, Fax 052/449 28 10, www.hotelpanorama.sk. Großes Hotel aus den 70er Jahren des 20. Jh. mit wunderbarem Ausblick auf die Gebirgsmassive. Ein wenig aufgemöbelte Standardeinrichtung. 45 €.
Hotel FIS: 05985 Štrbské Pleso, Tel. 052/449 22 21, 052/449 25 90, www.hotelfis.sk. Im Sportareal gelegenes Hotel mit großem Swimmingpool und vegetarischem Restaurant. 59 €.
Hotel Patria: 05985 Štrbské Pleso, Tel. 052/449 25 91/-5 92, Fax 052/449 25 90, www.tatry.net/patria. Traditionsreiches Haus direkt am See mit traumhafter Aussicht und geschmackvollen Zimmern. Renovierte Zimmer 55 €.

Starý Smokovec

Atlas: S. 234, A2

Der Ort auf 1010 m Höhe war einst die mondänste Tatra-Gemeinde und bildet heute das Zentrum von Smokovce (im Plural), den vier mittlerweile vereinten und abgesehen von Dolný Smokovec zusammenhängenden Ortsteilen, die sich die Straße entlangziehen. Smokovec hat den Status einer Stadt und ist Verwaltungssitz aller hiesigen Hochgebirgsgemeinden und damit ihr administratives Zentrum. **Mineralquellen,** fünf an der Zahl, sorgten auch hier (wie in Štrbské Pleso und Tatranská Lomnica) für die Entstehung eines Kurbetriebs.

Die entscheidende Initiative für den Ausbau zu einem Kurort mit weitreichenden Ambitionen kam durch den Schweizer Arzt Nikolaus Szontagh. Er machte sich neue Erkenntnisse in der Balneologie und hauptsächlich in der Behandlung von Tuberkulose-Kranken zunutze, um hier seine Vision von

Niedere und Hohe Tatra

Atlas: S. 234

Das Grand Hotel in Starý Smokovec

einem zweiten Davos Wirklichkeit werden zu lassen. 1876 kamen die ersten Patienten an – man erkennt die für sie bestimmten Gebäude an den tiefen Balkonen, auf die sie in ihren Betten geschoben wurden. Im alten Ortskern sind noch prächtige Bauten der Jahrhundertwende wie die **Heilanstalt Palace** oder das **Grand Hotel** (1904) zu bewundern.

Begonnen hat alles 1793 mit einer Jagdhütte der adeligen Familie Csáky, die bald zu einem gern besuchten Ausflugsziel für den Zipser Adel wurde. Eines der gut 40 Jahre später gebauten ersten Kurhäuser, die **Villa Flora,** steht heute noch (hinter dem Grand Hotel) und dient kulturellen Veranstaltungen, und bereits Mitte des 19. Jh. begann man alljährlich die Sommersaison in den Bergen mit einer Junifeier zu eröffnen.

Ein Muss für jeden Besucher ist die kurze Fahrt mit der Bodenseilbahn, die (immer wieder modernisiert) seit 1908 zum **Hrebienok** (Kämmchen) hinauffährt. Abfahrt ist hinter dem Grand Hotel. Oben angekommen, kann man sich entweder einfach auf eine Terrasse des Restaurationsbetriebs in die Sonne setzen und die Aussicht genießen. Oder man macht sich durch dichten Wald, aber auf einer gut markierten Route, auf den Weg zum **Studený potok** (Kalter Bach), der sich teilweise in schönen Wasserfällen seinen Weg durch die Felsschluchten sucht. Im Winter wird dieser Weg auch als Loipe genutzt.

Als schnellste Abfahrt von Hrebienok nach Starý Smokovec gibt es im Winter eine Rodelbahn. **Hrebienok** ist der Ausgangspunkt für einige weitere Ausflüge, u. a. zur Spitze des **Slavkovský štít** (2452 m).

Tatranská informačná kancelária: Dom služieb, P.O. Box 7, 06201 Starý Smokovec, Tel./Fax 052/442 31 27, Tel. 052/442 34 40, zcr@tatry.sk, Juli, Aug. Mo–Fr 8–17.30 Uhr, Sa, So 8–13 Uhr; Sept.–Juni 8–16.30 Uhr; Hauptsaison: 1. Jan.–14. März, Ostern, 1. Juli–15. Sept., Weihnachten; Nebensaison: 15. März–30. Juni, 16. Sept.–18. Dez. In der Nebensaison reduzieren sich die Zimmerpreise um 20–30 %.

Hotel Smokovec: 06201 Starý Smokovec, Tel. 052/442 51 94, smokovec@pp.internet.sk. Neues, hübsches Hotel gegenüber vom Hotel Grand, 60–65 €.
Hotel Bellevue: 06201 Starý Smokovec, Tel. 052/442 29 41/-9 42, Fax 052/442 27 19, bellevue@pp.psg.sk. Außen eher unscheinbares Hotel aus den 1970er Jahren, innen komplett restauriert, mit sehr angenehmen, hellen Zimmern. Am Ortsrand, (45 €) 65 €.
Hotel Grand: 06201 Starý Smokovec, Tel. 052/442 21 54, Fax 052/442 21 57, grandhotel@posta.sk. Luxushotel aus der Jahrhundertwende, (55–62 €) 80 €.
Hotel Hubert: 05942 Gerlachov 302, Tel. 052/442 52 62/-263, Fax 052/442 27 34, hubert@isternet.sk. Neues Luxushotel unterhalb des Berges Gerlach, unweit von Starý Smokovec, (84 €) 102 €.
Horský Hotel Hrebienok: Tel. 052/442 27 62, Fax 052/442 50 63, hrebienok@sorea.sk. Neues Berghotel an der Bergstation des Hrebienok, 80–125 €.

Tatranská Lomnica

Atlas: S. 234, A2
Kaum 6 km von Smokovce liegt Tatranská Lomnica (850 m), als eine der jüngsten Gemeinden erst Ende des 19. Jh. entstanden. Mit staatlicher Unterstützung wurde hier zu Beginn des 20. Jh. das erste staatliche Kurbad errichtet, es folgten auch hier repräsentative Hotelbauten (z. B. Grand Hotel Praha, Lomnica, Slovenský dom). 1895 kam der Bahnanschluss hierher, 13 Jahre früher als nach Starý Smokovec. Doch scheint es im Nachhinein, als sollte in Tatranská Lomnica trotz weltläufiger Anwandlungen eher der Sport als der Kurbetrieb im Mittelpunkt stehen. Bereits zwischen den Weltkriegen wandelten sich Sanatorien zu Hotels und Pensionen.

Am westlichen Ortsrand befindet sich das **Sportgebiet Na jamách** mit zwei Sprungschanzen und der ersten künstlichen Rodelbahn der Tatra. Den Höhepunkt in Tatranská Lomnica bildet im wahrsten Sinne des Wortes die Fahrt mit der Kabinenseilbahn zum **Lomnický štít,** der mit 2632 m der zweithöchste Gipfel der Hohen Tatra ist. Von der Plattform an der Spitze

Niedere und Hohe Tatra

Atlas: S. 234

überblickt man das erhabene Gebirgspanorama mit den umliegenden Zweitausendern, ganz im Süden ist der höchste Gipfel zu erkennen, der Gerlachovský štít (Gerlsdorfer Spitze, 2655 m), der über Starý Smokovec thront.

Im Ort hat die Nationalpark-Verwaltung TANAP neben einer Forschungsstation 1969 ein **Museum** eingerichtet, das in naturwissenschaftliche, historische und ethnografische Abteilungen gegliedert ist. Ein herausragendes Exponat ist das Pflanzenbuch des Mönches Cyprián vom Kloster Červený kláštor (s. S. 171). Zum Museum gehört ein botanischer Garten mit typischen Pflanzen des Hochgebirges (Tel. 446 81 81, Sept.–Juni Mo–Fr 8–16 Uhr, Sa, So 8–12 Uhr, Juli, Aug. Mo–Fr 8–17.30 Uhr, Sa, So 8–15 Uhr).

Hotel Willi: 05960 Tatranská Lomnica, Tel. 052/446 77 61, Fax 052/446 82 29: 70er Jahre-Hotel mit sozialistischem Flair, obwohl erneuert, gutes Restaurant mit offenem Feuer und Livemusik, 42 €.
Hotel Slovan: 05960 Tatranská Lomnica, Tel. 052/446 78 51, Fax 052/446 76 27.

Auch per Kutschenfahrt lässt sich die Tatra erkunden

Atlas: S. 234

Ždiar

Aufgemöbelte 70er Jahre-Atmosphäre, 55 €.
Slnečný dom: 05960 Tatranská Lomnica, Tel. 052/446 70 46, Fax 052/446 70 47. Kleine, modern-rustikal eingerichtete Pension, 55 €.
Grandhotel Praha: 05960 Tatranská Lomnica, Tel. 052/446 79 41/-9 42, Fax 446 78 91, www.grandhotelpraha.sk. Imposantes Jahrhundertwendehotel, gute Nebensaison-Angebote, (65 €) 78 €.
Villa Beatrice: 05960 Tatranská Lomnica, Tel. 052/446 73 13, Fax 052/446 71 20, www.tatry.net/beatrice. Schicke Hotelpension mit geräumigen Apartments (je nach Größe 60–90 €), Restaurant im Haus.

Camping
Autocamp Jupela: Tel. 052/442 25 88. Hinter Tatranská Lesná ein Stück talwärts Richtung Veľká Lomnica.

Am besten in den Hotels und Pensionen; besonders zu empfehlen ist das kleine Restaurant des **Slnečný dom:** Geschmackvolle modern-rustikale Einrichtung, 4–6 €.
Zbojnícka koliba: Urige ›Räuberhütte‹ mit slowakischen Grillspezialitäten auf dem Weg zum Grandhotel Praha, 6–10 €.

Wandern: Der TANAP organisiert pflanzenkundliche Wanderungen durch die Dolina siedmich prameňov (Tal der Sieben Quellen), wo es eine besonders reiche Vielfalt an Pflanzen gibt.
Skitouren und Klettern: Die Bergführer der Tatra bieten allein im Winter 15 geführte Skitouren sowie Skiausflüge (geringerer Schwierigkeitsgrad) an. Klettern kann man mit ihnen im Sommer und im Winter (auch im Eis), je mehr Teilnehmer es gibt (bis zu 5), umso preisgünstiger (Ganztagestouren ca. 70–25 €/Person). Bergführer-Büro (Kancelária horských vodcov) in Starý Smokovec, Tel. 052/442 20 66, Mob. 0905-42 8 1 70, shv@tatry.sk. Über ihre Angebote kann man sich detailliert unter dem Stichwort ›Activities‹ bei www.tatry.sk informieren. Dort findet man auch **Skischulen**, die 12 schönsten **Wandertouren** sowie eine kleine Karte der für **Mountainbiker** offenen Gebirgsstraßen mit kurzer Streckenbeschreibung.

Ždiar

Atlas: S. 234, A1
Als letzte größere Gemeinde ist Ždiar (896 m), schon am Nordhang der Belianske Tatry, zu erwähnen. Es war eine typische Goralengemeinde – Goralen sind vor allem im polnischen, aber auch im sklowakischen Teil der Beskiden lebende Bergbauern, die sich traditionelles Brauchtum bewahrt haben. Heute sind noch an einigen der denkmalgeschützten **Blockbauten** ihre charakteristischen Verzierungen zu erkennen, die an Kreuzstichmuster erinnern.

Von Ždiar gibt es Ausflugsmöglichkeiten in die Hänge der nördlich des Ortes ansteigenden Spišská Magura mit ihren berühmten ›Heidelbeerteppichen‹. Oder man nähert sich über Tatranská Kotlina den hohen Gebirgskämmen sozusagen ›von hinten‹ – über Wanderwege, die über Sättel führen und teilweise alten Schmugglerwegen folgen.

Penzión Koliba: 05954 Tatranská Kotlina, Tel. 052/446 82 74, Fax 052/442 22 04. Neu errichtetes Holzhaus im traditionellen Stil, mit sehr gemütlicher Restaurant-Stube (offener Kamin) und hübschen Zimmern.

In der Landesmitte

Banská Bystrica:
Blick auf Stadt-
burg und Uhren-
turm (rechts)

Slowakei-Atlas S. 233, 232, 238

Bergbaustädte

BERGBAUSTÄDTE DER MITTELSLOWAKEI

Durch das Zentrum der Slowakei zieht sich das Slowakische Erzgebirge (Slovenské rudohorie), das einst reich an Bodenschätzen war, so dass hier im Mittelalter berühmte slowakische Bergbaustädte entstanden: Banská Bystrica, Banská Štiavnica, Kremnica. Während erstere heute eine wahre Metropole der Mittelslowakei ist, putzten sich die anderen beiden für Besucher museal heraus. Die Natur rundherum bietet reizvolle Ausflugsziele.

Banská Bystrica

Atlas: S. 233, D3

Die Stadt bezeichnet sich selbst gern als Metropole der Mittelslowakei; nach westeuropäischen Maßstäben mag dies etwas vollmundig scheinen, doch muss man zugeben, dass hier mehr Dynamik und Aufgeschlossenheit herrschen als in vergleichbaren anderen slowakischen Städten. Banská Bystrica (Neusohl) liegt an den Ausläufern der Großen Fatra und der Niederen Tatra, dort, wo der Fluss Bystrica in den Hron (die Gran) mündet. Mit ihren 85 000 Einwohnern ist die wirtschaftlich prosperierende Stadt die sechstgrößte im Land. Die meisten Menschen sind im Banken- und Finanzwesen, in der Textil- und Bauwirtschaft, in der pharmazeutischen Industrie und im Fremdenverkehr beschäftigt. Die Landwirtschaft fällt hier kaum ins Gewicht. Die Ansiedlung einiger gesamtstaatlicher und internationaler Institutionen trug zu einer weltläufigeren Atmosphäre bei, und die Eröffnung der neu gegründeten Matej-Bel-Universität 1992 brachte viele junge Menschen in die Stadt.

Am Námestie SNP

Mittelpunkt des städtischen Treibens ist das großzügig an einem sanften Hang angelegte **Námestie SNP,** das Kürzel des Platzes steht für den Slowakischen Nationalaufstand. Zahlreiche Cafés, Espresso-Bars und Restaurants verlagern im Sommer ihren Betrieb nach draußen, und dazwischen ist immer noch genügend Raum für ›kostenloses‹ Sitzen und Schauen an Brunnen und Bänken, umgeben von Blumen. Autos sind von hier verbannt. Bis in den späten Abend hinein scheint das Hin und Her der Menschen nicht aufhören zu wollen. Der Platz ist das wahre Herz der Stadt und wird abends stimmungsvoll beleuchtet.

Eines der Wahrzeichen ist die **Kirche des hl. Franz Xaver** am oberen

Ende des Platzes mit ihren ungewöhnlichen Abschlüssen an den beiden Türmen. Nach der Ankunft in Bystrica bauten sich die Jesuiten eine ihrer typischen Kirchen im Stil des Barock (1695–1703) mit daran anschließendem Kollegium. 1776 erhob man sie zur Kathedrale, denn Bystrica war zum Bistumssitz ernannt worden – das Gebäude etwas tiefer gegenüber ist das Bischofspalais. Anfang des 19. Jh. wurden Kircheninneres und Fassaden im Stil des Klassizismus umgestaltet, die beiden Türme erhielten 1844 ihr heutiges Aussehen.

Unweit der Kirche auf derselben Seite steht das **Thurzo-Haus** (Nr. 4). Seine schlichte Fassade zieren lediglich in Sgraffito-Technik eingeritzte Quadersteine. Es entstand als repräsentativer Firmensitz der Thurzo-Fugger-Gesellschaft, die das Gebäude von 1494 bis 1540 nutzte. Von deren wirtschaftlichem Erfolg profitierte auch die Stadt, die Bürger- und Patrizierhäuser am Hauptplatz legen schönes Zeugnis davon ab. Das Thurzo-Haus beherbergt heute das **Mittelslowakische Museum** (Stredoslovenské múzeum). Unter den Exponaten findet sich neben anderen kunsthistorischen Kostbarkeiten, die aus der Region zusammengetragen wurden, die prächtige Truhe der Goldschmiedezunft aus dem Jahr 1684 (15. Juni–15. Sept. Mo–Fr, So 9–12 Uhr und 13–17 Uhr; in der übrigen Zeit Mo–Fr, So 8–12 Uhr und 13–16 Uhr.)

Etwas weiter unten gegenüber steht das Haus, das im wahrsten Sinne des Wortes aus der Reihe tanzt, aber nicht nur deshalb auffällt. Das **Benický-Haus** (Benického dom) entstand als Renaissance-Umbau gegen Ende des 16 Jh., im folgenden Jahrhundert kam die südländische Arkadenloggia mit ihren toskanischen Säulen dazu. Blickfang ist das aufwendige Relief über dem Eingang, es zeigt farbenfroh angemalte Bergleute.

Zur Stadtburg

Am seinem oberen Ende geht das Námestie SNP in einen schmaleren Platz über, das Námestie Š. Moyzesa. Am Übergang zwischen beiden steht an der Ecke der **Uhrenturm,** 1552 als Teil des Stadtgefängnisses erbaut, im Keller befand sich seinerzeit die Folterkammer. Die letzte Aufstockung mit barocker Turmspitze erfolgte 1784. Nach dem Aufstieg zum schmiedeeisernen umlaufenden Balkon erwartet einen nicht nur ein herrlicher Blick auf den zu Füßen liegenden Platz, man sieht auch die umliegenden Bergkuppen und die Lage der Stadt.

Im nördlichen Teil des Nám. Š. Moyzesa befinden sich die erhalten gebliebenen Gebäude der **Stadtburg,** von deren Befestigung nur noch kleine Teile vorhanden sind. Ältester Bau ist die **Marienkirche,** 1255 im romanischen Stil begonnen, wovon noch die Fenster des Turms zeugen. Ende des 15. Jh. wurde der Grundriss durch angebaute Kapellen erweitert. 1770 schuf Anton Schmidt ein neues Gewölbe im Stil des Barock. Die Altarbilder mit der Himmelfahrt Mariens und der Hl. Dreifaltigkeit fertigte 1774 Johann Lucas Kracker. Aus gotischer Zeit blieb wunderbarerweise die Kapelle der hl. Barbara nahezu unverändert bestehen. Ihr

Bergbaustädte

Atlas: S. 233

Netzgewölbe stützt sich auf feingliedrige Konsolen figural gestalteter Heiliger. Und man trifft erneut auf die Kunst des Meisters Paul aus Levoča: Seiner Werkstatt wird der schöne **Barbara-Altar** aus dem Jahr 1509 zugeschrieben. Die südliche Kapelle besitzt einen noch etwas älteren gotischen Altar mit einer Darstellung der Maria Magdalena.

Etwas versetzt steht die kleinere **Heilig-Kreuz-Kirche,** auch ›Slowakische Kirche‹ genannt. Im 17. Jh. wurde sie von den Protestanten genutzt, bevor sie die Jesuiten in der Zeit der Gegenreformation wieder übernahmen.

und barock umarbeiten ließen. Die heutige Innenausstattung stammt vorwiegend aus dem 19. Jh. An sie schließt sich das **Matej-Haus** an, ein schmuckloses gotisches Gebäude mit vier Stockwerken.

Das **Rathaus** wird seit jeher als Prätorium bezeichnet und ist aus spätgotischer Zeit, doch bereits mit einer hübschen kleinen Arkadenloggia ausgestattet. Darin ist die **Staatliche Galerie** (Štátna galéria) mit einer repräsentativen Schau zur slowakischen Kunst im 20. Jh. untergebracht. Es gibt immer auch beachtenswerte aktuelle Ausstellungen (Nám. Moyzesa 25, Mo–Fr 9–11.30 Uhr und 12–17 Uhr; Sa, So 10–11.30 Uhr, 12–16 Uhr).

Schließlich noch das letzte gut erhaltene Gebäude auf dem Burgareal, die **Barbakane** – ein zur Stadt gewandtes, doppelt verstärktes Tor der Befestigungsanlage mit gotischem Verbindungsgang, wie es in der Zeit der Türkengefahr notwendig geworden war. Hier befindet sich heute das städtische Info-Büro.

Das Museum des Slowakischen Nationalaufstands

Zwischen Uhrenturm und Franz-Xaver-Kirche führt die Kapitulská ulica weg vom historischen Zentrum. An der Kreuzung mit der ulica J. Cikkera erblickt man auf der linken Seite ein jüngeres Wahrzeichen der Stadt – das **Museum des Slowakischen Nationalaufstands** (Múzeum SNP). Was wie eine weiße, auseinandergebrochene Schüssel erscheint, ist ein wohl überlegtes Konzept des Architekten Dušan

---

Steineklopfen, Geige und Cimbal

Ein bescheidenes, aber liebevoll eingerichtetes Museum für Volksmusikinstrumente steht in Banská Bystrica. Auf die Führung durch die kleinen Räume wird Wert gelegt: Man demonstriert die Verwendung der Instrumente und zeigt auch historische Klangaufnahmen auf Video – z. B. wie sich Wäscherinnen am Bach mit rhythmischem Steineklopfen, das auch ihren Gesang begleiten konnte, die Zeit verkürzten und die Arbeit versüßten. Die berühmte *fujara* ist in verschiedenen Größen und Versionen ausgestellt ebenso wie der für die Volksmusik wichtige Dudelsack, und man erfährt auch, wie beides hergestellt wird. **Literárne a hudobné múzeum,** Lazovná 44, Mo–Fr 9–16 Uhr.

Kuzma, das er 1969 realisierte. Es stellt einen entzwei gehauenen *širák* dar, die traditionelle, aus weißem Filz gefertigte Kopfbekleidung der slowakischen Hirten. Mit deren Leben in den Bergen identifizierten sich die Partisanen, bei ihnen fanden sie Schutz und rekrutierten sich zum Teil auch aus ihren Reihen. Wirkt die ungewöhnliche Architektur von weitem auch massiv und abweisend, so spürt man im Durchgangsbereich eher Verletztheit und Trauer. Der freie Blick zum Himmel kann dies aber mildern und Größe vermitteln. Im Durchgangsbereich brennt am symbolischen Grab eines Partisanen ein ewiges Feuer für die Opfer des Aufstands. Das Museum ist umfassend und detailreich ausgestattet, vorwiegend natürlich mit Militaria. Schon ein kursorischer Gang durch die Ausstellungsräume kann dem ausändischen Besucher dieses gravierende Ereignis der slowakischen Geschichte näher bringen, auch wenn vielem noch heroisierendes Pathos aus sozialistischer Zeit anhaftet (Kapitulská 23, Tel. 048/412 32 59, Mai–Sept. Di–So 9–18 Uhr, Okt.–April Di–So 9–16 Uhr).

Ausflug

Als Ausflug ist unbedingt die **Burg von Zvolen** zu empfehlen. Die mächtige Festung mit ihren verspielten Zinnen ist schon von weitem zu erkennen. Ihre Anfänge reichen in die Zeit der Gotik zurück, die schöne Burgkapelle zeugt davon. In der Burg ist eine Zweigstelle der Nationalgalerie (SNG) untergebracht (Zvolenský zámok, Tel. 045/533 13 37, Di–So 10–17 Uhr).

Im Durchgangsbereich des Muzeum SNP

Bei den Slowaken ist **Detva** wegen seiner besonderen Traditionen bekannt: Alljährlich zieht es Tausende zum zweitgrößten Folklore-Festival der Slowakei Anfang Juli (s. S. 155). Das Dorf liegt in einer Landschaft, die nach dem Vulkan Poľana im Slowakischen Erzgebirge Podpoľanie, ›Unter der Poľana‹, genannt wird. Auf dem Friedhof stehen die für die Gegend typischen bunt bemalten Holzkreuze.

Kultúrne a informačné stredisko (KIS): Nám. Š. Moyzesa 26, 97574 Banská Bystrica, Tel. 048/415 50 85, Fax 048/415 22 72, kis@pkobb.sk. Großes Büro, Anregungen und Tipps für Ausflüge, auch und gerade in die benachbarten Berge.

Bergbaustädte

DER SLOWAKISCHE NATIONALAUFSTAND

Egal, in welcher Ecke der Republik man sich bewegt, man wird auf das Kürzel SNP stoßen. Es steht für *Slovenské Národné Povstanie* und verweist auf den heldenhaften Kampf der slowakischen Bevölkerung und ihrer Verbündeten gegen Nazi-Deutschland, das die Slowakei Mitte des Jahres 1944 besetzt hatte. In der internationalen Bewertung wird der Slowakische Nationalaufstand zu den wichtigen Widerstandsaktionen gegen die Hitler-Diktatur in Europa gezählt.

Voraussetzungen für eine bewaffnete Aktion wurden Ende 1943 durch die tschechoslowakische Exil-Regierung in London (1941 von den Alliierten anerkannt) geschaffen, die eine Vereinbarung mit der Sowjetunion über eine Erneuerung der Tschechoslowakei unterzeichnete. Die slowakischen Oppositionsparteien gründeteten ein gemeinsames Widerstandsorgan, den Slowakischen Nationalrat (das spätere Parlament). Parallel wuchs seit 1943 die Partisanenbewegung. Im Sommer kam es zu einer direkten Unterstützung durch sowjetische Fallschirmspringer. Während man auf der Führungsebene über ein geeignetes Vorgehen gegen die slowakischen Machthaber verhandelte, setzten die Partisanen ihre Sabotageakte fort. Obwohl der Nationalrat zur Zurückhaltung riet, kam es am 28. Aug. 1944 zur Erschießung einer Gruppe deutscher Offiziere. Nazi-Deutschland schickte Truppen zur Unterstützung der slowakischen Regierung.

Nun konnte sich auch der Nationalrat nicht mehr heraushalten, der Partisanenkampf sollte wenigstens gelenkt werden. Im unabhägigen Rundfunk wurde er am 29. Aug. mit der kodierten Nachricht ›Beginnt mit dem Auszug‹ offiziell eröffnet. Der letztlich unvorbereitete Widerstandskampf war von vornherein zum Scheitern verurteilt. Die eigentlichen Kämpfe konzentrierten sich sehr bald auf den mittelslowakischen Raum, sein Zentrum war Banská Bystrica.

Eine bedeutende internationale Anerkennung erfuhr der Aufstand durch die Ausrufung dieses Gebiets zum Widerstandsterritorium durch die Alliierten. Die USA und andere Verbündete schickten kurz darauf Waffen und andere materielle Hilfe. Entscheidend für die Verteidigung der Stellungen der Partisanen war jedoch die Unterstützung durch die einheimische Bevölkerung, teilweise auch die deutsche.

Der Nationalaufstand endete am 27. Okt. 1944 mit der Besetzung von Banská Bystrica. Danach begann eine Zeit ungeahnten Terrors. Alle am Aufstand Beteiligten waren der Vergeltung durch die SS-Truppen ›Heimatschutz‹ (bewaffnete Einheiten slowakischer Deutscher) und durch Hlinka-Gardisten ausgesetzt. Dörfer (wie z. B. Nemecká, Kalište, Telgárt) wurden wegen Beteiligung und Unterstützung des Aufstands niedergebrannt, die Männer deportiert oder auf der Stelle hingerichtet. Den Slowakischen Nationalaufstand mit seinen etwa 20 000 Opfern stilisierte man besonders in sozialistischer Zeit zum nationalen Mythos – doch war nicht jeder Slowake während des Tiso-Regimes ein aufrechter Anti-Faschist und nicht jeder Deutsche ein Nazi-Kollaborateur.

Turistická ubytovňa Milvar: Školská ul. 9, Tel. 048/413 87 73. Touristenherberge für einfache Ansprüche, zentrumsnah, 10 € pro Bett.
Zwei hübsche neue Pensionen:
Penzión Uhlisko, Lesná 3, Tel. 048/414 56 12, 21–25 €, und
Penzión Bella, Sládkovičová 9, Tel. 048/416 11 07, 21–25 €.
Pension Kúria: Bakossova 4, Tel. 048/412 32 55, Fax 048/415 29 59, www.kuria.sk, 6–8 €. Gleich neben der Stadtburg steht dieses stilvoll rustikal eingerichtete Stadthaus; gutes Restaurant.
Horský hotel Šachtička: Inovecká 11, Tel. 048/414 19 11. Einfaches Berghotel etwas abseits, renoviert, mit Tennisanlage und Reitmöglichkeit, 55 €.
Hotel Arcade: Nám. SNP 5, Tel. 048/412 41 83, Fax 048/412 31 26, arcade@mail.viapvt.sk. Stilvolles Stadthotel mit angenehmem Ambiente in einer Passage des Hauptplatzes, 58–63 €.
Hotel Lux: Nám. Slobody 2, Tel. 048/414 41 41/-5, Fax 048/414 38 53, lux@hotel lux.sk. Ein ›Kasten‹ aus den 1970er Jahren, es gibt renovierte und nicht renovierte Zimmer, letztere sind etwa halb so teuer, zentrumsnah, gutes Restaurant, 23–100 €.

Die nachfolgenden Lokale bieten die typische Auswahl slowakischer Küche in Standardqualität, zusätzliche Angebote sind jeweils angegeben:
Cechová reštaurácia: Nám. SNP 6, Tel. 048/415 66 66, 4–6 €.
Reštaurácia Tiger: Dolná 36, Tel. 048/412 49 19, 4–6 €. Im Sommer Terrassenbetrieb, angeschlossene Weinstube.
Bystrický dukát: Lazovná 38, Tel. 048/412 52 20, 6–10 €: Das Lokal ist im Stil einer ›Räuberhütte‹ mit offenem Kamin eingerichtet.
Reštaurácia u komediantov: Horná Strieborná 13, Tel. 048/415 31 85. Kleines, gemütliches Lokal mit Jagdspezialitäten, 6–10 €.
Červený rak: Nám. SNP 13, Tel. 048/415 38 82, 6–10 €. Gutes Tagesrestaurant mit flinkem Service, auch Weinstube und Sommerterrasse.
Richtárová pivnica: Lazovná 18, Tel. 048/415 13 00 36, 6–8 €. Slowakische Spezialitäten in einfach rustikalem Ambiente.
Starobystrická reštaurácia: Nám. SNP 9, Tel. 048/415 43 26. Kellerlokal nach angeblich ›Alt-Bystricer Art‹.
Reštaurácia Hungária: Horná 25, Tel. 048/412 34 52, 6–10 €. Gepflegtes Restaurant mit Weinstube.

Café
Alfredo Café: Nám. SNP 5, Tel. 048/430 24 44. Quirliger Treffpunkt am Hauptplatz.
Kaviareň Hungária: Horná 25, Tel. 048/412 34 52. Gepflegtes Café im Kellergewölbe.
Café Walter: Dolná 3. Gute Kuchenauswahl in schmalem Gastraum in nostalgischer Ausstattung.

Holzkirche Hronsek

Etwa auf halber Strecke zwischen Banská Bystrica und Zvolen steht im Ort Hronsek eine der sehenswerten hölzernen Artikularkirchen. Diese stammt von 1726 und gehört zu den größten ihrer Art und hat eine barocke Ausstattung (ca. 1100 Sitzplätze), wobei die Orgel (1763) als besonderes Prunkstück gilt. Besuch mindestens einen Tag im Voraus vereinbaren unter Tel. 048/418 81 65 oder über das Info-Büro.

Bergbaustädte

Atlas: S. 233

Weinhandlung Vínotéka: Nám. SNP 14, Tel./Fax 048/412 57 44. Einheimische und ausländische Weine.
Einkaufsgalerie Dielo: Nám. SNP, Kunst und Kunsthandwerk von anerkannten Künstlern und Produzenten der Region.
Folk Art Shop: Nám. SNP 15. Etwas versteckt im Hinterhof, beachtenswerte Auswahl an qualitätsvollem Kunsthandwerk.
BB-Art galéria: Horná strieborná 12. Kunst, Kunsthandwerk (Glas, Schmuck) und auch Kitsch einheimischer Produzenten.
Keramik: In Ľubietová gibt es typische Keramik, und man kann die Werkstätten besichtigen. Verkauf dieser Keramik auch in Banská Bystrica: **Galéria TEO,** Národná 6, Art Region, Horná 21.

American Night Club: Nám SNP 6, Tel. 048/415 37 96. Treff für eher junge Leute, top-aktuelle Musik.
Disco Arcade: J. Cikkera 3, Tel. 048/430 24 03. Gute Disco.
Nachtklub im Hotel Lux: Nám. Slobody 2, Tel. 048/414 41 40. Hier trifft sich die mittlere Generation und, soweit vorhanden, internationales Publikum
Piano Bar: Nám. SNP 2, Tel. 048/412 58 88. Für den Auftakt eines Abends oder den Ausklang, wie der Name verheißt.
Music Cafe Aurora: Dolná 9, Mob. 0903-88 25 11. Treff für junges Publikum.

Holzschnitzer-Triennale: Seit 1967 findet im Dezember der internationale Wettbewerb statt.

Auf dem Dorfplatz von Špania Dolina zu bewundern: die Kunst des Klöppelns

Holzlöffelmarkt in Radvaň: jedes Jahr Anfang Sept.

Folklore-Festival von Detva: Mitte Juli (s. S. 151). Hier kann man auch die berühmte Fujara hören, ein für die slowakische Volksmusik typisches Holzblasinstrument. Detva liegt etwa 22 km östlich von Zvolen.

Špania dolina

Atlas: S. 233, D3

Was Bystricas Reichtum begründete, kann man in einem besonders gut erhaltenen nahegelegenen Dorf in den Bergen besichtigen. In Špania dolina stehen die Häuser zerstreut auf unwegsamem Gelände, für den Dorfplatz (auf dem man das Auto am besten abstellt) scheint eine ebene Fläche künstlich angelegt worden zu sein. Hier ist gleich einer der alten **Einfahrschächte** mit einigen der typischen Grubenwaggons zu sehen. Bei einem Rundgang durchs Dorf sieht man auch auf den Privatgrundstücken immer wieder Schächte, viele von ihnen dienten nur zur Belüftung der Gruben. Die meisten der Bergmannshäuser mit besonders massivem und in die Höhe gezogenem Erdgeschoss wurden im 17. und 18. Jh. gebaut, als der Erzabbau seinem Höhepunkt zustrebte. Manche von ihnen stehen aber auch schon über 500 Jahre hier.

In den 1960/70er Jahren waren die Gruben erschöpft. Städter begannen, die alten Häuser als Wochenend- und Feriendomizile zu nutzen. Špania dolina ist heute ein denkmalgeschützter Ort mit etwa 150 Einwohnern, die sich zunehmend auf den Fremdenverkehr orientieren. Unterhalb der Kirche sitzen im Sommer tagsüber Frauen in einem offenen Schuppen und demonstrieren ihre Klöppelkunst. Geht man im Dorf spazieren, wird man nicht selten angesprochen, ob man nicht *čipky* (Spitzen, meist schon zu Deckchen verarbeitet) kaufen möchte.

> ### Mit dem Dampfzug in den Urwald
>
> Zwischen **Chvatimech** (kurz vor Brezno) und **Čierny Balog** verkehrt vom 1. Mai bis zum 15. Sept. eine historische Dampfeisenbahn und durchquert dabei eine malerische Waldlandschaft (Čiernohronská železnica, Abfahrt tgl. um 9, 10, 12, 14, 16 Uhr, Tel./Fax 048/619 15 00). An der Endstation gibt es eine zünftige Hüttenwirtschaft mit offenem Feuer. Von hier kann man sich zu Fuß oder mit der Anschlussbahn auf den Weg in den slowakischen Urwald Dobročský prales machen. Das ist ein geschütztes Waldgebiet mit besonders altem Baumbestand.

Donovaly

Atlas: S. 233, D3

Der Ferienort Donovaly liegt 960 m hoch auf einem breiten Pass zwischen den Aufläufern der Großen Fatra und der Niederen Tatra. Auf den Hängen, die Köhler in früheren Jahrhunderten gerodet hatten, entstand nach dem

Bergbaustädte

Atlas: S. 233, 232

Zweiten Weltkrieg eins der großen Touristikzentren der Slowakei. In der kalten Jahreszeit nutzen Wintersportler die großen Wiesen und Täler, im Sommer spazieren und wandern die Menschen hier. Schön und nützlich sind die für diese Gegend typischen Glasveranden einiger alter Bauernhäuser, denn sie verlängern für Menschen und Pflanzen die warme Jahreszeit. **Gaderská dolina** ist eines der schönsten Täler auf dieser Seite der Niederen Tatra.

Informačná kancelária: Nám. sv. A. Paduánskeho 136, 97639 Donovaly, 048/4 29 90-55, Fax 4 29 90-58, www.donovaly.sk.

Chata pod Magurou: 97639 Donovaly, Tel. 048/419 97 52, Fax 048/419 98 80, magura@bb.psg.sk. Hübsche Hütte mit neuer Ausstattung im Tal unweit vom Ort, 15 €.
Apartmenthaus Almet: 97639 Donovaly, Tel. 048/419 98 78. Wohnungen für 2–6 Personen in unterschiedlicher, individueller Einrichtung (da von Privateigentümern zur Verfügung gestellt), zentral unweit der Busstation, Restaurant, Bar, Schwimmbad, Fitness im Haus, pro Person ab ca. 15 €.
Penzión Aurélia: 97639 Donovaly, Tel. 048/419 97 15. Gemütliche Pension in einem der typischen Häuser mit Glasveranda, 20–25 €, Vollpension möglich.
Hotel Žiar: 97639 Donovaly, Tel. 048/479 97 27. Großes Standardhotel, 45 €.
Hotel Donovaly: 97639 Donovaly, Tel. 048/419 98 25, Fax 048/429 90 36, www.hoteldonovaly.sk. Neues Hotel mit slowakischer Standardeinrichtung, ruhig am Ortsrand gelegen, mit herrlichem Ausblick, den Familienbetrieb schmeckt man auch in der Küche: gute Hausmannskost, 50 €.

Camping
Kamzík: 97639 Donovaly, Tel./Fax 048/419 97 35. Sonnige Stellplätze auf einer Lichtung, umgeben von Bergwiesen; Hüttenkolonie sowie Restaurant mit Sonnenterrasse ebenfalls vorhanden.

Pegas Paragliding: Am Campingplatz, Info bei Miro Jančiar, Mob. 0903-44 14 16. Gleitschirmverleih und Anleitung.
Šport servis: Am Zentralparkplatz, Info bei Michal Daňo, Mob. 0903-50 96 70. Skiverleih und -schule.

Hundeschlittenrennen: Anfang Februar. Donovaly ist für diesen Event berühmt.
Krňačkové preteky: Im benachbarten Hochtal **Turecká** fahren seit mehr als 30 Jahren im Februar starke Männer wie einst Rübezahl auf archaisch anmutenden großen Hornschlitten die Abhänge hinunter.

Kremnica

Atlas: S. 232, C4
Von den drei hier beschriebenen Bergbaustädten wirkt die Altstadt von Kremnica (dt. Kremnitz) am geschlossensten. Nach wie vor schlüpft man nur als Fußgänger (!) in diesen Bereich, und zwar durch das **Untere Tor** (Dolná brána) der ehemaligen Stadtbefestigung. Das Tor ist eine schöne gotische Barbakane mit zierlichen Terracotta-Figuren, die allerdings aus dem 19. Jh. stammen. Auf der Innenseite gab es einst hölzerne Pawlatschen, die zum Teil wieder hergestellt sind, denn das städtische Tourismus-Büro liegt über der rückwärtigen Toröffnung.

Katharinen-Kirche in Kremnica

Štefánik-Platz

Die schmale Gasse vom Tor führt geradewegs zum Hauptplatz Štefánikovo námestie, einem für ein mittelalterliches Städtchen ungewöhnlichen Platz: ein von niedrigen Bäumen mit kugeligen Kronen bestandener grüner Hang, als ob man in die urbane Kulisse der umstehenden gotischen Bürgerhäuser eine Almwiese verlegt hätte. Und mitten darauf eine überbordende barocke **Pestsäule** von fast 20 m Höhe mit mehr als 60 Figuren, die sich die Kremnitzer 1765–72 von Dionysius Stanetti und Martin Vogerl aufstellen ließen. Die Pestsäule gehörte früher zu einer daneben stehenden Pfarrkirche, die aber

Bergbaustädte

im 19. Jh. aus statischen Günden abgetragen werden musste, so dass die Säule allein mitten auf dem Platz stehen blieb.

Stadtburg

Die Stadtburg (Mestský hrad) ist Museumsgelände und nicht frei zugänglich. Vom Hauptplatz aus und am Rathaus vorbei gelangt man über die Kollárova ulica zum überdachten Treppenaufgang, der zum Eingang führt (Di–Sa 8.30–12 Uhr, 13–16.30 Uhr).

Zu den ältesten Gebäudeteilen gehört der kreisrunde, in spätromanischer Zeit entstandene **Karner** (Mitte des 13. Jh.) neben dem kantigen Nordturm. Der untere Teil diente als Beinhaus, während im Erdgeschoss Reste gotischer Wandmalereien die einstige sakrale Nutzung der Kapelle bezeugen. Erst 1994 wurden sie in mühevoller Restaurierungsarbeit freigelegt. Der bezaubernde kleine Raum besitzt ein sechsteiliges Rippengewölbe, dessen Schlussstein ein Bergmannszeichen ziert, und bereits spitzbogig zulaufende gotische Fenster.

Die **Katharinen-Kirche** dominiert das Burgareal. An das kurze, aber relativ breite Doppelschiff aus dem 14. Jh. baute man im folgenden Jahrhundert ein ausladendes Presbyterium mit gotischem Rippengewölbe. Nach einem Brand 1560 entstand der allein stehende Turm neu. Leider ging in der Katharinen-Kirche viel Originales verloren, als sie im 19. Jh. umfassend umgebaut werden musste, da der Untergrund zu rutschen begann. Älter sind das Taufbecken aus rosa Marmor (16. Jh.), das aus der abgerissenen Marienkirche am Hauptplatz stammt, und die gotische Madonna, die in den neu geschaffenen Marienaltar integriert wurde.

Lohnend ist der Aufstieg auf den **Kirchturm**. Da es sich um den höchsten Punkt der Stadt handelte, war der Turm rund um die Uhr mit einem Wachposten besetzt. Er war also kein üblicher Kirchturm. Den so genannten ›Turnern‹, die Wache hielten, war hier oben ein kleiner Wohnraum mit dem Nötigsten eingerichtet, ein kleiner Kachelofen sorgte im Winter für Wärme. Die Wachen waren erfolgreich, denn Kremnica ist nie vor fremden Truppen eingenommen worden. Im ›kleinen‹ Turm nebenan wird eine Sammlung von Kirchenglocken präsentiert – Kremnica war die Heimat einiger bedeutender Glockengießer.

Gold und Münzen

Zwei Stichworte sind im Zusammenhang mit Kremnica besonders wichtig:

Die Mitte Europas

Unweit von Kremnica, zwischen Kremnické Bane und dem Dorf Krahule, befindet sich auf dem Hügel Jánsky vrch die Markierung für die geografische Mitte Europas. Kurios ist, dass einige der ostmitteleuropäischen Länder meinen, sie verfügten über den ›wahren‹ Mittelpunkt Europas. Der slowakische liegt eben bei Kremnica.

Kremnica

Atlas: S. 232

Gold und das Prägen von Münzen. Eine Legende zur Stadtgründung erzählt, dass die Herren der nahe gelegenen Burg Šašov bei einer Jagd auf heutigem Stadtgebiet im Kropf eines der geschossenen Rebhühner Körnchen puren Goldes fanden und daraufhin mit dem Schürfen begannen. Tatsächlich gab es bedeutende Goldvorkommen in dieser Gegend, so dass König Karl Robert von Anjou der Siedlung 1328 Stadtrechte verlieh und sie zum Sitz der Bergbaukammer und der königlichen Münzstätte erkor, die sich bis dahin am Königshof befunden hatte.

Die **Münze (mincovňa) von Kremnica** gehört zu den ältesten in Europa und ist nachweislich seit 1329 ununterbrochen in Betrieb, worauf man zu Recht stolz ist. Seit 1994 untersteht sie der Slowakischen Nationalbank und erfreut sich guter Nachfrage auch zur Herstellung ausländischer Münzen und Medaillen. Kurze Zeit nach der Gründung begann man, den berühmt gewordenen ›Kremnitzer Golddukaten‹ mit der Anjou-Lilie zu prägen. Eine vergoldete Nachbildung desselben kann man seit ein paar Jahren erwerben, und das Besondere daran ist, dass sie auf dem Stadtgebiet als Zahlungsmittel anerkannt ist. Neben der Münzstätte am Štefánikovo nám. 11 gibt es eine Verkaufsstelle, die nicht nur Numismatiker erfreut. Sie bietet eine reiche Auswahl an Münzen, die bis ins Habsburger Reich zurückreicht.

Schräg gegenüber, an der kurzen Seite des Platzes, befindet sich das **Münzenmuseum** (Múzeum mincí a medailí, Hausnr. 19). Es dokumentiert Stadtgeschichte und Bergbau, ist in erster Linie aber auf die Münz- und Medaillenproduktion Kremnicas sowie der gesamten Slowakei spezialisiert und zeigt hier sehr schöne Exponate (Okt.–April, Di–Sa 8.30–13, 13.45–16.30 Uhr, Mai–Sept. Di–So 9–13, 13.45–17 Uhr).

Informačné centrum: Nám. M. R. Štefánika 35/44, 96701 Kremnica, Tel./Fax 045/674 28 56, infokca@bb.telecom.sk. Vermittlung guter Privatunterkünfte.

Soler Penzión: ul. Angyalova 433/63, Tel. 045/674 43 35. Gemütliche kleine Pension, 20–25 €.
Hotel Centrál: Dolná 40, Tel. 045/674 42 10, Fax 045/674 42 14. Modernes kleines Stadthotel in der Fußgängerzone unweit des Unteren Stadttors, 25 €.
Penzión Štefanov dvor: ul. J. Horvátha 911, Tel./Fax 045/674 40 97, stefanshof@hotmail.com. Restauriertes Anwesen im Stadtteil Lúčky, Aufenthaltsraum mit Kachelofen, kleines Restaurant mit Jagdspezialitäten, 30 €.
Hotel Golfer: J. Horvátha 910/50, Tel. 045/674 37 67, Fax 045/674 37 88, www.golfer.sk. Neues Haus in slowakischem Landhausstil, außerhalb der Stadt im Grünen, gutes Restaurant, Sommerterrasse, Pool, Sauna und virtuelles Golf, 38 €.

Camping
Caravan Camp: Dolná ulica, Tel. 045/674 33 03.

Gotická pivnica: Štefánikovo nám. 30, Tel. 045/674 20 77. Schmackhafte Speisen in gotischem Kellergewölbe, 4–6 €.

 Gute **Zug- und Busverbindungen** aus allen Richtungen: Žilina, Banská Bystrica und Žiar nad Hronom.

Bergbaustädte

Banská Štiavnica

Atlas: S. 238, C2

Banská Štiavnica rühmt sich, die älteste der traditionsreichen mittelslowakischen Bergbaustädte zu sein (1238 erhielt sie das Stadtrecht), und weil hier auch wichtige bergbauliche Institutionen wie die 1764 gegründete erste Bergbauakademie Europas und das Bergmannsgericht zuhause waren, war sie auch die bedeutendste. Banská Štiavnica wird auch gern als ›Stadt der Gelehrten‹ bezeichnet, so lebte und lehrte hier Andrej Kmeť, Botaniker und Begründer der Slowakischen Gelehrten Gesellschaft im 19. Jh. In den letzten Jahren des 20. Jh. ist Štiavnica wie der mythologische Phoenix zwar nicht aus der Asche, doch aus jahrzehntelanger Verwahrlosung neu erstanden. Die gesamte Innenstadt ebenso wie die Bergmannsgruben im Umland wurden 1993 in die Liste des Weltkulturerbes

Blick auf das Alte Schloss

der Unesco aufgenommen, seither ist emsig und mit großem Erfolg restauriert worden.

Rund ums Rathaus

Das Stadtgebiet ist über mehrere Hügel verstreut, so gibt es kein kompaktes Zentrum, und es konnte auch keine zusammenhängende Befestigung entstehen. Einen gewissen Mittelpunkt bildet der Platz rund ums **Rathaus**, das man durch die Hauptverkehrsader der Altstadt, die ulica A. Kmeťa, erreicht. Es steht direkt an einer Straßenkreuzung und man erkennt es an seinem Uhrenturm in der Straßengabelung. Es ist eher schlicht, die verspielte Turmspitze verrät es jedoch als einen Bau des ausgehenden Barock.

Neben dem Rathaus steht die katholische **Katharinenkirche.** Man nennt sie auch ›Slowakische Kirche‹, da man hier 1658, in der Zeit, als sie von den Protestanten genutzt wurde (1580–1672), auf Slowakisch zu predigen begann. Der einschiffige Kirchenraum mit niedrigen Seitenkapellen entstand in der Spätgotik (1488–91) und wurde 1691 umgebaut, die Kapelle des hl. Jan Nepomuk wurde 1776 an das Presbyterium angebaut. Ende des 19. Jh. versuchte man die barocke Phase wieder zu tilgen. Dennoch blieb der Altar von 1727 bestehen, dessen Ölgemälde die Verlobung der hl. Katharina zeigt – sie ist Schutzpatronin der Bergleute. Eine ursprünglich gotische Arbeit ist die überlebensgroße Muttergottes von 1506, sie war Teil des früheren Hauptaltars und wird zu den ›schönen Madonnen‹ gezählt.

Hinter der Katharinenkirche erblickt man auf dem ansteigenden **Platz der Hl. Dreifaltigkeit** (Nám. sv. Trojice) die Säulengruppe gleichen Namens. Es ist ein barocker Triumph von Dionysius Stanetti über die Pest. Ausgeführt hat ihn Karl Holzknecht, einer der angesehenen Steinbildhauer seiner Zeit, in den Jahren 1759–67.

Institutionen des Bergbaus

Da sich in Banská Štiavnica so gut wie alles um den Bergbau drehte, ist es nicht verwunderlich, dass etliche Gebäude im Zentrum von dessen Institutionen genutzt wurden. Am Nám. sv. Trojice Nr. 6 ist das Hallenbach-Haus, das ehemalige Bergmannsgericht, öffentlich zugänglich. Es ist heute eine Außenstelle des **Slowakischen Bergbaumuseums** (Slovenské banské múzeum) und zeigt dessen reiche Mineraliensammlung. Banská Štiavnica hat auch den Beinamen ›Mineralien-Mekka‹ – in den hiesigen Bergen, das größte Vulkan-Gebiet der Westkarpaten, kommen alle Phasen vulkanischen Gesteins vor, und es sind gut 150 Mineraliensorten bekannt. Im rückwärtigen Trakt ist der Eingang in den 76 m langen, seit dem Mittelalter bestehenden **Michaelsstollen** erhalten.

In den drei folgenden Gebäuden (Jonas-, Richter- und Bosányi-Haus) ist die **städtische Galerie** (Galéria Jozefa Kollára) untergebracht, die einen Querschnitt der Kunst von der Gotik bis zum 20. Jh. zeigt. An den Außenwänden sind Reste von Sgraffiti erhalten, doch die deutschen Aufschriften sind nicht nur wegen der fortgeschrittenen Ver-

Bergbaustädte

GOLD, SILBER, KUPFER – DER RUHM DES SLOWAKISCHEN BERGBAUS

›Goldene‹, ›Silberne‹ und ›Kupferne‹ sind die Beinamen von Kremnica, Banská Štiavnica und Banská Bystrica, den Königinnen unter den slowakischen Bergbaustädten. Denn der Abbau von Erzen und die Herstellung verschiedener Metalle gehören ganz wesentlich zur Slowakei – *baňa* bedeutet ›Bergwerk‹ und taucht in weiteren Städtenamen auf. Die wichtigsten Reviere befanden sich in der Mittelslowakei rund um die genannten Städte, aber auch in der südlichen Zips (z. B. Spišská Nova Ves, Gelnica, Krompachy) sowie südlich davon im ehemaligen Komitat Gemer rund um Rožňava in der Umgebung von Košice.

Die ersten Berichte (745) über den Bergbau im mittelalterlichen Mitteleuropa stammen u. a. aus Banská Štiavnica. Einen rasanten Aufschwung erlebte er im Spätmittelalter durch den Zuzug deutscher Siedler, die neue Techniken und viele Kenntnisse mitbrachten. Eine entscheidende Rolle spielte bis zum Ende des Feudalismus die Förderung von Nichteisenmetallen. Jahrhundertelang gehörte das Gebiet der Slowakei zu den bedeutenden Erzeugern von Gold und Silber in Europa. In Kremnica befanden sich bereits 1331 mehrere Hütten zur Goldgewinnung, die meisten gab es im 15. Jh., im 18. Jh. war die Tendenz wieder rückläufig. Jährliche Spitzenerträge an Gold sind deshalb auch im 15. Jh. zu finden, 800–1000 kg. Die Silbermengen lagen viel höher, hier steigerte man sich von einem Jahresdurchschnitt von 1300 kg (12. Jh.) auf bis zu 14 000 kg im 18. Jh. Aber auch die Herstellung von Eisen, die in großem Umfang betrieben wurde, und in geringerem Umfang auch die von Quecksilber, Zink und Antimon, war jahrhundertelang bedeutend.

Obwohl nicht zu den Edelmetallen zählend, gelangte gerade die Kupfergewinnung aus dem Gebiet um Banská Bystrica und später der Zips zu Weltgeltung. Bereits Ende des 13. Jh. wurde Kupfer von hier nach Venedig und Norddeutschland exportiert, im 16. Jh. gelangte ›slowakisches‹ Kupfer nach ganz Europa und Übersee sowie bis nach Indien und China. Ende des 14. Jh. produzierte man etwa 100 000–125 000 kg reinen Kupfers und führte 400 000–500 000 kg Rohkupfer aus. Einen großen Aufschwung bewirkte die Thurzo-Fugger-Gesellschaft, ihr Unternehmen wurde zum seinerzeit größten und modernsten der Welt. Die von ihr eingeführte Methode zur Herstellung reinen Kupfers wurde bis in die 80er Jahre des 19. Jh. angewendet, als man sie durch die Elektrolyse ersetzte.

Ähnlich wie bei den Edelmetallen flossen die Gewinne aus dem Kupferverkauf meist außer Landes. Die Mittel der einheimischen Bergwerksbesitzer reichten für die steigenden finanziellen Aufwendungen auch dann nicht aus, wenn sie sich zu Gesellschaften zusammenschlossen. Schon im 14. Jh. beherrschten Banken aus Florenz – an der Spitze die der Medici – durch die Kredite den Großteil der Pro-

Bergbau in der Slowakei

duktion, dann bemächtigte sich ihrer im Revier Banská Bystrica die Thurzo-Fugger-Gesellschaft und nach 1546 der Staatshaushalt. 1680 wurde die Ausfuhr von Kupfer zum Staatsmonopol erklärt. Es wurde üblich, dass die Habsburger die Stätten ihrer Kupferproduktion auf bestimmte Zeit verpfändeten, um Löcher in der Staatskasse zu stopfen. Bei all dieser Finanzknappheit konnte es nicht ausbleiben, dass auch die Bergleute nicht mehr mitmachten, weil sie mit ihren niedrigen Löhnen und schlechten Arbeitsbedingungen unzufrieden waren. Vom 17. bis zum 19. Jh. kam es immer wieder zu Aufständen und Streiks, die den Charakter von Klassenkämpfen hatten.

Eine wichtige Institution, die Bergmann-Know-how versammelte und durch ihre Absolventen wieder von hier aussandte, war die Bergbauakademie. Sie wurde durch einen Beschluss Kaiserin Maria Theresias 1762 begründet. Sie soll die erste höhere Fachschule ihrer Art in Europa gewesen sein und bestand bis 1919. Es wurden u. a. Fächer wie Metallurgie, Chemie, Mechanik und Hydraulik unterrichtet und ihre Professoren und Dozenten machten sich im Lauf ihres Bestehens um einige Erfindungen von Weltrang verdient.

Durch die allmähliche Erschöpfung der Lagerstätten und die Konkurrenz durch andere Produktionsstätten in der Welt, die die Preise drückten, verringerte sich die Produktion von Gold, Silber und Kupfer in der Slowakei drastisch. Zu Beginn des 20. Jh. war beispielsweise die Produktion von Gold nur noch marginal (89 kg).

Zunftzeichen der Bergleute am Fritz-Haus in Banská Štiavnica

Bergbaustädte

Atlas: S. 238

Atlas: S. 238

Banská Štiavnica

witterung kaum zu entschlüsseln – wer beherrscht schon das Deutsch der Renaissance? (Nám. sv. Trojice 8, Mai–Sept. Mo–So 8–17 Uhr, Okt.–April Mo–Fr 8–15 Uhr)

Am unteren Ende des Platzes, an der Ecke zur ulica A. Kmeťa, fällt noch das kräftig ockergelbe Eckhaus mit dekorativen Friesmalereien im Stil der Neorenaissance auf. In den Lorbeerkränzen sind die Abzeichen der Bergmannszunft zu sehen. Das **Fritz-Haus** (Fritzov dom) war der standesgemäße Sitz des Direktoriums der Bergbauakademie, die bis 1919 bestand. Heute wird es folgerichtig als Staatsarchiv des Slowakischen Bergbaus genutzt.

Geht man die ulica A. Kmeťa abwärts und biegt an der Gabelung in die rechte Straße ab, erreicht man in der Kammerhofská den **Kammerhof** (Komorský dvor), eine Zweigstelle des Bergbaumuseums. Unter einem Bogen der Renaissanceloggia im Innenhof ist der Verlauf des Štiavnicer Meridians ins Mauerwerk eingeritzt. Das restaurierte Gebäude mit Ausstellungen zur Bergmannsausbildung und -kunst ist einen Besuch wert, es zeigt auch die Repräsentationsräume der ehemaligen Kammergrafen (Kammerhofská ul. 2, Mai–Sept. Mo–So 8–17 Uhr, Okt.–April Mo–Fr 8–15 Uhr).

Altes und Neues Schloss, Kalvarienberg

Auf der Terrasse eines Hügels im Westen liegt das **Alte Schloss** (Starý Zá-

Auf dem Kalvarienberg von Banská Štiavnica

mok). Der Bau geht auf eine romanische Basilika aus dem 13. Jh. zurück, die der hl. Jungfrau geweiht war. Nach einer gotischen Phase folgte im 16. Jh. wegen der Türkengefahr der Umbau in eine Festung, ein dreigeschossiges Gebäude mit einem zentralen Innenhof entstand. Das Schloss dient seit langem als Museum, es zeigt neben sakraler Kunst eine Sammlung von Pfeifen, für die Banská Štiavnica bekannt ist, sowie eine archäologische Ausstellung über die allerersten Anfänge des Bergbaus (Starozámocká 11, Mai–Sept. Mo–So 8–17 Uhr, Okt.–April Mo–Fr 8–15 Uhr).

Das **Neue Schloss** (Nový Zámok) im Süden, eins der Wahrzeichen von Banská Štiavnica, ist ebenfalls eine Festung und wurde im Stil der Renaissance zur Bewachung der Stadt erbaut (1564–71). Es ist ein massiver Turm mit vier runden Eckbasteien. Es birgt heute ein Museum, dessen Ausstellungsräume wieder einmal der Abwehr gegen die türkischen Eindringlinge gewidmet sind. Von hier hat man eine schöne Aussicht auf den Stadtkern, aber auch ins Land (Novozámocká 22, Tel. 045/691 15 43, Mai–Sept. Mo–So 8–17 Uhr, Okt.–April Mo–Fr 8–15 Uhr).

Unweit des Neuen Schlosses und auf dem Weg zu den ehemaligen Gruben befindet sich der **Klopfturm** (Klopačka) von 1681. Durch einen Klopfmechanismus rief er die Bergleute zur Schicht. Er ist Teil des Bergbaumuseums und in seinen Räumen wird aufschlussreich die Entwicklung des Bergbaus vom 16. Jh. bis in die Gegenwart dokumentiert (Sládkovičova 21, Tel. 045/691 67 05, Mai–Sept. Mo–

Bergbaustädte

So 8–17 Uhr, Okt.–April Mo–Fr 8–15 Uhr).

Auf dem Gipfel des ›Scharfenbergs‹ steht der bedeutendste **Kalvarienberg** (1744–51) der Slowakei. Auf die untere Kirche mit ovalem Grundriss folgen die *sacri gradi,* die heiligen Stufen, in rautenförmiger Anordnung und von Bäumen überschattet. Eine Zwischenstation bildet die Kapelle Ecce homo, die obere Kirche symbolisiert dann den geistlich-himmlischen Triumph. Leider sind die barocken Fresken eines großen Engelskonzerts, das die Dreifaltigkeit preist, nicht erhalten geblieben.

Bergbau-Freilichtmuseum

Eine eindrucksvolle, weil praxisnahe Anschauung vom Erzabbau bietet das ober- und unterirdische **Bergbau-Freilichtmuseum** (Banské múzeum v prírode skanzen) vor den Toren der Stadt (an der Straße 524 Richtung Levice). Das Areal des **Andreasschachts** aus dem 17. Jh. begann man bereits 1965 zu Museumszwecken herzurichten. Auf dem Gelände befindet sich u. a. der hölzerne **Sophienförderturm** aus Banská Belá, in den anderen Gebäuden gibt es ein typisches Bergmannszimmer sowie eine Schmiedewerkstatt zu besichtigen. Mit 433 m gehört der Andreasschacht zu den tiefsten Anlagen im Revier. Seine zwei oberen Läufe – Bartholomäus und Johannes – sind auf einer Strecke von 1,2 km zugänglich, sie verlaufen 33 bzw. 45 m unter der Erdoberfläche (ul. J. K. Hella 12, Tel. 045/691 29 71, Mai–Sept. Mo–So 8–17 Uhr, Okt.–April Mo–Fr 8–15 Uhr).

Mestská turistická informačná kancelária: Radničné nám. 1, 96901 Banská Štiavnica, Tel. 045/692 13 60, Fax 045/691 18 59, tik.bs@spark.sk, Mai–Sept. Mo–So 8–18 Uhr, Okt.–April Mo–Fr 8–16 Uhr, Sa 8–14 Uhr.

Kastell Svätý Anton

An der Stelle einer kleinen Burg entstand in Svätý Anton (Atlas: S. 238, C2) schrittweise eine vierflügelige Anlage, die 1750 in spätbarock-klassizistischem Stil vollendet wurde. Ab 1829 waren Mitglieder des deutschen Adelsgeschlechts von Sachsen-Coburg-Gotha hier die Hausherren. 1887 wird Ferdinand, ein Spross dieser Familie, zum Fürsten von Bulgarien gewählt, 1908 krönte man ihn dort zum Zaren, und er herrschte bis 1918. Danach hielt er sich u. a. in dem reizenden Jagdschlösschen Anton auf. Er liebte die Botanik, und so ist unter den kostbaren Ausstattungsgegenständen ein kurioses Tischchen mit Zeichnungen von Ferdinand I. zu finden. Auf einer Platte verewigte er einzelne Pflanzen minutiös und mit exakter Angabe von Datum und Fundort. Die Schlosskapelle zeigt üppige barocke Fresken von Anton Schmidt, ansonsten ist an den Wandbehängen und Bildern die Jagdleidenschaft der Eigentümer abzulesen (Tel. 045/691 39 32, Mai–Sept. Di–So 8.30–16.30 Uhr, Okt.–April Di–So 8–16 Uhr).

Banská Štiavnica

Atlas: S. 238

 Penzión Tvorivé zariadenie SFVU: Novo-zámocká 16, Tel. 045/691 19 45. Einfache Touristenherberge, einem Hochschulinstitut angeschlossen (ca. 9 €/ Person).
Penzión Tomino: Akademická 9, Tel. 045/692 13 07, 20–25 €. Schlichte, gute Pension.
Penzión Steingrube: Akademická 13, Tel. 045/691 25 09, 20–25 €. Schlichte, gute Pension.
Hotel Salamander: Palárikova 1, Tel. 045/691 39 92, Fax 045/692 12 62. Neues Standardhotel, 30–35 €.
Hotel Grand Matej: Kammerhofská 3, Tel. 045/692 12 13, Fax 045/692 12 94, kanik@spark.sk. Altes Stadthotel mit z. T. neu ausgestatteten, geräumigen Zimmern; erstes Haus am Platz, gutes Restaurant, 33–38 €.

 Matej: Akademická 4, Tel. 045/691 20 51. Gute Hausmannskost, 4–6 €.
Banský dom: Radničné nám. 12, Tel. 045/692 12 58. Neues, gutes Restaurant, 6–10 €.
Hubert: Strieborná 4, Tel. 045/691 35 22. Verstecktes kleines Lokal, manchmal ist abgeschlossen, dann muss man klopfen, um eingelassen zu werden; gute Küche mit Jagdspezialitäten, 6–10 €.

 Kein Bahnanschluss, die häufigsten **Busverbindungen** bestehen mit Žiar nad Hronom, wo man mit dem Zug ankommt. Man kann auch direkt ab Bratislava mit dem Bus fahren.

In der Umgebung von Banská Štiavnica

Vom Freilichtmuseum weiter in südlicher Richtung folgt auf Štiavnické Bane eine Abzweigung zum **Počúvadlianske jazero** (kurz: Počúvadlo), einem der hübschesten Teiche *(tajchy)* nebst gleichnamiger Siedlung des Bergbaureviers, der nun der Freizeit und Erholung dient. Gut 30 dieser Wasserreservoirs gibt es, das älteste ist die Veľká Vodárenská nádrž, vor 1510 angelegt, zu den größten zählen Rožgrund und Počúvadlo. Von hier kann man zum **Sitno** (1009 m), dem höchsten Gipfel des Naturschutzgebiets Štiavnické vrchy, aufsteigen. Der Sitno ist ähnlich wie der Kriváň in der Tatra (s. S. 138) ein Berg mit national-mythischer Bedeutung. In Andrej Sládkovičs ›Marína‹ (s. S. 38) z. B. wird er mehrfach apostrophiert und zum Himmel der Slowaken stilisiert. Die Landschaft ist sehr malerisch, die sanften Kurven des Straßenverlaufs säumen zum Teil Laubbäume, hinter denen Bäche oder Teiche durchschimmern. Geht es auf die abgerundeten Kuppen, eröffnen sich Ausblicke auf weitere bewaldete Hügel und Kuhlen, in denen wiederum Wasser glitzern kann.

 Penzión Omad: 96981 Štiavnické Bane, Jazero Počúvadlo, Tel./Fax 045/699 41 33. Pension mit neuem Anbau.
Hotel Topky: 96981 Štiavnické Bane, Jazero Počúvadlo, Tel. 045/699 41 15, Fax 045/699 41 07. Kleines Komforthotel direkt am See und mit eigenem Zugang, gutes Restaurant.

Camping
Autocamping Počúvadlo: Am See (im Ort ausgeschildert), Tel. 045/699 41 12.

In 96972 Svätý Anton
Penzión Antolský mlyn: Tel. 045/692 10 11. Sympathische kleine Pension an der alten Mühle.

Die Ost-
slowakei

Bauernhaus im
Freilichtmuseum
von Svidník

Slowakei-Atlas S. 234

ZIPS UND SLOWAKISCHES PARADIES

Die historische Zips gilt als Schatzkammer der Gotik in der Slowakei. In ihrem nördlichen Teil reicht sie bis in die Pieninen hinein. Kežmarok ist hier ein erster Höhepunkt. Touristischer Mittelpunkt der Süd-Zips ist Levoča mit der benachbarten Zipser Burg und dem Zipser Kapitel. Und das Slowakische Paradies bildet deren Gegenstück in der Natur. Es ist ein Karstgebiet mit Schluchten und Abgründen, die mit Hilfe von ›Himmelsleitern‹ überwunden werden.

In den Pieninen

Stará Ľubovňa

Atlas: S. 234, B1

Die nördlichste Stadt der Zips ist Stará Ľubovňa. Als Grenzposten spielte die **Burg Ľubovňa** (Hrad Ľubovňa, 1302–08), malerisch auf einem Felsen über dem Poprad gelegen, immer wieder eine Rolle im polnisch-oberungarischen Kontakt. 1412 unterschrieb hier der Ungarn-König Sigismund mit dem polnischen Herrscher Wladislaw II. einen Friedensvertrag. Und zwischen 1655 und 1667 diente sie als Versteck für die polnischen Kronjuwelen, da die Schweden Polen besetzt hielten. Von den Ausstellungen im Burgmuseum ist vor allem jene hervorzuheben, die sich der Verpfändung der Zipser Städte an Polen widmet (Mai–Sept. Mo–So 9–17.30 Uhr, Okt.–April Mo–Sa 10–15 Uhr.)

Informačné centrum: Nám. sv. Mikuláša 12, 06401 Stará Ľubovňa, Tel. 052/432 17 13, Fax 052/432 30 33, 15. Juni–15. Sept. Mo–Fr 8–17 Uhr, Sa 10–14 Uhr, So 13–17 Uhr. In der übrigen Zeit Mo–Fr 8–15.30 Uhr. Hier auch Auskünfte über die Floßfahrten auf dem Dunajec.

Mit dem Floß zum Kloster

Stará Ľubovňa ist im Grunde das Zentrum für die westlich davon liegende Bergkette der Pieninen (Pieniny). Westlich der Stadt, kurz vor Hniezdne, zweigt eine Straße in jenes Tal ab, das hinter der Zipser Magura (Spišská Magura) liegt und deshalb **Zamagurie** (etwa ›hinter der Magura‹) genannt wird. Auch hier, im **Nationalpark Pieninen**, der in Polen seine Fortsetzung findet, gibt es wieder Möglichkeiten zu Wandern, Wintersport zu treiben oder einfach die Natur zu bewundern. Die größten Attraktionen dieses Tales sind jedoch das Kloster Červený Kláštor und eine Floßfahrt auf dem Dunajec, der hier über einige Kilometer die Grenze zu Polen bildet.

Die Gründung des Ordenssitzes **Červený Kláštor** am Durchbruch des Dunajec geht auf das Jahr 1319 zurück – es wurde ›Rotes Kloster‹ genannt, weil es aus Ziegeln bestand. Die Kartäuser waren seine ersten Bewohner. Anfang des 18. Jh. richtete man im Kloster eine für damalige Zeiten beachtenswerte Apotheke ein. Der Mönch Cyprián (1724–74) widmete sich intensiv der Heilpflanzenkunde – schönstes Zeugnis ist sein zwischen 1765 und 1771 angelegtes Herbarium mit den Pflanzen der umliegenden Bergwelt, heute im TANAP-Museum (s. S. 144) zu sehen. Das Kloster mit der gotischen St. Anton-Kirche dient nun als Museum (Mai–Sept. Mo–So 9–17 Uhr, Okt.–April Di–Sa 10–16 Uhr).

Ängstlichkeit ist fehl am Platz, wenn man zu einem der Goralen, einem Angehörigen einer Volksgruppe der polnischen Beskiden, ins Floß steigen will. Die Flöße bestehen aus schmalen, langen ›Schiffchen‹, die lediglich vorn und hinten miteinander verbunden werden und so das Floß bilden. Doch sollte man sich während der etwa 9 km langen Fahrt auf der **Dunajec** von Červený Kláštor bis Lesnica auf die herbschöne Landschaft konzentrieren. Manche Flößer begleiten die Fahrt mit Gesang, so dass auch in engen Flussschleifen mit hoch aufragenden Felsen für beruhigende Stimmung gesorgt ist.

An den Anlegestellen (ausgeschildert) werden im Sommer regelmäßig Feste im Freien mit Spießbraten und Kesselgulasch am offenen Feuer sowie Volksmusik veranstaltet (Flößer-Saison: 15. April–31. Okt., tgl. 8.30–18 Uhr).

Podolínec und Strážky

Atlas: S. 234, B1

Die am Poprad gelegene Gemeinde **Podolínec** gehört zu den ältesten Zipser Städten und weist alle Attribute auf, die für diese Orte charakteristisch sind. Neben der Pfarrkirche Maria Himmelfahrt mit einem wunderbaren Presbyterium, in dem die gotischen Malereien erhalten sind, steht ein Glockenturm aus der Renaissance. Am Hauptplatz befinden sich hübsche Handwerkerhäuser aus früheren Jahrhunderten, auch Teile der Stadtmauern mit Wehrtürmen sind erhalten und im Nordosten ragt gleich hinter der Befestigung die barocke Kirche der Piaristen mit ihren zwei Türmen in die Höhe. Daneben befindet sich das Kloster, mit seinen Eckürmen selbst einer Festung gleich. Das Städtchen steht unter Denkmalschutz.

Wenige Kilometer vor Kežmarok folgt nach Spišská Belá links an der Landstraße das reizende Renaissance-Schlösschen **Strážky,** an den typischen Zinnen der umgebenden weißen Mauer sofort zu erkennen. Bei schönem Wetter bietet der kleine Park die Möglichkeit für eine angenehme Ruhepause. Das Museum im Schloss zeigt neben zahlreichen antiken Einrichtungsgegenständen auch eine Ausstellung zur Geschichte der Porträtkunst vom 17. bis 19. Jh. Weitere Räume sind dem Schaffen des bedeutenden slowakischen Künstlers Ladislav Mednyansky (1852–1919) gewidmet (Slovenská Národná Galéria, Kaštieľ Strážky, Mai–Sept. Di–So 10–17 Uhr).

Kežmarok

Atlas: S. 234, A2

Dem Bezirksstädchen Kežmarok (dt. Käsmark, 17 000 Ew.) sieht man seine jahrhundertealte Geschichte und bedeutende Stellung unter den Zipser Städten nicht sofort an. Stadtrechte besitzt es seit 1269 und tüchtige deutsche Einwanderer ließen es zu einem wohlhabenden Gemeinwesen erblühen – im 17. Jh. verzeichnete man 21 Zünfte und über 263 Werkstätten. Besondere Bedeutung erlangten die Tuchmacher und Weber. Wie Levoča, mit dem Kežmarok um die Vorrangstellung in der Zips wetteiferte, weist es eine Reihe erhaltener historischer Gebäude auf, so dass die Altstadt schon 1950 unter Denkmalschutz gestellt wurde. Deshalb darf man mit dem Auto nur hineinfahren, um es möglichst schnell gebührenpflichtig abzustellen. Besonders reizvoll ist bei sonnigem, klaren Wetter das Tatra-Panorama hinter der Stadtsilhouette.

Selbstbewusster Mittelpunkt ist das freistehende **Rathaus,** das mit seinem flachen Dach und dem aufgesetzten Turm italienisch anmutet, obwohl aus der Zeit der Renaissance nur noch wenig vorhanden ist. An seinem unteren Ende geht der Hauptplatz in die Burgstraße (Hradná ulica) über. Auf der linken Seite ist eine Reihe **Bürgerhäuser** mit der für die Tatra-Gegend typischen abgesetzten Giebelfront, die eher einen dörflichen denn städtischen Eindruck macht, zu sehen. Ursprünglich diente die Fassade nur als Eingang zu einer weit nach hinten reichenden bebauten Parzelle, die weitere seitliche Zugänge hatte. Das Innere des Hauses 55 zeigt Beispiele für Zipser Wohnkultur (Juni–Sept. Di–So 9–17 Uhr, Okt.–Mai Di–Fr 8–16.30 Uhr, Tel. 052/452 29 06).

Das massive Bollwerk der **Stadtburg** trägt einen nahezu zierlichen Abschluss mit Renaissance-Zinnen, die für den Landstrich so typisch sind. Die ältesten Nachrichten über die Burg gehen auf das Jahr 1463 zurück. Die rückwärtige Burgmauer war zugleich Teil der Stadtmauer. Interessant ist, dass es gut ausgebaute Wehrtürme auch zur Stadtseite hin gibt. Dies hängt damit zusammen, dass die Familie Zápoľský mit den Bürgern Käsmarks im Streit lag. Die Feindschaft wurde von den ihnen nachfolgenden Thökölys weiter ›gepflegt‹. Zeitweise mussten die Käsmarker also die Thökölys als ihre Herren anerkennen.

Da Käsmark 1412 nicht zu den an den polnischen König verpfändeten Städten der Zips gehörte, konnte es sich ungehindert entfalten und eine Zeitlang die Rivalin Levoča überflügeln. 1720 gelang es den Bürgern, ihre Stadt von jeglicher Bevormundung freizukämpfen. Der letzte und wohl berühmteste der Burgherren, Imre Thököly, war der Anführer einer der großen Aufstände gegen die Habsburger und musste ins türkische Exil flüchten, wo er 1705 starb. Erst 1906 konnten seine sterblichen Überreste in die Heimatstadt überführt werden. Die Burg ist als Museum zur Geschichte der Stadt und des Tatra-Tourismus eingerichtet (Juni–Sept. Di–So 9–16 Uhr, Okt.–Mai Di–Fr 8–15 Uhr).

Von weitem ist der ungewöhnliche, massive, schlichte Turm mit Wehrgang

Atlas: S. 234

Kežmarok

Uneinnehmbar wirkt die massive Stadtburg von Kežmarok

der **Heilig-Kreuz-Kirche** *(kostol Sv. kríža)* zu sehen, der eigentlich gar nicht an ein Gotteshaus denken lässt. Die Kirche ist ein Zipser Hallendom und entstand 1444–98. Der Hauptaltar datiert von Beginn des 16. Jh., die Figuren der Passionsgeschichte werden Schnitzern aus dem Umkreis von Meister Paul aus Leutschau zugeschrieben. Besonders reizvoll ist der frei stehende Glockenturm im Stil der Zipser Renaissance (1591) mit reicher Sgraffito-Verzierung und dekorativer Attika. Auf dem Weg zurück Richtung Hauptplatz passiert man die klassizistische **Redoute** aus dem Jahr 1818, auch sie ist ein Ausdruck bürgerlichen Stolzes.

Artikularkirche und Neue evangelische Kirche

Die nebeneinander stehenden protestantischen Gotteshäuser könnten unterschiedlicher nicht sein. Während die hölzerne Artikularkirche ein kunsthistorisches Kleinod darstellt, ist die Neue evangelische Kirche ein erwähnenswertes Kuriosum.

Auf dem Grundriss in Form eines griechischen Kreuzes steht auf einem gemauerten Sockel die **Artikularkirche** (Artikulárny kostol), in ihrer heutigen Gestalt 1717 nach den Plänen von Georg Müttermann fertig gestellt. Die regionaltypischen Giebelfronten, der fehlende Turm und die kleinen Fenster weisen sie nicht unbedingt als Kirche aus. So schlicht sie von außen ist, so prächtig ist ihr Inneres. Üppige barocke Schnitzereien tragen mit reicher und farbenfroher Malerei auf hölzernen (!) Wänden und Emporen zu einem erhabenen Raumerlebnis bei. Über dem Eintretenden öffnet sich ein ›paradiesischer‹ Himmel: strahlend blau mit vielen duftigen Schäfchenwolken – was will man mehr? Die geschnitzten Glanzstücke, den Altar und die Kanzel, schuf Johannes Lerch im ersten Drittel des 18. Jh.

Vor dem Hintergrund des Tatra-Panoramas sieht die **Neue evangelische Kirche** (Nový evanjelický kostol) mit kräftig ziegelroten Mauern bizarr aus. Sie wurde 1898 im neobyzantinischen Stil errichtet. Der Überlieferung zufolge soll sie ursprünglich für Jerusalem geplant gewesen sein. In dieser Kirche steht auch der Sarkophag des heimgeholten Imre Thököly (Besichtigung beider Kirchen nur mit Führung, die auch auf Deutsch angeboten wird, Tel. 052/452 22 42, Mai–Okt. tgl. 9–12 und 14–17 Uhr, Nov.–April Di, Fr 10–12 Uhr und 14–16 Uhr).

Das dritte Gebäude am Platz ist das ehrwürdige **evangelische Lyzeum,** es zählte zu den bedeutenden Bildungsanstalten im alten Ungarn. Neben dem ursprünglichem Gymnasium wurden hier nach 1777 auch akademische Fakultäten für weiterführende Studien eingerichtet. Heute noch beherbergt das Gebäude eine bedeutende historische Schulbibliothek mit etwa 150 000 Bänden, darunter Inkunabeln und zahlreiche Druckwerke aus dem 16. Jh. (Mo–Fr 8–15 Uhr).

Kežmarská informačná agentúra: Hlavné nám. 46, 06001 Kežmarok, Tel./Fax 052/452 40 47, infokk@sinet.sk.

Penzión Regent: Starý trh 65, Tel. 052/452 42 58, Fax 052/452 42 48: Etwas versteckt liegende angenehme Pension mit gutem Restaurant, 25–30 €. **Hotel Club:** MUDr. Alexandra 24, Tel. 052/452 40 51, Fax 052/452 40 53, hotelclub@sinet.sk. Nettes Stadthotel in historischem Gebäude in der Nähe der Heilig-Kreuz-Kirche, Restaurant bietet Zipser Küche, 25–38 €.

U troch apoštolov: Hlavné nám. 9, Tel. 052/452 32 72, 4–6 €. Gepflegtes Restaurant mit gutem Service.
Tiffany: Hlavné nám. 40, kein Tel., 4–6 €. Einfaches kleines Lokal, im Sommer Gartenbetrieb.

Sehr schöner **Handwerkermarkt** im August. Die einzelnen Künste

---

Zipser Gotik: Spišský Štvrtok

Auf dem Weg von Kežmarok oder direkt von Poprad nach Levoča kommt man auf der E 50 an Spišský Štvrtok vorbei. Hier ist schon von der Landstraße aus die **Ladislaus-Kirche** mit der Zápoľský-Kapelle (Kaplnka Zápoľských) zu erkennen, die 1473 angebaut wurde. Die reich geschmückte, kostbare Grabkapelle der Adelsfamilie gehört zu den bedeutendsten gotischen Kunstwerken der Zips.

werden auch demonstriert; reiches Volkskultur-Programm.

Spišská Sobota

Atlas: S. 234, A2

Kaum vorstellbar, dass dieser Ort, heute ein Stadtteil von Poprad an der Straße nach Kežmarok, lange Zeit die reichste Stadt der Ober-Zips war. Nach dem Zuzug deutscher Siedler begann das einstige Georgenberg zu prosperieren und erhielt 1380 Marktrechte. Heute ist es eines der am besten erhaltenen mittelalterlichen Stadtensembles.

Die typischen **Bürgerhäuser** mit ihren hohen, schindelgedeckten Dächern umstehen auf schmalen Parzellen das Sobotské nám. Manche haben in den Jahrhunderten kaum Veränderungen erfahren, wie z. B. die Hausnummern 16 und 25, die sich ihr gotisches Aussehen seit der zweiten Hälfte des 15. Jh. bewahren konnten.

Die in den Hauptzügen gotische **St. Georgskirche** (Umbau um 1464) geht auf spätromanische Zeit zurück. Von den fünf herrlichen gotischen Altären werden der Georgs- und der Antonius-Altar (1503 und 1520) der Werkstatt von Meister Paul zugeschrieben. Ein zartgliedriger Georg mit melancholischem Blick, wie er für Paul typisch ist, sticht ein weiteres Mal auf einen blutüberströmten Drachen ein. Und der Einsiedler Antonius steht allein in seinem Schrein, mit Sorgenfalten auf der Stirn. Wie es für diese Region charakteristisch ist, steht neben der Kirche ein renaissancezeitlicher Glockenturm.

Levoča

Atlas: S. 234, B2

Die Kleinstadt Levoča (dt. Leutschau) mit etwa 14 000 Einwohnern ist unbestritten eine der schönsten Städte der Zips, und sie hatte auch lange die Vorrangstellung inne. Die Stadt scheint sich darauf einzurichten, von ihren kunsthistorischen Schätzen zu leben. Das Wichtigste findet sich am oder um den Hauptplatz konzentriert, der nach dem berühmtesten Künstler der Region Námestie Majstra Pavla (Meister-Paul-Platz) benannt ist.

Pfarrkirche St. Jakob

Für den Besuch der gotischen St. Jakobskirche muss eine Karte gelöst werden (Führungen auch auf Deutsch, Mai–Okt. Di–Sa 9–17 Uhr, So 14–17 Uhr, Mo 13–17 Uhr, Nov.–April Di–Sa 8–16 Uhr, jeweils zur vollen Stunde). Die Kirche gehört nicht nur zu den Highlights Levočas, sondern der gesamten Slowakei, nicht zuletzt wegen ihrer Innenausstattung. Den dreischiffigen Bau mit Kreuzgewölbe sowie die Kapelle des hl. Georg errichtete man bis zum Jahr 1400. Die südlichen und nördlichen Vorbauten entstanden etwas später, ebenso die Wandmalereien im Presbyterium und in den Kirchenschiffen (14.–17. Jh.). Der Turm ist neugotisch, da der ursprüngliche 1848 durch einen Brand zerstört wurde.

Und innerhalb der Mauern wieder ein Superlativ, diesmal bezogen auf den ganzen Erdball: Der **Hauptaltar des hl. Jakob d. Ä.** ist mit seiner Gesamthöhe von 18,62 m der höchste er-

Zips und Slowakisches Paradies

Atlas: S. 234

Hauptaltar des hl. Jakob

haltene gotische Altar der Welt. In den Jahren 1508–17 wurde er in der Werkstatt und unter Leitung des Holzschnitzers Meister Paul aus Leutschau angefertigt. Paul hat in diesem Gotteshaus vier weitere der insgesamt 15 Altäre, die zum größten Teil aus der Gotik stammen, geschaffen.

Der **Jakobsaltar** entstand 1508–10, von Meister Paul persönlich stammen die drei Hauptplastiken sowie die Predella. Von hier bis zu den filigranen Spitzen in schwindelnder Höhe verwirklicht er sein Konzept, das insgesamt den Aposteln gewidmet ist. Zentrale Figur bleibt jedoch die Gottesmutter mit Kind,

DIE WEISSE FRAU VON LEVOČA

Wer durch Levoča schlendert, begegnet ihr sozusagen auf Schritt und Tritt, nicht *in natura*, aber als eine Art Markenzeichen, das Gäste und Besucher anlocken soll. Oft kopiert und auf Postkarten (im Stadtmuseum ist das Original zu besichtigen) zu haben ist ihr Bildnis, wie sie in weißem Kleid an einer Tür stehend den Betrachter mit dem Finger zu sich winkt. Die Geschichte der weißen Frau aus Levoča erzählt im Grunde die uralte Geschichte um Liebe und Verrat. Und weil es über das Leben der realen Juliana Korponay-Géczy (um 1680–1714) einige Unklarheiten gab, konnte die Legendenbildung Raum greifen, gut genährt durch den historisch nicht immer korrekten und viel gelesenen Roman des ungarischen Schriftstellers Mór Jokai (1825–1907).

Die Stadt, eine treue Verbündete der aufständischen Gefolgsleute von Franz II. Rákóczy, war seit November 1709 von kaiserlichen Truppen umstellt. Doch Levoča war für eine Belagerung bestens gerüstet. Nach einigen erfolglosen Angriffen auf die Stadt zeigte die kaiserliche Heeresleitung Interesse an Friedensverhandlungen. Der Stadtrat erarbeitete eine 19 Punkte umfassende Liste mit Kapitulationsbedingungen, um der Stadt alle bisherigen Privilegien zu erhalten und materiellen Schaden abzuwenden. An den geheimen Verhandlungen war auch der Kurutzenanführer der Stadt, Stefan Andrássy, beteiligt, der schließlich in der Nacht des 13. Februar 1710 für General Löffelholtz die Tore der Stadt geöffnet haben soll.

Ob und wie die angesehene und verheiratete Adlige Juliana am Verrat Levočas beteiligt war, bleibt bis heute zweifelhaft. Der Legende nach soll sie während der Belagerung in ihrem Haus einen Ball ausgerichtet und dabei dem Stadthauptmann den Schlüssel zum Stadttor entwendet haben. Denn in dieser Version gehörte ihr Geliebter Andrássy der kaiserlichen Gegenseite an, und mit dem von ihr durchgeführten Einlass nach Levoča wäre ihre Tat als Liebesbeweis zu werten. In Wahrheit war die ›weiße Frau von Levoča‹ (*Levočská biela pani*) wohl nur eine Mittlerin zwischen den aufständischen und kaiserlichen Truppen. Einige Jahre nach dem Vorfall verkündete Juliana dem kaiserlichen General Ján Pálffy, dass sie Briefe besäße, in denen Franz II. Rákóczy zu einem neuerlichen Aufstand aufrufe. Ihre Behauptung könne sie jedoch nicht beweisen, da sie die erwähnten Briefe, die einige hochgestellte Persönlichkeiten kompromittieren würden, verbrannt habe. Wegen Ehrverletzung wurde sie von einigen der Honoratioren verklagt und das kaiserliche Gericht verurteilte sie daraufhin zum Tode. Am 25. Sept. 1714 wurde sie in Györ enthauptet. Zurück zur Legende: Nach dem Tod soll Julianas Geist – in Levoča wird sie abgekürzt Júlia genannt – in die Heimatstadt zurückgekehrt sein. Dort erblickten ihn dann immer wieder Einwohner, wie er traurig die Stadtmauern abschritt, in weißem Gewand, wie es sich für einen Geist gehört. Das Andenken an Juliana Korponay-Géczy wird im Sommer unter anderem durch Freilichtaufführungen am Stadtplatz wach gehalten.

Zips und Slowakisches Paradies

Atlas: S. 234

die mit ihren 2,47 m Höhe die Heiligen Jakob (2,32 m) und Johannes (2,30 m) neben sich überragt. Alle drei sind jeweils am Stück aus Lindenholz geschnitzt. In der ausgesprochen schönen Madonna erkennen die Fachleute das Vorbild des ›Lehrers‹ Veit Stoß und dessen Krakauer Marienaltar wieder. Einen Kontrast dazu bildet die Plastik des Kirchen- und Stadtpatrons. Mit der obligaten Muschel am Hut und dem Pilgerstab scheint er mit seinem rot glänzenden, ein wenig faltigen Gesicht wie aus dem Leben dorthin gestellt. Ein weiteres ausgezeichnetes Beispiel für den Realismus Meister Pauls ist sein ›Letztes Abendmahl‹ in der Predella, das ebenfalls schon vom Geist der Renaissance geprägt ist. Die Jünger sind in entspannter Haltung dargestellt, als befänden sie sich in einem Wirtshaus. Nur Petrus rechts neben Jesus und Judas mit dem umgehängten Geldsack scheinen die Worte des Heilands zu vernehmen: »Einer von euch wird mich verraten.« Dies ist der Moment, den Meister Paul in Vollendung festhält.

Eine weitere Arbeit Meister Pauls ist der schon deutlich von der Renaissance beeinflusste **Altar der vier hll. Johannes',** der auf das Jahr 1520 datiert wird. Die von der gesamten christlichen Kirche verehrten Johannes der Täufer und Johannes der Evangelist stehen als Vollplastiken im Schrein, die eher in der Ostkirche angebeteten Johannes der Almosengeber und Johannes-Goldmund sind auf den Seitenflügeln als Relief gestaltet. In der Predella ist wieder eine ausdrucksstarke Szenerie zur Grablege Christi zu sehen.

Der **Maria im Schnee-Altar** ist historisch bedeutend. In der Predella sind das Wappen der Stadt sowie der polnische Adler zu sehen. Man vermutet, dass der Altar aus Anlass des geheimen Zusammentreffens der königlichen Brüder Wladislaw und Albert – der eine herrschte über Ungarn, der andere über Polen – 1494 in Levoča gestiftet wurde. Er wird deshalb auch Altar der 13 Zipser Städte genannt.

Besondere Aufmerksamkeit verdient des weiteren der hölzerne Drachentöter **St. Georg** (um 1515) in der nach ihm benannten Kapelle, den höchstwahrscheinlich ebenfalls Meister Paul geschaffen hat. Die meisten der schönen Epitaphe an den Kirchenwänden sind Mitgliedern der Thurzos gewidmet, einer der bedeutendsten Adelsfamilien Levočas.

Am Meister-Paul-Platz

Hinter der Jakobskirche steht das verspielt wirkende **Rathaus** (1550–1615) mit seinen vielen Arkadenbögen an zwei Etagen, die es als einen Bau der Renaissance ausweisen. Die verzierten Dachgiebel im Neorenaissance-Stil stammen vom Ende des 19. Jh. Vom Vorgängergebäude aus gotischer Zeit ist nur das Portal erhalten, die Malereien auf der Südseite versinnbildlichen bürgerliche Tugenden. Der frei stehende Glockenturm ist barockisiert worden und erhielt sein endgültiges Aussehen 1824. Seit 1955 zeigt das Rathaus Exponate zur Geschichte der Stadt, da-

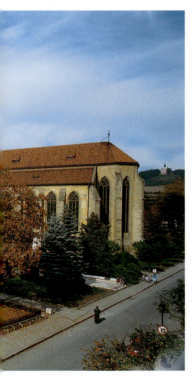

Rathaus und Kirche St. Jakob in Levoča

Zips und Slowakisches Paradies

her kann man es auch von innen besichtigen: das Vestibül mit seinen gotischen Gewölben und fragmentarischen, aber zauberhaften Fresken sowie den Sitzungssaal mit Kassettendecke und einem Luster aus Bergkristallen, das Geschenk einer ebenfalls selbstbewussten Stadt: Venedig (Mai–Okt. Di–So 9–17 Uhr, Nov.–April Di–So 8–16 Uhr).

Fast jedes der Adels- und Bürgerhäuser um den lang gestreckten, rechteckigen Meister-Paul-Platz (Nám. Majstra Pavla) wäre eine Erwähnung wert, doch sollen hier nur die wichtigsten genannt werden. Beginnen wir wieder am nördlichen Ende, wo sich an der Stelle des ehemaligen Marktplatzes ein kleiner Park befindet, von dem aus man auch sitzend die eine oder andere der schönen Fassaden auf sich wirken lassen kann. An der schmalen Nordseite des Platzes stehen nebeneinander das **kleine** (rechts) und das **große Komitatshaus**. Das Erstere erhielt seine jetzige Gestalt in der Renaissance und diente bis zur Errichtung des neuen, im Stil des Empire (1805–31) erbauten Gebäudes als Amtssitz des Zipser Gespans.

Auf der Ostseite des Platzes, immer noch nördlich, steht das beeindruckende **Thurzo-Haus** (Hausnr. 7). Die Fassade in Ochsenblutrot, die reichen Sgraffiti und die vielen wie Wimpel aufgesteckten Giebelzinnen treffen den Stil der italienischen Renaissance in einer eigenen, ostmitteleuropäischen Ausprägung. Tatsächlich entstand das Gebäude als Umbau zweier gotischer Häuser in der Renaissance, doch verdankt es sein Äußeres einer Neugestaltung von 1904. Ein Stück weiter südlich folgt das **Haus des Meisters Paul** (Dom Majstra Pavla, Hausnr. 20). Es ist weniger prächtig, das Entstehungsjahr 1520 dafür umso glaubwürdiger. Hier wohnte und arbeitete (auch im Hof) der berühmte Zipser Holzschnitzer und Altarkünstler, und man kann sich anhand zahlreicher Reproduktionen in die Glanzzeit seines Schaffens zurückversetzen (Mai–Okt. Di–So, 9–17 Uhr, Nov.–April Di–So 8–16 Uhr).

Am südlichen Ende auf der Westseite des Platzes steht ein zuletzt barock umgebautes Gebäude (Hausnr. 40) mit Empire-Fassade. 1752 brachte man hier das **evangelische Lyzeum** unter, das Levočas Ruf als wichtige Bildungsanstalt und ›Schmiede‹ der slowakisch-nationalen Elite des 19. Jh. befördern sollte. Zu den interessantesten Exponaten des heutigen **Museums** (Expozícia výtvarnej kultúry na Spiši) gehören Bücher und Drucke, die in Levoča im 17.–19. Jh. hergestellt wurden. Und auch hier ist das Gebäude selbst mit seinen schönen Wandmalereien schon einen Besuch wert (Mai–Okt. Di–So 9–12 und 12.30–17 Uhr, Nov.–April Di–So 8–12 und 12.30–16 Uhr, deutschsprachige Audiokassetten sind vorhanden).

Fast ganz im Norden an der Westseite kann man im **Hotel Satel** einen der typischen Innenhöfe der einst gotischen Häuserparzellen mit Pawlatschengang, Arkaden und hübschen schmiedeeisernen Gittern besichtigen. Im Atrium ist im Sommer ein Café eingerichtet, so dass man ihn in Ruhe auf sich wirken lassen kann.

Atlas: S. 234

Spišská Kapitula

Kultúrno-informačné centrum: Nám. Majstra Pavla 58, 05401 Levoča, Tel./Fax 053/451 37 63, tiklevoc@nextra.sk, 15. Mai–30. Sept. Mo–So 9–18, 1. Okt.–14. Mai Mo–Fr 8.30–16.30 Uhr.

Hotel FAIX: Probstnerova cesta 22, Tel. 053/451 23 35, Fax 053/451 35 54, 22–25 €. Außerhalb der Altstadt im Grünen, mit einfachen Zimmern.

Penzión Texon: Francisciho 45, Tel. 053/451 44 93, Mob. 0905-34 93 60. Neue, hübsche Pension, 25 €.

Penzión pri Košickej bráne: Košická 16, Tel. 053/451 28 79, Fax 053/451 27 69. Restauriertes Gebäude, 25–30 €.

Hotel Satel: Nám. Majstra Pavla 55, Tel. 053/451 29 43, Fax 053/451 44 86. Gutes Stadthotel, hübsch ist der Zugang zu den Hotelzimmern über den Pawlatschengang (s. S. 180), gutes Restaurant, 50–55 €.

Hotel Arkáda: Nám. Majstra Pavla 26, Tel. 053/451 23 72, Fax 053/451 22 55. Gutes Stadthotel, Fenster auch zum Innenhof, Zimmer auch im hinteren Anbau, Restaurant in altem Gewölbekeller, 50–55 €.

Camping
Autocamping Kováčova vila: Tel./Fax 053/451 27 05. Schöne Lage im Tal Levočská dolina, mit Chata-Siedlung und Restaurant.

Vináreň Biela pani: Nám. Majstra Pavla 36, Tel. 053/451 15 86, 4–6 €. Hübsche kleine Weinstube mit Speisenauswahl.

U troch apoštolov: Nám. Majstra Pavla 11, Tel. 053/451 43 52, 4–6 €. Gutes Standardrestaurant.

U Jozefa Janusa: Kláštorská 22, Tel. 053/451 45 92, 4–6 €. Gutes Standardrestaurant.

Vegetarián: Uhoľná 3, Tel. 451 45 76, 4–6 €. Kleiner vegetarischer Imbiss.

Spišský Salaš: In Spišské Podhradie, Levočská cesta 11 (an der Abzweigung der Landstraße aus Levoča in den Ort), Tel. 053/454 12 02, tgl. 9–20 Uhr, 6–8 €. Etwas außerhalb, aber als Spezialitätenlokal – z. B. üppige Schlachtplatten mit typischen Zipser Würsten, gute Brimsen-Nocken und Piroggen *(pirohy)* – mit stimmungsvollem Ambiente unbedingt zu empfehlen.

Mehrmals tgl. **Züge** von Spišská Nová Ves an der Eisenbahn-Hauptstrecke nach Levoča, Fahrtdauer etwa 15 Minuten.
Regelmäßige **Busverbindungen** von Poprad und Spišská Nová Ves.

Spišská Kapitula

Atlas: S. 234, B2

Die Stadtrechte verdankt Spišská Kapitula (Zipser Kapitel) seiner hier ansässigen kirchlichen Macht, durch die der Ort seit jeher geprägt wird. Seine Anfänge gehen auf ein befestigtes Kloster aus dem 11. Jh. zurück, das sich direkt an der *Via magna,* einer Handelsstraße nach Polen, befand. 1198 entstand eine Probstei, aus der sich bald ein Kapitel entwickelte. Wie seit jeher konzentriert sich der Ort auf seine geistliche Aufgabe, es scheint, als hätten ihn seine gut erhaltenen Mauern vor dem Zugriff der Zeit bewahrt. So gibt es außer der Kathedrale auch das Bischofspalais gegenüber dem Eingang zur Kathedrale, hinter dem Kirchengebäude am Platz das Priesterseminar und an der relativ kurzen Hauptstraße stehen etliche Kano-

181

Zips und Slowakisches Paradies

niker-Häuser, fast alle aus gotischer Zeit.

Die **St. Martins-Kathedrale** wurde 1245–75 im Stil einer dreischiffigen romanischen Basilika mit Westchor und zwei Türmen errichtet. Rund 100 Jahre später fügte man dem Bau die Kapelle Corpus Christi an, Ende des 15. Jh. arbeitete man sie zur Grabkapelle der Adelsfamilie Zápoľský um. Die Kapitelle der Säulen, die die Schiffe der Kathedrale tragen, sind mit Beerenfrüchten geschmückt. Eine der bedeutendsten Plastiken ist der ›Leo albus‹ aus dem zweiten Drittel des 13. Jh., auf slowakischem Boden sind diese Skulpturen sehr selten. Der Hauptaltar ist leider nur neogotisch. Viel wertvoller sind dafür drei Seitenaltäre, die die Anbetung der Drei Könige, den hl. Michael und den Tod der Jungfrau Maria zum Thema haben. Sie stammen aus der zweiten Hälfte des 15. Jh. Der Altar mit der Krönung Mariens in der Zápoľský-Kapelle datiert von 1499 und ist ebenfalls ein schönes Beispiel gotischer Altarkunst. Beachtenswert sind die Wandmalereien in der Kathedrale (um 1317), ungewöhnlich ein Teil ihrer weltlichen Motive: So wird etwa die Krö-

Atlas: S. 234

Spišský Podhradie

Eine der größten Festungsanlagen Mitteleuropas: die Zipser Burg

nung Karl Roberts von Anjou zum ungarischen König im Jahre 1310 dargestellt.

Spišský Podhradie

Atlas: S. 234, B2

Schon von Spišská Kapitula aus sieht man die **Zipser Burg** (Spišský hrad), die sich auf einem lang gezogenen Travertinfelsen (634 m hoch) über die Niederung und den ihr zu Füßen liegenden Ort Spišské Podhradie erhebt. Sie gehört zu den meist abgelichteten und dargestellten Motiven der Zips und kann mit ihrer Jahrhunderte zurückreichenden Geschichte und ihrem imposanten Mauerwerk (zum großen Teil ebenfalls aus Travertin) wohl als das ursprüngliche Machtzentrum dieser Region betrachtet werden. Zu erreichen ist sie über Spišské Podhradie, Hinweisschilder führen zum Parkplatz, von wo man den Weg auf den Burgfelsen zu Fuß zurücklegen muss.

Archäologische Forschungen konnten eine Besiedelung schon in der jüngeren Steinzeit nachweisen. Das früheste schriftliche Zeugnis gibt es aus dem Jahr 1209. Bis 1464 gehörte die Burg dem jeweiligen Herrscher über Ungarn, danach wechselten sich ungarische Adelsfamilien als Besitzer ab. Doch begann die Bedeutung der Burg mit dem Aufblühen der Zipser Städte im Mittelalter abzunehmen. Zur Zeit Thurzos wurde der Komitatssitz von der Burg nach Levoča verlegt, damit dezimierte sich auch der Besitzstand der Burg. Zur Burgherrschaft gehörten in der ersten Hälfte des 17. Jh. noch 31 Städte und Dörfer.

Im Lauf der Jahrhunderte wurde die Burg immer wieder erweitert, so dass sie sich nun über 4 ha Fläche erstreckt und zu den größten Burgkomplexen Mitteleuropas zählt. Entsprechend sind auch fast alle europäischen Stilepochen sind vertreten. Ende des 12. Jh. stand ein erster steinerner Wohnturm, Mitte des 13. Jh. baute man ein romanisches Herrenhaus mit zwei Stockwerken, den Palas. Die Befestigungsanlagen wurden durch zusätzliche Ringe erweitert. Nach starken Beschädigungen im 15. Jh. kam eine dritte Vorburg (der Zwinger) hinzu. 1470 entstand die spätgotische Burgkapelle auf romanischen Grundfesten. Die Zápoľskýs (1464–1528) ließen die Burg zu einem komfortablen Familiensitz ausbauen, die Thurzos richteten sie später an der herrschenden Stilrichtung der Renaissance aus.

Nach einem großen Brand 1780 begann sie zu verfallen. 1970 begann man mit einer umfassenden Restaurierung, seit 1983 ist das Burgareal wieder allgemein zugänglich und schon wegen der Aussicht einen Besuch wert. 1993 kam die Burg auf die Unesco-Liste des Weltkulturerbes. Im Sommer finden auf dem Burghang Ritterspiele und andere Spektakel statt (Tel. 053/444 13 36, Mai–Okt. Di–So 9–18 Uhr).

Die Umgebung der Zipser Burg

Eine schöne Gelegenheit, die Landschaft um die Burg zu genießen, bietet **Hodkovce.** Von Spišské Podhradie aus liegt der Ort hinter dem Felsenriff der Burg. In Hodkovce beginnt ein 1,4 km langer Lehrpfad und führt zum **Dreveník** (609 m), der größten Travertinformation der Slowakei, der die Form eines Tafelberges hat. Auf dem markierten Wanderweg werden dem Besucher an acht Stationen die Charakteristika des Travertingeländes erklärt. Es ist typisch für die Zips und von der Unesco als Biosphären-Reservat geschützt. Auf dem Weg zum Dreveník ist immer wieder ein schöner Blick auf die Zipser Burg möglich.

Die kleine **Hl.-Geist-Kirche** von **Žehra** mit dem markanten Zwiebelturm ist ein zunehmend beliebtes Ziel. Die Kirche wurde in der Frühgotik um 1270 aus Travertin gebaut und ist überreich an wertvollen Wandmalereien aus dem 13. bis 15. Jh. Das Vertrackte an den farbenfrohen und Wärme ausstrahlenden Fresken ist, dass sie oft in mehr als zwei Schichten übereinander aufgetragen sind. Wollte man eine tiefere Schicht ganz enthüllen, ginge die darüberliegende verloren. An den frühen Darstellungen christlicher Glaubensvorstellungen bezaubert zuweilen deren kindliche Naivität. So ist z. B. die Dreieinigkeit als überbreite Frau mit drei eng aneinander geschmiegten Köpfen wiedergegeben. An der Kirche steht in mehreren Sprachen, wo im Dorf man den Pfarrer bzw. seine Vertretung findet (Eintritt, deutschsprachige Erläuterungen vorhanden).

Spišská Nová Ves

Atlas: S. 234, B2/3
Am Ufer des Hornád am nördlichen Rand des Slowakischen Paradieses liegt Spišská Nová Ves (dt. Zipser Neudorf), mit etwa 40 000 Einwohnern eine lebhafte und geschäftige Bezirksstadt. Für die wirtschaftliche Entwicklung waren seit jeher – ebenso wie für das benachbarte Gelnica – die im Mittelalter erteilten Schürfrechte für die bedeutenden Eisen-, Kupfer- und Silbererze vor den Toren der Stadt wichtig. Ab 1778 befand sich in Spišská No-

Atlas: S. 234

Spišská Nová Ves

vá Ves die Verwaltung der Provinz der 16 Zipser Städte.

Im prächtigen, mit Rokokostukkatur und allegorischen Reliefs versehenen Provinzhaus ist heute das **Heimatmuseum** (Vlastivedné múzeum) untergebracht (Juni–Sept. Di–So 9–17 Uhr, Okt.–Mai Di–Fr 8–16.30 Uhr, Sa 9–13 Uhr, So 12–16 Uhr).

Den Mittelpunkt der Stadt bildet der **Rathausplatz** (Radničné námestie), ein typischer lang gestreckter Platz. Die Straßen an seinen Langseiten sind wahre Sonnen- und Schattenseiten: Da die Achse des Platzes in West-Ost-Richtung verläuft, sind die nördlichen Fassaden den ganzen Tag von der Sonne beschienen und stehen an der Letná (Sommerstraße), während sich die südlichen an der Zimná (Winterstraße) fast den ganzen Tag selbst beschatten. Tagsüber herrscht auf beiden Straßen buntes Treiben.

Erstaunlich sind immer wieder Blicke in die Hausdurchgänge: Zwar sind manche noch in bedauernswertem Zustand, doch überrascht ihre Tiefe, ein typisches Phänomen aller ostslowakischen Städte. Die in gotischer Zeit angelegten Häuserparzellen sollten für jedes Haus die Passage in den dahinter liegenden Straßenzug ermöglichen.

Auf dem Rathausplatz findet sich wiederum ein charakteristisches Gebäude-Ensemble. Der älteste Bau ist die katholische **Pfarrkirche Maria Himmelfahrt.** Sie stammt aus gotischer Zeit, die Wandmalereien mit Darstellungen der Evangelisten sind aus der Frührenaissance. Der mächtige Kirchturm soll mit 86 m der höchste der Slowakei sein. Und wie könnte es in der Zips anders sein, die Innenausstattung kann einige wertvolle Werke aus gotischer Zeit aufweisen. Da sind zum einen die gotischen Tafelmalereien in den Altären der Jungfrau Maria

Rokokoschloss Markušovce

Nur wenige Kilometer südöstlich von Spišská Nová Ves steht das hübsche Rokoko-Schlösschen Markušovce, das aus einer ehemaligen renaissancezeitlichen Festung mit vier markanten Ecktürmen entstanden war. Nach dem Umbau 1773 wurde daraus ein lieblich anmutendes Kastell, das die frühere Wehrhaftigkeit nur noch erahnen lässt, und nur die Kenntnis um den Vorgängerbau macht die kuriose Form mit Rokoko-Fassade verstehbar. Im Park ließ ein Nachfahre, Wolfgang Máriássy, das Lustschlösschen Dardanely errichten. Angeblich wollte er sich damit auf einen Besuch Kaiser Josephs II. vorbereiten. Als der nicht stattfand, wurden die Seitenflügel erst im 20. Jh. fertig gestellt. Beide Schlösser dienen als Museen, im Kastell gibt es herrschaftliche Möbel verschiedener Epochen zu sehen, im Lustschlösschen eine große Palette an historischen Tasteninstrumenten, von denen die meisten aus heimischer Produktion stammen (Tel. 053/982 12, Juni–Sept. Di–So 8–17 Uhr, Okt.–Mai Mo–Fr 8–16.30 Uhr).

Zips und Slowakisches Paradies

Atlas: S. 234

und des Vir dolorum, die Meister Martin um 1490 geschaffen hat. Meister Paul aus Levoča ist hier auch vertreten, und zwar mit einer anrührenden Kalvariengruppe aus den Jahren um 1520.

Gegenüber dem Provinzhaus steht das klassizistische **Rathaus** ebenfalls frei auf dem Platz. Ähnlich klar und selbstbewusst wirkt die im selben Stil erbaute **evangelische Kirche** (1790–96) etwas weiter westlich. Das jüngste der sehenswerten Bauwerke am Platz befindet sich am entgegengesetzten Ende der Parkanlage. Die **Redoute** aus den ersten Jahren des 20. Jh. scheint sich die Pariser Oper zum Vorbild genommen zu haben. Das für die Kleinstadt imposante Gebäude mit neuklassizistischen und sezessionistischen Stilelementen wird vom Zipser Theater genutzt und besitzt ein kleines Café, das tagsüber geöffnet ist.

Informačné centrum: Nám. M. R. Štefánika 10, 05201 Spišská Nová Ves, Tel./Fax 053/442 82 92, brantner@spisnet.sk.

Penzión Šefčík-Vitex: Levočská 66, 05301 Harichovce, Tel./Fax 053/4 49 62 83, vitex@bisnet.sk. Hübsche neue Familienpension etwas außerhalb, Richtung Levoča, 25–30 €.
Hotel Metropol: Nám. M. R. Štefánika 2, Tel. 053/442 22 41, Fax 053/442 36 28. Renoviertes modernes Stadthotel, 50–60 €.

Annehmbare Lokale mit guter Standardküche:
Slovenská kuchyňa: Letná 29, Tel. 053/442 53 33.
Fontána: Zimná 34, Tel. 053/442 60 05, 4–6 €.

Sonáta: Radničné nám. 4 (im Theatergebäude), Tel. 053/442 83 70, 6–10 €.

Slowakisches Paradies

Atlas: S. 234, A3
Das Slowakische Paradies (Slovenský raj) ist Teil des Gemerský kras, eines **Karstgebietes,** das weiter im Süden im Slovenský kras (s. S. 205) seine Fortsetzung findet. Es zeichnet sich durch die typischen abrupt abbrechenden Schneisen sowie schmale und steile Schluchten *(rokliny)* aus, die die Gebirgslandschaft durchschneiden. Die Assoziation zum Himmel ergibt sich im Slowakischen Paradies nicht allein aufgrund des Namens. Beim Wandern auf den zahlreichen markierten Wegen helfen Stege und Holzstiege, die an Himmelsleitern erinnern, kaskadenartig abfallendes Gelände zu überwinden. Nicht selten steigt man an einem der zahlreichen Wasserfälle entlang. Nach Trockenperioden können sie jedoch zu dünnen Rinnsalen versiegen. In den 1990er Jahren ist das Slowakische Paradies zum Nationalpark erklärt worden.

Von Spišská Nová Ves aus ist **Čingov,** Stadtteil des 3 km nordwestlich gelegenen Ortes **Smižany,** ein beliebter Ausgangspunkt für Ausflüge ins Slowakische Paradies. Čingov ist ganz auf Touristen und Ausflügler eingerichtet, neben Hotels stehen hier auch etliche ›chaty‹, die man mieten kann. Beliebt ist ein Rundwanderweg von ca. 6 Stunden Dauer, bei dem man bereits die Charakteristika der Landschaft kennen lernen kann.

Atlas: S. 234

Eishöhle Dobšiná

Bis zum **Thomas-Ausblick** *(Tomašovský výhľad)* führt der Weg entlang des Flusses Hornád, im ersten Abschnitt ist er als Naturlehrpfad eingerichtet. Von einer Terrasse über einem Steilabfall in 687 m Höhe hat man herrliche Rundumsicht bis zu den Gipfeln der Hohen Tatra. Kurz darauf erreicht man den **Canyon des Hornád-Durchbruchs.** Der Fluss schlängelt sich über mehrere Kilometer unter wildromantischen Felsformationen und eng am Weg entlang durch die Schlucht. Beim Seilsteg, der am Ausgang der Schlucht Kláštorská roklina angebracht ist, wendet man sich vom Hornád in südliche Richtung, um eben hier hinaufzusteigen – wichtig ist, der grünen (und nicht der gelben) Markierung zu folgen. Leitern und Seile helfen, die Wasserfälle in der steilen und kurzen Kluft zu überwinden.

In **Kláštorisko** sollte man sich Zeit für eine Besichtigung der mühevoll rekonstruierten Ruinen eines Kartäuserklosters nehmen, das hier um das Jahr 1305 auf einer Waldlichtung entstanden war. 1543 wurde es zerstört, nachdem die Mönche den Ort verlassen hatten. In unserer Zeit war es viele Jahre lang Forschungsstätte für Archäologen. Zahlreiche Freiwillige halfen mit, die Mauerreste so aufzubauen, dass man sich die Klosteranlage zumindest vorstellen kann. Über die Čertova sihoť gelangt man in die Nähe des Tomašovský výhľad wieder zum Hornád, und von hier geht es auf bekanntem Weg zurück nach Čingov.

 Die genannten Hotels befinden sich alle in 05311 Smižany, im Stadtteil Čingov, und bieten Verpflegungsmöglichkeit (Halb- oder Vollpension):
Hotel Flóra: Tel. 053/449 11 31, Fax 053/449 11 30. Einfach, aber neu eingerichtet und gut.
Hotel Čingov: Hradisko 1090, Tel./Fax 053/443 36 63. Am Hang, mit großem Park und schöner Aussicht.
Športhotel Relax: Hradisko, Tel. 053/443 30 81. Gute Touristenherberge.

Dedinky und Eishöhle Dobšiná

Atlas: S. 234, A3

Touristische Zentren im bzw. am Nationalpark Slowakisches Paradies sind Dedinky und Mlynky ca. 25 km südwestlich von Spišská Nová Ves. Dedinky liegt am **Stausee Palcmanská Maša,** so dass außer Wandern auch Wassersport und Fischfang möglich sind. Mountainbiker sind auf markierten Wegen ebenso willkommen wie Skilangläufer auf den zahlreichen Loipen im Winter.

Östlich des Stausees, hinter dem Ort Stratená, befindet sich die beeindruckende **Eishöhle Dobšiná** (Dobšinská ľadová jaskyňa), die größte der slowakischen Eishöhlen, mit sehr schönen gefrorenen Formationen. Man schätzt die hier im Berg liegenden Eismassen auf etwa 145 000 m^3. Der größte Raum darin – ›Veľká sieň‹ (Großer Saal) – misst 72 m in der Länge, die höchste Eissäule ist 9 m hoch. Vom Parkplatz ist die Höhle in 971 m Höhe in ca. 20 Min. zu erreichen (15. Mai–30. Juni und Sept. 9, 11, 12.30, 14 Uhr; Führungen Juli–Aug. 9–16 Uhr jeweils zur vollen Stunde).

Nordosten

DER NORDOSTEN UND KOŠICE

Etwas abgelegen, aber keineswegs uninteressant hat der Nordosten mit Bardejov ein städtebauliches Kleinod zu bieten, das sogar die Unesco würdigt. Und unterhalb des Dukla-Passes stehen die typischen karpatischen Holzkirchen zuhauf. Košice, die zweitgrößte slowakische Stadt, wartet mit einer intakten Altstadt auf. Im slowakischen Karst in der Umgebung von Košice kommen besonders Höhlenfreunde auf ihre Kosten.

Bardejov

Atlas: S. 234, C1

Der mittelalterliche Stadtkern der ca. 30 000 Einwohner zählenden Kleinstadt wurde schon in den 1980er Jahren in die Unesco-Liste des Weltkulturerbes aufgenommen. Hier gilt Fahrverbot.

Der rechteckige **Rathausplatz** (Radničné námestie) beeindruckt durch seine Homogenität, obwohl die Fassaden nicht alle aus denselben Jahrhunderten stammen. Die meisten Häuser sind jedoch im 14. bis 16. Jh. entstanden, als die Stadt nach der Ankunft deutscher Siedler im 13. Jh. ihre Blütezeit erlebte. Das deutsch geprägte Bartfeld wurde zu einem geschäftigen Zentrum von Handel und Handwerk und durfte sich seit 1376 zu den freien Königsstädten zählen. Äußerer Ausdruck damaligen Bürgerstolzes ist das gut erhaltene **Alte Rathaus** (Stará radnica), in dem sich spätgotische mit renaissancezeitlichen Elementen verbinden (Baubeginn war 1505). Bemerkenswert ist vor allem der reich verzierte Erker, der rund um die Fenster Wappen aus dem ungarischen Königreich, das Stadtwappen sowie die Monogramme von zwölf Ratsmitgliedern aus der Entstehungszeit des Rathauses trägt. Schon 1907 wurde es als Museum (Šarišské múzeum) eingerichtet. Im Innern gibt es außer kostbaren und zahlreichen Exponaten zu Geschichte und Kunst von Stadt und Umgebung auch schmucke architektonische Details zu bewundern: die Kassettendecke des Ratssaales, unterschiedlich gestaltete und bemalte steinerne Türstürze, Wandmalereien und Gewölbe (Mai–Sept. Di–So 9–12 und 12.30–18 Uhr, in der übrigen Zeit bis 16 Uhr).

Auch das **Ikonenmuseum** (Expozícia ikon Šarišského múzea) am südlichen Ende des Platzes ist einen Besuch wert. Ausgestellt wird hier vielfältige sakrale Kunst des östlichen Ritus aus der Zeit vom 14. bis zum 19. Jh. (Eingang über die Rhódyho ul. 1, Mai–

Bardejov

Sept. Di–So 9–12 und 12.30–18 Uhr, in der übrigen Zeit bis 16 Uhr).

Am nördlichen Ende des Platzes befindet sich die katholische **Pfarrkirche St. Ägidius,** die in ihrer dreischiffigen Gestalt im 15. Jh. entstand. Als Besonderheit ist hervorzuheben, dass außer dem Hauptaltar alle elf Flügelaltäre aus den Jahren 1460–1520 erhalten blieben und an ihrem ursprünglichen Platz stehen. Dem Bildersturm der zwischenzeitlich überwiegend protestantischen Stadt konnten sie durch einen Beschluss der Stadtväter entgehen. Die neogotische Ausfertigung des Hauptaltars (1883–88) zeigt in der Mitte den heiligen Bischof Ägidius. Ihm zur Rechten steht der hl. Stefan, links der hl. Ladislaus, beide ungarische Könige. Einen lieblichen Akzent setzen die frühbarocken Kirchenbänke mit ihrem reichen Schmuck von Akanthusranken und lässig ausgestreckten Miniaturlöwen. Die Kirche ist tagsüber zur Besichtigung geöffnet; es wird Eintritt verlangt, das Ticket weist jedoch den Aufdruck ›milodar‹ (mildtätige Gabe) auf (Mo–Fr 10–16, Sa 10–-14.30 Uhr, So zwischen den Gottesdiensten).

Turisticko informačné centrum: Radničné nám. 21, 08501 Bardejov, Tel./Fax 054/472 62 73, globbj@isternet.sk, 15. Sept.–15. Mai Mo–Fr 9–12 und 13–16.30 Uhr; 16. Mai–14. Sept. Mo–Fr 9–18 Uhr.

Das alte Rathaus in Bardejov

Nordosten

Atlas: S. 234

Penzión Semafór: Kellerova 13, Mob. 09 05-83 09 84. In Altstadtnähe, annehmbare Zimmer, 24 €.
Hotel Bellevue: Tel. 054/72 60 99, Fax 054/72 84 09. Unübersehbar auf einem Hügel über dem Stadtteil Mihaľov: Tennisplatz und Schwimmbad stehen ebenso zur Verfügung wie ein Restaurant, so dass man es dort und im nahen Erholungspark Mihaľov auch ohne Fahrten in die Stadt aushalten kann, 50–60 €.

Roland: Radničné nám. 12, Tel. 054/472 92 20. Kellerlokal mit Bar, in dem man auch handfeste Kost bekommt; im Sommer angenehmes Terrassencafé hinter dem Torgang im Haus darüber, 4–6 €.
U zlatej koruny: Radničné nám. 41, 054/Tel. 472 53 10: gutbürgerliches Restaurant, 6–8 €.
Maja Sendvič: Radničné nám. 15. Sandwich-Bar, wo einem flinke Hände ein Sandwich nach Wahl zusammenstellen.

Biely orol: ul. M. V. Miškovského 1. Nettes Café mit kleiner Speisekarte.
Oáza: Veterná ul. 1: Espresso-Bar und Eisdiele.

Bardejovské Kúpele

Atlas: S. 234, C1
Der Thermalkurort, früher deutsch Bad Bartfeld genannt, liegt nur wenige Kilometer nördlich von Bardejov. Die ältesten Nachrichten über die Heilkraft seiner mineralischen Quellen stammen aus dem Mittelalter. Besonders stolz ist man auf gekrönte Gäste wie den russischen Zaren Alexander I., die zweite Frau Kaiser Napoleons, Marie Luise, und die österreichische Kaiserin Elisabeth. Sie trugen zu dem Ruf bei, der Bardejovské Kúpele zu einem gern besuchten Kurort des alten Ungarn machte. Einige Bauten vom Beginn des 20. Jh. lassen den ehemaligen Pomp erahnen. Heute versucht man, den Gästen die Annehmlichkeiten eines modernen Kurbades zu bieten, was in einigen Häusern (die renovierten Trakte von František, Ozón und Astória) auch gelingt.

Das große Areal der für den Autoverkehr gesperrten **Kurzone** (großer gebührenpflichtiger Parkplatz) weist einen gepflegten alten Pflanzenbestand auf, schon ein Spaziergang lohnt also. An ihrem Rand befindet sich zudem ein **Freilichtmuseum** mit typischen Bauernhäusern und der hierher versetzten Holzkirche aus Mikulášová.

Kurverwaltung: Slovenské liečebné kúpele, 086 31 Bardejovské Kúpele, Tel. 054/477 42 45, Fax 472 35 49, www.kupele-bj.sk.

Hallen- und **Freibäder** gibt es im Ort selbst, in der näheren Umgebung gibt es Gelegenheiten zum **Wandern,** im Winter auch zum **Skifahren.**

Svidník und Umgebung

Atlas: S. 235, D1
Wer sich an einem Ausflugstag die Vielfalt der Holzkirchen der nordöstlichen Slowakei vornehmen möchte, dem seien diejenigen in der Umgebung von Svidník empfohlen, die charakteristisch für die Kultur der Ruthenen sind, die seit Jahrhunderten im Gebiet entlang der polnischen und ukrainischen Gren-

Atlas: S. 234 — Svidník und Umgebung

ze leben. In Svidník selbst ist daher auch das **Ruthenen-Museum** (Štátne múzeum ukrajinskorusínskej kultúry) interessant (Centrálna ul. 258, Di–Fr 8.30–16, Sa, So 10–16 Uhr). Die bäuerliche Wohn- und Alltagskultur der Ruthenen kann man anschaulich im dazu gehörigen **Freilichtmuseum** *(skanzen)* erleben. Hier ist auch eine der typischen Holzkirchen aus der Umgebung original wieder aufgebaut, und man kann sie besichtigen, ohne erst jemanden suchen zu müssen, der aufsperrt (von der Ausfallstraße Richtung Bardejov biegt man nach dem modernen Amphitheater links auf einen schmalen Weg den Hügel hinauf ab; Mai bis Sept. Di–Fr 8.30–18, Sa, So, 10–18 Uhr).

Mestské informačné centrum: Sovietskych hrdinov 38, 08901 Svidník, Tel. 054/75 22 18 93.

Rundfahrt zu griechisch-katholischen Holzkirchen

Rund um Svidník gibt es im Umkreis von ca. 20 km elf griechisch-katholische **Holzkirchen.** Für eine Entdeckungsreise zu einigen der hölzernen Gotteshäuser verlässt man Svidník auf der Hauptstraße in nördlicher Richtung. Es ist die E 371, man muss den Schildern Richtung Krajná Poľana folgen und wird unterwegs zwangsläufig an ein weiteres Thema dieser Landschaft erinnert: an das Ende des Zweiten Weltkriegs. Bald hinter Svidník stehen am rechten Straßenrand zwei ineinander verkeilte Panzer. An ihnen vorbei führt ein Weg ins ›Tal des Todes‹ (Dolina smrti), ein Hinweis auf die vielen Kriegsopfer dieses Landstrichs.

In **Ladomírova,** der ersten Gemeinde an der Strecke weiter entlang der E 371, steht die 1742 dem Erzengel Michael geweihte Holzkirche, die eine Ikonostase aus dem 18. Jh. birgt. Auf dem Friedhof nebenan finden sich interessante Holz- und Eisenkreuze.

Eine in Holz geschnitzte und bemalte Rokokopracht erwartet den Besucher im Innern der Kirche von **Krajné Čierno,** einige Kilometer weiter östlich. Im Ort muss man dem unauffälligen Holzschild ›Národná kultúrna pamiatka‹ folgen – etwa in der Ortsmitte nach links den Hügel hinauf. Den Schlüssel zur Kirche haben nicht die Bewohner des Hauses, auf deren Grundstück sie steht, sondern die des Hauses davor.

In **Hunkovce** ruhen auf einem deutschen Soldatenfriedhof mehr als 3000 Gefallene. Die hiesige Holzkirche vom Ende des 18. Jh. steht ein wenig versteckt gegenüber der gut sichtbaren neuen Kirche an der Hauptstraße. Die Innenausstattung fehlt, bemerkenswert sind die dreifach in die Länge gezogenen Zwiebeltürmchen, wobei das mittlere wiederum geteilt ist.

Weiter auf der Straße zum Dukla-Pass biegt man in **Nižný Komárnik** ab, die dortige Holzkirche thront mitten auf dem Friedhof auf einem Hügel über dem Dorf (steile Auffahrt!). Sie stellt einen Idealtypus des dreiteiligen bojkischen Kirchenbaus (s. S. 192) dar und wurde 1938 vom ukrainischen Architekten V. Sičynský entworfen. Der Stil der Zeit ist an der Fensterform abzulesen, ansonsten besticht das Gotteshaus durch seine selbstbewusst aus-

Nordosten

HOLZKIRCHEN DES ÖSTLICHEN RITUS

Holzkirchen sind ein typisches Phänomen der waldreichen Karpaten, in der Slowakei finden sie sich in der ganzen nördlichen Zone, besonders gehäuft aber im Nordosten zwischen dem Fluss Poprad und der ukrainischen Grenze. Sie wurden von allen Konfessionen errichtet und sind oft aufgrund der äußeren Form der jeweiligen Glaubensrichtung zuzuordnen. Die ältesten waren römisch-katholische Holzkirchen, deren Grundriss sich an der Gotik orientierte, ein Langhaus mit anschließendem Presbyterium. Die protestantischen Kirchen sind an der zentralen Kreuzungsachse (griechisches Kreuz) nach dem Vorbild der Renaissance zu erkennen. Seit 1968 stehen sie unter Denkmalschutz.

Die interessanteste und zahlreichste Gruppe bilden die Gotteshäuser nach östlichem Ritus, griechisch-katholische (s. S. 191) und orthodoxe. Sie sind architektonisch vom Barock beeinflusst. Mit wenigen Ausnahmen erhielten sie sich auf dem Land, wobei sie meist ein wenig abseits der Dörfer stehen – auf Anhöhen oder am Dorfrand. Selten wurden sie an zentraler Stelle im Dorf errichtet. Aufgrund seines hohen Harzgehalts wurde früher fast ausschließlich Lärchenholz verwendet, es ist am wetterbeständigsten. Später wurde es durch Fichten- oder auch Tannenholz ersetzt. Der hölzerne Aufbau ruht in vielen Fällen auf einem niedrigen Steinsockel, der u. a. dazu dient, Unebenheiten des Geländes auszugleichen. Die Balkenkonstruktion des Gebäudes ist rechtwinklig oder polygonal angeordnet. Es gibt unterschiedliche Konstruktionstechniken, wobei man Wert darauf legte, keine Nägel zu verwenden. Was bei protestantischen Artikularkirchen als zusätzliche Erschwernis von der Obrigkeit diktiert wurde, hatte hier religiöse Gründe. Da Christus ans Kreuz genagelt worden war, ersetzten Eichenholzkeile die Nägel. Für das Dach verwendete man prinzipiell Holzschindeln, die meistens verziert waren.

Die griechisch-katholischen Holzkirchen manifestieren die für diese Region typische Verschmelzung des westlichen und östlichen Kulturkreises. Der lenkische Typus, der sich aus dem bojkischen entwickelte, ist in der nordöstlichen Slowakei vorherrschend. Wesentlich ist für ihn das Prinzip der Dreiteiligkeit. Drei Räume werden in westöstlicher Richtung hintereinander angeordnet, der mittlere, das Schiff, ist der größte. Im Osten liegt das Presbyterium, im Westen der so genannte ›Weiberraum‹ *(babinec)*. Jeder der drei Räume hat ein eigenes Dach und während beim bojkischen Typ das mittlere am höchsten ist, ragt beim lenkischen das des Vorraums über alle anderen hinaus. Nach westlichem Architekturvorbild befindet sich darüber oft eine Art Turm. Nicht selten steht der Glockenturm jedoch separat. Die kegelförmigen Dächer sind mit barocken Zwiebeltürmchen oder so genannten ›Mohnköpfchen‹ abgeschlossen. Darauf sind Metallkreuze angebracht, die selbst wieder nach der Vorgabe der Dreiheit verziert sein können. Die Dreiteilung der Räume hat natürlich Symbolcharakter: Sie verweist auf die heilige Dreifaltigkeit und die himmlischen Mächte. Der Vorraum steht für die Erde, das Schiff mit Ikonosta-

Holzkirchen

se für den Himmel und der Altar im Presbyterium versinnbildlicht das höchste Prinzip, das, was über den Himmel hinausweist.

Beherrschender Blickfang im Innern ist die Ikonostase (Bilderwand), sie stellt eine symbolische Grenze zwischen menschlicher und göttlicher Welt dar. Die Ikonostasen der Ostslowakei folgen in ihrer Konzeption den balkanischen Denkmälern dieser Art. Die Anordnung der Ikonen auf der Ikonostase folgt festgelegten Traditionen. Kernstück der Hauptreihe einer Bilderwand, die üblicherweise direkt über den Türen verläuft, ist Christus als Weltenherrscher, ihm direkt zur Seite die wichtigsten Fürbitter Maria und Johannes der Täufer. Über oder unter dieser Reihe befindet sich der Festtagsrang. Als kanonisch gilt hier der Zwölferfestkreis, der die Hauptfeste des Kirchenjahres umfasst. Als weiterer Rang kann eine Reihe von Monats- oder Kalenderikonen angefügt sein. Die unterste Zone der Bilderwand ist die der Türen und der Verehrungsikonen. Die ›Königstür‹ oder ›Heilige Pforte‹ in der Mitte darf nur von einem geweihten Geistlichen in liturgischer Kleidung durchschritten werden. Die Seitentüren sind für Diakone und Laienprediger bestimmt. Auf dem frei stehenden Altar im Altarraum dahinter steht eine Ikone der Pietà oder der Kreuzabnahme. Das Opfertischchen mit den vorbereiteten Opfergaben zieren die Ikonen von Christi Leiden, der Gottesmutter (›Hodegetria‹ nennt man die am weitesten verbreitete Darstellung) und weiterer Heiliger.

Holzkirche in Hunkovce

Nordosten

Atlas: S. 234

Ein Besuchermagnet: das Warhol-Familienmuseum

ladenden, dabei harmonischen Formen.

Und dann sind es auf der E 371 nur noch wenige Kilometer zum polnischen Grenzposten. Hier befindet sich ein für die 60er Jahre typisches Mahnmal im Stil des pathetischen sozialistischen Realismus.

Warhol-Museum in Medzilaborce

Atlas: S. 235, E1

Kurz hinter dem Ortseingang erhebt sich rechts auf einem Hügel die sehr östlich anmutende, orthodoxe Kirche, ein relativ junger Bau von 1949. Zu ihren Füßen rechts erblickt man vor einem tristen Betongebäude zwei der so berühmt gewordenen Campbell's Suppendosen. Die geparkten Autos tragen Nummernschilder aus allen europäischen Ländern – im Jahr kommen etwa 15 000 Besucher, zweimal soviel, wie es hier Einwohner gibt. Andrew Warhola (1927–87), der in Pittsburgh (USA) geborene Sohn von Ruthenen aus Miková bei Medzilaborce, schuf mit seinen Serigraphien Ikonen ganz anderer Art, als sie seine Eltern gewohnt waren. Er selbst hat die Heimat seiner Eltern nie gesehen. 1991 entstand auf Betreiben des Bruders Paul ein Warhol-Familienmuseum (Múzeum moderného umenia rodiny Warholovcov), dessen unbestrittene Hauptattraktion einige der berühmten Originalserigraphien von Andy nebst einigen seiner persönlichen Gegenstände sind. Die Ausstellung ist nicht sehr umfangreich, doch berührt es einen, Arbeiten des internationalen Kunstgeschehens hier im scheinbaren »Nirgendwo« zu finden, wie Andy Warhol gern die Frage nach seiner Herkunft beantwortete (ul. Andyho Warhola 749, Di–So 10–17 Uhr).

Prešov

Atlas: S. 234, C2

Prešov ist mit rund 93 000 Einwohnern die drittgrößte Stadt der Slowakei. Traditionell liegen die wirtschaftlichen Schwerpunkte in der Textil- und in der Salzproduktion. Der älteste Betrieb ist Solivar, der die Salzvorkommen der Region heute noch zu neun Sorten von Speise-, Bade- und Industriesalz verarbeitet. Im gleichnamigen Ortsteil gibt es einige historische Gebäude zu sehen. Die einst bedeutende **Burg Šariš** in unmittelbarer Nähe von Prešov gab der hiesigen Brauerei ihren Namen, deren Bier gibt es in der ganzen Ostslowakei zu trinken. Für den Besucher ist vor allem die Altstadt mit ihrem Hauptplatz, der für den Verkehr gesperrt ist, interessant.

Die meisten Sehenswürdigkeiten finden sich an der **Hlavná ulica** (Hauptstraße), die sich um einen linsenförmigen Platz in zwei Arme teilt. Hier liegen die Anfänge der Stadt, die Mehrzahl der ihn säumenden Häuser stehen auf Fundamenten aus dem späten Mittelalter. Die **Pfarrkirche St. Nikolaus** mit ihrem 66 m hohen neogotisch umgestalteten Turm ist das älteste Gebäude der Stadt und zugleich der einzige erhaltene gotische Sakralbau. Zu den bedeutendsten Gegenständen im Innern gehört der prächtige Hauptaltar, eine Komposition aus gotischen und barocken Stilelementen. Die aus der Gotik stammenden Engel werden der Werkstatt von Meister Paul aus Levoča zugeschrieben, ebenso wie einige weitere Plastiken in der Kirche. Die Wandmalereien an der Nordseite stammen vom Ende des 15. Jh.

Auf der ›Insel‹ des Hauptplatzes folgt in nördlicher Richtung zunächst das Gebäude der alten städtischen Schule, dann die schlichte evangelische **Dreifaltigkeitskirche,** ein Sakralbau der Renaissance (1647), wie es ihn in der Slowakei selten gibt. Im gegenüberliegenden Gebäude ist das **evangelische Kollegium** untergebracht. Kulturhistorisch gehört dieses Gebäude zu den wichtigsten Denkmälern des vom Protestantismus geprägten Unterrichtswesens der Slowakei (s. Thema S. 39). Das Gebäude zieren mehrere Gedenktafeln aus seiner Geschichte. An einer Ecke ist das Relief eines Mannes aus dem Stein herausgemeißelt, das an die Opfer des so genannten Blutgerichts von Prešov 1687 erinnert. Unter Führung des kaiserlichen Generals Antonio Caraffa (1647–93) tagte in der Stadt ein außerordentliches Gericht, das 24 Bürger und Landjunker grausam zum Tod verurteilte. Die Männer waren in fadenscheinig konstruierter Weise der Vorbereitung einer Staatsverschwörung bezichtigt worden.

Das **Rákóczy-Palais** (Hausnr. 86) ließ Sigmund von Rákóczy zu einer prächtigen Stadtresidenz umbauen. Zu Beginn des 17. Jh. entstand die aktuelle Fassade in der für die Gegend typischen Ausprägung der Spätrenais-

Nordosten

Atlas: S. 234

sance. Heute ist es Sitz des **Heimatmuseums** (Vlastivedné múzeum) und so kann man auch mal hinter die Fassade schauen und sogar einem der Rákóczys in lebensgroßer Abbildung gegenübertreten (Mai–Okt. Di–Fr 9–17, Sa 9–13, So 13–17 Uhr, Nov.–April wochentags nur bis 16 Uhr).

In südlicher Richtung, fast am Unteren Stadttor (Dolná brána), steht die repräsentative **Residenz des griechisch-katholischen Bischofs** mit ihrer zart himmelblauen klassizistischen Fassade. Die hellgelbe **Johanneskirche** gleich nebenan überrascht in ihrem Innern den westlichen Besucher mit ihrer prachtvoll-üppigen Ikonostasenwand. Die Deckenfresken, die Szenen aus dem Leben Johannes des Täufers wiedergeben, stammen aus früherer Zeit (1757).

Vom Hauptplatz aus in nördlicher Richtung kommt man an weiteren schmucken Fassaden vorbei. In Hausnr. 51 ist die **Šariš-Galerie** (Šarišská galéria) untergebracht, deren Sammlung sich auf Werke von Künstlern der Nordostslowakei vom 16. Jh. bis zur Gegenwart konzentriert. Bei den älteren Exponaten sind vor allem die Ikonen des 16.–18. Jh. bemerkenswert. An der barock-klassizistischen Hausfront ist besonders das große Relief des Familienwappens der Grafen Vécsey hervorzuheben. Darüber prangt die Figur eines Kurutzen, der in einer Hand einen Säbel, in der anderen den abgeschlagenen Kopf seines Feindes hält (Di, Mi, Fr 8–17, Do bis 18 Uhr, Sa 9–13, So 14–18 Uhr).

In den ehemaligen Lagerräumen des Rathauses, am Tordurchgang, befindet sich ein kleines **Weinmuseum** (Múzeum vín). In den Kellergewölben ist eine Gaststube eingerichtet, wo man bei einer Brotzeit die Weine verkosten kann, die am Eingang verkauft werden (Floriánova ul. 1, Mo–Fr 8–19, Sa 8–12 Uhr).

Abschließend noch eine Sehenswürdigkeit abseits der Hlavná: Es handelt sich um die orthodoxe **Synagoge** an der Švermova ulica. Sie entstand 1898 im maurischen Stil mit orientalisierenden Elementen. Im Innern ziehen die ausdrucksstarken ornamentalen Malereien von Andrej Grazel die Aufmerksamkeit auf sich. Ihre Farbenpracht blieb über die Jahrzehnte ohne größere Restaurierungsarbeiten erhalten. Nach einer erneuten Einweihung 1948 dient sie als Gotteshaus und als Ausstellungsraum. 1993 kehrte auch ein Teil der nach Prag evakuierten Exponate der **Judaika-Ausstellung von Ing. E. Bárkány** (Expozícia judaík) zurück. Im Hof erinnert ein 1991 aufgestellter Gedenkstein an die etwa 6000 Juden, die größtenteils an eben diesem Platz versammelt wurden, um in Konzentrationslager abtransportiert zu werden (Švermova 32, Di, Mi 11–16, Do 15–18, Fr 10–13, So 13–17 Uhr).

Mestské informačné centrum: Hlavná ul. 67, 08001 Prešov, Tel./Fax 051/77 73 11 13, mispo@po.psg.sk.

Penzión Átrium: Ul. Floriánova 4, Tel. 051/773 39 52. Kleines, neues Stadthotel mit 4 Apartments und 1 Zimmer, eigenes Restaurant und Café mit Innenhofterrasse, 35 €.

Penzión Eldorádo: Nábrežná ul. 75, Tel. 051/771 08 14, Fax 051/771 13 58. Hüb-

sches, frei stehendes Haus im Landhausstil mit angenehmen Zimmern; eigenes Restaurant und Sommerterrasse, Innenstadt zu Fuß erreichbar, Tennisanlage nebenan, 42 €.
Hotel Dukla: Námestie Legionárov 2, Tel. 051/772 27 41, Fax 051/773 21 34. Kühle Fassade aus sozialistischer Zeit, jedoch wohnlich renovierte Zimmer; das Restaurant hat leider den Charme eines Internatsspeisesaals, 60–70 €.

Slovenská reštaurácia: Hlavná ul. 13, Tel. 051/72 48 27, 4–6 €. Gutes Lokal für traditionelle Speisen.
U richtára: Hlavná 771, Tel. 051/72 32 36, 4–6 €. Sympathisches Kellerlokal, gute Küche.
Leonardo: Hlavná 144, Tel. 051/772 55 87. Einfaches Tagesrestaurant.

Košice

Atlas: S. 234, C3
Als Metropole des Ostens möchte Košice gern mit der Hauptstadt konkurrieren. Sie ist mit etwa 240 000 Einwohnern die zweitgrößte slowakische Stadt, verfügt über eine Vielzahl von Industriebetrieben, allen voran die Ostslowakischen Eisenwerke, sowie über etliche Verwaltungs- und Bildungseinrichtungen.

Aus der Stadtgeschichte

Die erste schriftliche Erwähnung des lateinischen Cassovia findet sich in einer Urkunde des Jahres 1230. In weiteren Schriftstücken ist von den deutschen Kolonisten die Rede, die das nachmalige Kaschau entscheidend prägten. 1342 wurde es zur freien Königsstadt. König Ludwig I. der Große verlieh Košice 1347 dieselben Rechte wie Buda und ließ ein Stadtwappen unter Verwendung seiner Anjou-Lilien erstellen. Im 14. und 15. Jh. erlebte die Stadt einen lebhaften Aufschwung. Bekannt und berühmt wurde sie durch ihre Glockengießer und Goldschmiede. 1657 gründete man die Jesuitenuniversität, das geistige und geistliche Leben erfuhr den institutionellen Anschluss an andere europäische Bildungsgemeinschaften. Nach einem gewissen Niedergang, wie ihn auch andere ostslowakische Städte erlebten, konnte sich Košice durch einen schrittweisen Aufbau von Manufakturen und Fabriken bis Mitte des 19. Jh. zu einer der am stärksten industrialisierten Städte des alten Ungarn emporarbeiten. Der gründerzeitliche Aufschwung ist auch an der Architektur der Altstadt abzulesen. Seit 1924 besitzt Košice einen Flughafen. Am 5. April 1945 verkündete hier die erste tschechoslowakische Nachkriegsregierung das ›Košicer Regierungsprogramm‹. Besondere wirtschaftliche Bedeutung erhielt die Stadt 1959 durch die Errichtung der Ostslowakischen Eisenwerke (Východoslovenské železiarne, heute übernommen von U.S. Steel).

Um den Elisabeth-Dom

Unbestreitbar beherrscht der **Dom der hl. Elisabeth** mit seinem spätgotisch in die Höhe strebenden Mauerwerk den Stadtkern. Er ist das größte sakrale Bauwerk der Slowakei sowie das östlichste im gotischen Stil in Eu-

Nordosten

ropa. Mit dem Bau wurde 1378 begonnen, 1508 betrachtet man als das Ende der Bauzeit der nunmehr fünfschiffigen Kathedrale. Nach Bränden und Erdbeben folgten – auch barocke – Aus- und Umbauten. In den Jahren 1877–96 erfuhr der Dom eine puristische Umgestaltung, die ihm sein gotisches Gepräge möglichst stilgetreu wiederzugeben versuchte.

Der **Hauptaltar,** der hl. Elisabeth gewidmet, stammt von 1477 und ist mit seinen erhaltenen 48 Tafelbildern ein einzigartiges Beispiel spätgotischer Altarkunst. Die überlebensgroßen Plastiken zeigen die Muttergottes, umrahmt von den zwei Elisabethgestalten, der biblischen und der heiligen (Tochter des ungarischen Königs Andreas II.). Zu den kostbarsten Exponaten des Domschatzes gehört die großartige barocke Monstranz des Goldschmiedemeisters Jan Szilassy aus Košice.

Die südlich vom Dom stehende **Michael-Kapelle** wurde Ende des 14. Jh. als Begräbniskirche des Friedhofs errichtet, der sich rund um den Dom erstreckte. Zum Dom-Ensemble wird auch der frei stehende **Urbanturm** [2] (Urbanova veža) gezählt. Es ist ein Glockenturm aus dem 14. Jh., der 1628 im Stil der Renaissance umgebaut wurde. Der Arkadengang dient als städtisches Lapidarium.

An der Hlavná

Ein wichtiger Anziehungspunkt am **Hauptplatz** (Hlavná ul.) ganz anderer Art für Jung und Alt ist der ›singende Brunnen‹ im winzigen Park zwischen Dom und Theater. Die zahlreichen Fontänen speien ihr Wasser entsprechend der Lautstärke einer aus Lautsprechern tönenden Musik. Bei schönem Wetter ist auf den Bänken kaum ein Platz frei.

Das pompöse historische **Theater** [3], Ausdruck selbstbewussten Bürgerstolzes einer aufstrebenden Industriestadt, wurde 1899 eröffnet. Auf der rechten Seite in nördlicher Richtung folgt die schlichte, aber dennoch be-

Atlas: S. 234

Sehenswürdigkeiten
1. Dom der hl. Elisabeth
2. Urbanturm
3. Theater
4. Jesuitenkirche
5. Franziskanerkirche
6. Ostslowakisches Museum
7. Technisches Museum
8. Dominikanerkirche
9. Bischofspalais
10. Komitatshaus
11. ehemaliges Rathaus
12. Jakab-Palais
13. Mikluš-Gefängnis

Übernachten
14. Hotel Centrum
15. Hotel Slovan

Essen und Trinken
16. Bistro u Andrássyho
17. Čierny orol
18. Lampáreň
19. Carpano
20. U vodnára
21. Majster Bar
22. Zlatá Hus
23. Mestská piváreň

Stadtplan | **Košice**

eindruckende frühbarocke Sandsteinfassade der **Jesuitenkirche** 4, 1671–78 erbaut. Im Innern findet sich eine reiche barocke Ausstattung, die Illusionsmalereien an Wänden und Kuppeln stammen vom Ende des 18. Jh. An die Kirche schloss sich unmittelbar das Kloster an, das die jesuitische Universität beherbergte, weshalb das Gotteshaus eigentlich Universitätskirche heißt.

In der Nähe steht die barocke Fassade (1718–24 gestaltet) der **Franziskanerkirche** 5. Einige der aus dem Mittelalter stammenden Gebäudeteile (Gewölbe, Portale, Sedilium) gehören zu den wertvollsten Steinhauerarbeiten von Košice.

Unweit des nördlichen Endes der Hlavná befindet sich das repräsentative Gebäude des **Ostslowakischen Museums** 6 (Východoslovenské mú-

Nordosten

zeum). Unter den Exponaten, v. a. zur Geschichte der ostslowakischen Region, ist der ›Goldschatz von Košice‹ bemerkenswert. Es handelt sich um einen seltenen Fund von 2920 Goldmünzen aus dem 15.–17. Jh., die in 81 europäischen Münzstätten hergestellt wurden, und eine 214 cm lange Goldkette aus der Renaissance (Nám. Maratónu mieru Di–Sa 9–17, So 10–13 Uhr). Eine Zweigstelle des Museums befindet sich in der Hviezdoslavova ul. 3, direkt am Ende der Hlavná, so dass eine Verwechslung mit dem Hauptgebäude möglich ist. Sie zeigt vorwiegend Kunst und Kunsthandwerk von der Romanik bis zum Jugendstil (Öffnungszeiten s. o.).

Der Kapitánsky palác an der Hlavná 88 mit seiner barocken Fassade beherbergt das **Slowakische Technik-Museum** 7 (Slovenské technické múzeum). Es ist das einzige seiner Art in der Slowakei (seit Mitte der 90er Jahre gibt es eine Zweigstelle in Bratislava), der Bestand ist groß und die Sammlungstätigkeit sehr vielfältig – von Bergbau und Uhrmacherei bis zu Elektrotechnik, Astronomie und Physik. Für die Slowakei spielte der Bergbau eine große Rolle, deshalb demonstriert eine Reihe von Maschinen grundlegende Arbeiten im Bergbau (Di–Fr 8–17 Uhr, Sa 9–14 Uhr, So 12–17 Uhr).

In südlicher Richtung, vorbei an weiteren prächtigen Palaisfassaden, ge-

Ein Werk der Spätgotik: Elisabeth-Dom

langt man über die Zámočnícka ulica zum Dominikánske námestie, der von der **Dominikanerkirche** 8 beherrscht wird. Traditionell diente er als Markt, den man zurzeit am unteren Ende des Platzes, entlang der Moyzesova ulica findet (Marktzeiten: Di–Fr 8–16 Uhr, Sa, So 8–13 Uhr). Die Kirche der Dominikaner vom Ende des 13. Jh. gilt als das älteste sakrale Gebäude von Košice und erfuhr im Laufe der Jahrhunderte verschiedene Umbauten, ihr heutiges neoromanisches Aussehen erhielt sie 1892. Aus der Entstehungszeit ist das gotische Presbyterium mit seinen Säulen und dem Kreuzrippengewölbe erhalten.

Zurück auf der Hlavná befindet sich rechter Hand das **Bischofspalais** 9 mit seiner rokoko-klassizistischen Fassade aus dem Jahr 1804. Schräg gegenüber (Hausnr. 27) steht das ehemalige **Komitatshaus** 10 in Blasslila, es wurde nach Plänen des Wiener Baumeisters Johannes Langer 1779 errichtet. Heute birgt es die **Ostslowakische Galerie** (Východoslovenská galéria).

Und schließlich sei das **ehemalige Rathaus** 11 mit reichem Pilaster- und Säulenschmuck erwähnt (Nr. 59), ebenfalls ein Bau Langers. Im Tympanon ist das Stadtwappen zu sehen (Di–Sa 10–18, So 10–14 Uhr).

Weitere Sehenswürdigkeiten der Altstadt

Über die Mlynská ulica – Fußgängerzone und Einkaufsstraße – kommt man zum **Jakab-Palais** 12, einem rechtwinkligen Bau mit einem markanten Turm über dem Eingang. Es entstand Ende des 19. Jh. in neogotischem Stil unter Verwendung einzelner Steinquader des Doms, die bei dessen Rekonstruktion nicht benötigt wurden. Den Namen erhielt das Gebäude nach seinem ersten Besitzer, Arpád Jakab. Im April und Mai 1945 diente es als Amtssitz des tschechoslowakischen Präsidenten, heute nutzt es der Bürgermeister für städtische Empfänge. Einen Einkaufsbummel jenseits von kommerzieller Massenware kann man in der nördlichen Hälfte der Hrnčiarska ulica unternehmen, sie zweigt auf halber Höhe von der Mlynská ab. Dort hat man eine **Handwerkergasse** eingerichtet: Goldschmiede, Kürschner, Restaurateure, Münzpräger, Taschner, Kunstschlosser u. a. bieten in hübschen kleinen Läden ihre Waren an. (Achtung: Viele haben mittags geschlossen, meist 12–14 Uhr).

Auch das **Mikluš-Gefängnis** 13 (Miklušova väznica) gleich um die Ecke versetzt seine Besucher in frühere Zeiten. Die erste Umgestaltung zweier gotischer Häuser aus dem 13. Jh. erfolgte zu Beginn des 17. Jh., später wurde das Gebäude für die Bedürfnisse des städtischen Gefängnisses nebst Folterkammer umgebaut. Die darin untergebrachte Ausstellung heißt ›Košice im Mittelalter‹, und man kann u. a. die Wohnung des Henkers besichtigen (Di–Sa 9–17 Uhr, So 9–13 Uhr).

Informačné centrum mesta Košice: Hlavná 59, 04001 Košice, Tel./Fax 055/625 45 02, icmk@ke.sanet.sk, www.kosice.sk, Mo–Fr 9–18 Uhr, Sa 9–13 Uhr, Internet-Zugang für Besucher.

Nordosten

Atlas: S. 234

Košice

Stadtplan: S. 199

 Hotel Centrum 14: Južná trieda 2, Tel. 055/76 31 01, Fax 055/76 43 80. Plattenbauhotel mit sozialistischem Charme, dafür preisgünstig, 38–42 €.

Hotel Alessandria: Jiskrova 3, Tel. 055/622 59 03, Fax 055/622 59 18. Kleines Privathotel mit geräumigen Zimmern und gutem Restaurant, ca. 15 Min. Fußweg ins Zentrum, 55–62 €.

Hotel Slovan 15: Hlavná 1, Tel. 055/622 73 78, Fax 055/622 84 13. Komplett saniertes Hochhaushotel in kühl-modernem Stil mit Restaurant und Bar, nah dem Zentrum, 77–85 €.

Hotel Bankov: Dolný Bankov, Tel. 055/632 45 22, Fax 055/632 45 40, www.hotelbankov.sk. Komforthotel etwas außerhalb in einem ehemaligen Gut, gutes Restaurant und Café mit Sommerterrasse, 87–95 €.

Jugendherberge: Študentský domov, Podhradové 11, Tel. 055/633 34 37, Fax 055/632 11 26. Sehr einfach, aber sauber; leider nur im Juli und August offen, 8 €/Bett.

Camping

ATC Salaš Barca: Alejova ul., P. O. Box D-9, Tel. 055/5 83 09, Fax 055/622 25 47. Mit guter Verpflegungsmöglichkeit im Salaš.

Bistro u Andrássyho 16: Hlavná 81, Tel. 055/622 03 97. Für schnelle und günstige Kleinigkeiten, 4–5 €.

Čierny orol 17: Hlavná 25, Tel. 055/622 87 93. Schlichtes Tagesrestaurant im Hof, 4–6 €.

Lampáreň 18: Hlavná 115, Tel. 055/622 49 95. Geräumiges Kellerlokal mit guter Küche, 4–6 €.

Carpano 19: Hlavná 52, Tel. 055/623 00 03. Hübsches Café, im Keller das Restaurant mit angenehmer Atmosphäre, guter Küche und freundlichem Service, 6–10 €.

U vodnára 20: Hrnčiarska 21, Tel. 055/622 89 91, 6–10. Gute Auswahl an einheimischen Spezialitäten, im Sommer Terrassenbetrieb mit live-Musik.

Majster Bar 21: Kováčska 11, Tel. 055/625 21 45. Kleines Restaurant mit gepflegtem Service und guter Küche, 6–10 €.

Zlatá Hus 22: Hlavná 78, Tel. 055/622 64 72. Gepflegtes Speiselokal, kühles, antiquiertes Ambiente, gute Gänsespezialitäten, 10–14 €.

Kaviareň Slávia: Hlavná 63, Tel. 055/623 31 90. Café und Bar in hohen Räumen mit wunderbar nostalgischem Flair, am Wochenende Livejazz.

Jazz Pub: Kováčska 37, Tel. 055/623 04 67. Jazzkonzerte, aber auch Disco.

Music Pub Diesel: Hlavná 94, Tel. 055/622 21 86. Nachtlokal.

Mestská piváreň 23: Timonova 27, Tel. 055/622 72 19: typisches Bierlokal mit einfachen Gerichten, Nachtbetrieb bis 5 Uhr morgens, zentrumsnah.

> ### Laufen für den Frieden
>
> Wichtiges Sport-Event, an dem auch mal der durchtrainierte Ministerpräsident teilnimmt, ist der internationale Friedensmarathon von Košice (Medzinárodný maratón mieru, www.mmm.sk). Seit 1924 ohne Unterbrechung bildet die Hlavná Anfangs- und Endpunkt zweier Runden um die Altstadt, weshalb man sich hier der ältesten Stadtmarathon-Tradition rühmt.

Auf der Hlavná in Košice

Nordosten

Atlas: S. 234

Ein prachtvolles Jugendstil-Denkmal: das Andrássy-Mausoleum

Das monatlich erscheinende Heft ›Kultúrny informátor‹ gibt Auskunft über die aktuellen Veranstaltungen der Stadt.
Musikalischer Frühling: Im April.
Internationales Orgelfestival: Im September.
Festival der griechisch-katholischen Chöre: Im Oktober.

Der zweitgrößte **Flughafen** des Landes ist mit Bus Nr. 23 zu erreichen und hat täglich Flugverbindungen zu Bratislava, Prag und Wien.
Züge von Bratislava nach Košice gibt es tgl. alle 2 Std., im IC dauert die Fahrt 5 Std., im **Schnellzug** ca. 6 Std.

Ausflüge in die Umgebung

Im Nordwesten der Stadt erstreckt sich der etwa 7000 ha große **Košicer Waldpark** (Košický lesopark); er bietet mit den Ausflugszentren Bankov, Alpínka und Jahodná Möglichkeiten für stadtnahe Ausflüge in Wald und Gesundheitspark. Bankov ist mit dem Stadtbus zu erreichen, nach Alpínka fährt seit 1956 eine **Kindereisenbahn.** Sie ist 5,5 km lang, Abfahrt an der Čermeľská cesta, im Ortsteil Čermeľ, wo sich auch ein Parkplatz befindet (aus der Stadt nimmt man den Bus Nr. 15, der außer am Jakab-Palais auch am Bahnhof hält). Die Saison wird am 1. Mai feierlich eröffnet und endet Anfang September. Die Bahn verkehrt nur an Wochenenden und Feiertagen (ab 9 Uhr etwa stdl.), im Juni auch Do und Fr.

Eine Rarität in Europa ist der kalte **Geysir in Herľany,** 27 km nordöstlich von Košice. Die Gemeinde verfügt über vier Mineralquellen, der kalte Geysir ist zu einer wahren Attraktion geworden. Alle 32–34 Stunden schießt aus einer Tiefe von 405 m ein Wasserstrahl 20–30 m in die Höhe. Wer das Naturschauspiel erleben möchte, wende sich an das Tourismus-Büro in Košice, um den zuletzt stattgefundenen Wasserausstoß zu erfragen. Von Herľany lassen sich Wanderungen in die **Slanské vrchy** (bis ca. 1000 m hohe Gipfel) unternehmen.

IM SLOWAKISCHEN KARST

Das größte Karstgebiet der Slowakei erstreckt sich südwestlich von Košice bis zur ungarischen Grenze. Das Zentrum des Karsts bildet die Bezirksstadt Rožňava (Rosenau). Wie für Karstgebiete typisch, gibt es auch im Slowakischen Karst (Slovenský kras) interessante Höhlen zu besichtigen.

Krásnohorské Podhradie

Atlas: S. 234, B3

Kurz vor der Ortseinfahrt von Krásnohorské Podhradie ist das **Andrássy-Mausoleum** zu besichtigen. Nach dem Tod seiner geliebten Frau Franziska ließ Dionysius Andrássy 1904 ihr zu Ehren ein prachtvolles Mausoleum unweit der Burg bauen, in deren Familiengruft sie als Bürgerliche nicht begesetzt werden durfte. Die Grabstätte zählt zu den hoch geschätzten Jugendstil-Denkmälern der Slowakei; sie entstand im Geist der Münchner Ausprägung dieser Stilrichtung. Im reich intarsierten Kuppelraum stehen vor einem kleinen Altar der hl. Franziska die Sarkophage des Ehepaars. Die Ankunft von Besuchern wird vom gegenüberliegenden Haus beobachtet, also vor dem Tor ein wenig warten (Mai–Okt. 8–12, 12.30–16.30 Uhr, Nov.–April 9–14 Uhr, Besichtigung nur mit Führung, stündlich).

Um zur Festung **Krásna Hôrka** zu gelangen, folgt man in Krasnohorské Podhradie den Hinweisschildern durch den Bergwald bis zum Parkplatz auf einem Zwischenplateau. Die letzten und steilsten Höhenmeter muss man dann zu Fuß zurücklegen. Krásna Hôrka wird in einer Urkunde von 1333 bereits als *castrum* (Burg) erwähnt, errichtet wurde die Burg wohl einige Jahrzehnte früher, um den zu ihren Füßen abzweigenden Handelsweg in die Zips und weiter bis nach Polen zu überwachen. Wegen ihrer Lage stritten auch zwei Adelsgeschlechter um sie, wobei die Bebeks den Sieg davontrugen und gut 300 Jahre von hier aus über das Komitat Gemer herrschten. Nachdem das Geschlecht 1567 ausgestorben war, fiel die Burg an den Kaiser in Wien zurück, der sie von rasch wechselnden ›Burgkapitänen‹ verwalten ließ. 1578 kommt Peter Andrássy auf eigenen Wunsch nach Krásna Hôrka. Doch erst seinem Enkel gelang es 1642, den Besitz als Erblehen zu erhalten.

Nach einem Brand ließ Georg Andrássy 1857 ein privates Museum herrichten, das bereits 1875 der Öffentlichkeit zugänglich gemacht wurde. Die Burg ist unbedingt einen Besuch wert, die Belagerungen durch die Türken sind anhand von orientalischen Kampfgewändern und großen Wandkarten gut nachzuempfinden. Beeindruckend

DER SLOWAKISCHE KARST

Der Slovenský kras (Slowakischer Karst) ist die größte zusammenhängende Karstfläche der Slowakei (rund 360 km^2), dort treten nahezu alle typischen Karstphänomene der mittleren Klimazone auf. Außerdem gehört er zu den größten Karstgebieten in Zentraleuropa und wurde deshalb schon 1977 von der Unesco als Biosphärenreservat anerkannt. 1995 kamen einige der dortigen Höhlen hinzu. Die Karstregion war seit langem Naturschutzgebiet und erhielt 2003 den Status eines Nationalparks.

Mit Karst verbindet man immer etwas Sprödes, Felsiges, zugleich Geheimnisvolles, das sich nicht gleich dem ersten Blick öffnet. Denn im Karst löst sich das wasserlösliche Kalkgestein durch Niederschlag, der in Rinnsalen, Bächen und Flüssen abläuft, und bildet malerische Landschaftsformationen sowie versteckte Höhlen heraus, die Karstliebhaber ins Schwärmen geraten lassen. Da sind zum einen enge, steil abfallende Schluchten *(priepast)*, so dass man beim Wandern zwischen den Felsen hindurch nur schmale Streifen Himmel erblicken kann. Sonderfall einer Schlucht ist ein Loch *(diera)*, wo Wasser durchs Gestein in die Tiefe versickert und nicht als Bach horizontal abfließt. Das Gegenstück zu beiden sind dann die Plateaus *(planina)*. Im Slowakischen Karst erreichen die Hochebenen etwa 800–900 m. Sie bieten ideale Möglichkeiten für Wanderungen, zu Fuß oder mit dem Mountainbike. Nach einem zuerst steilen Anstieg bewegt man sich dann auf autofreien Wegen vorwiegend in hügeligem Gelände, außer man steigt oder fährt in eine der Schluchten hinab. Die bekannteste ist **Brázda** (-179 m vom Plateau aus) auf dem Silica-Plateau (Silická planina). Die Hochebene liegt im Süden von Rožňava und man kann sie von Gombasek zwischen den Orten Silica und Silická Jablonica überqueren, danach führt die Straße bis Jablonov nad Turňou.

Unweit des Eingangs zur Höhle Domica befindet sich das ›**Teufelsloch**‹ (Čertova diera, -186 m). In nördlicher Richtung gelangt man über das Dorf Kečovo ebenfalls in eine abgeschiedene Karstlandschaft. Bei Silická Brezová kann man in einem Bogen über Landstraßen zum Ausgangsort zurückkehren oder denselben Weg zurück nehmen. Für Rundwanderungen (auch mit dem Rad) eignet sich das Plešivec-Plateau (Plešivecká planina), das sich nördlich vom gleichnamigen Ort erstreckt und eine besonders charakteristische Geomorphologie aufweist. In nordöstlicher Richtung erreicht man sehr bald die ›**Wildschweinschlucht**‹ (Diviačia priepasť, -123 m) mit mannigfaltigem Tropfsteinschmuck. Mitten in der Hochebene liegt die **Zombor-Schlucht** (priepasť Zombor), aus der Stalagmiten aufragen. Man kann dieses Plateau auch über Štítnik oder Honce besteigen bzw. verlassen.

Als schönster Canyon gilt das **Zádiel-Tal** (Zádielská tiesňava). Östlich von Rožňava zweigt man von der Fernstraße in die Ortschaft Zádiel ab. Von hier geht es zum Teil unter gewaltigen Felsformationen, die der neben dem Weg fließende Bach gegraben hat, weit in den Karst hinein.

ist auch die Familiengruft der Andrássys nebst der stattlichen Burgkapelle. Da Krásna Hôrka zu den meistbesuchten Burgen im Land gehört, empfiehlt es sich, sie morgens zu besichtigen (Mai–Okt. Di–So 8–16.30 Uhr, Nov.–April 9–14 Uhr, Einlass jeweils zur halben Stunde, nur mit Führung, deutschsprachiges Begleitheft verfügbar).

Rožňava

Atlas: S. 234, B3
Der alten Bergbaustadt, die durch den Goldabbau zu Ansehen gekommen war und 1767 zur Bischofsstadt erhoben wurde, sieht man ihre einstige Stellung als Zentrum des Komitats Gemer erst auf den zweiten Blick an. Nur wenig erinnert an den alten Glanz, die historischen Gebäude werden nach und nach renoviert.

Das Zentrum bildet der viereckige **Marktplatz** – Námestie baníkov (Platz der Bergleute) –, den der Wachturm in seiner Mitte dominiert. Der 1643–54 im Stil der Spätrenaissance errichtete Turm gehörte zu dem Rathaus, das ursprünglich hier stand. Bemerkenswert ist, dass einige der Bürgerhäuser am Platz direkt auf ehemaligen Stollen und Berggruben errichtet sind. Hinter der Pestsäule am nördlichen Ende des Platzes steht die eher bescheidene **Bischofsresidenz** mit ihrer klassizistischen Front (1776–78). Am anderen Ende dieser Häuserreihe, fast schon in der Betliarska ulica, befindet sich das **Franziskanerkloster** mit der Kirche der hl. Anna, spätbarock mit klassizistischen Elementen.

Vom Kloster aus sieht man gleich die **Maria-Himmelfahrt-Kirche,** die mit ihrem vorn stehenden Turm die Straßengabelung beherrscht. Der Kirchenbau selbst wirkt wie schief angebaut, doch entstand er zuerst – er geht auf ein gotisches Gotteshaus zurück, das nach der Erhebung zum Bischofssitz zu einer Kathedrale mit stattlichem Turm umgebaut wurde. Bei dieser Gelegenheit entstanden auch die Seitenaltäre, der Hauptaltar und die Kanzel in spätbarockem Stil.

Turistické informačné centrum: Nám. baníkov 32, 04801 Rožňava, Tel. 058/732 81 01, Fax 058/732 48 37, www.roznava.sk, Juni–Sept. Mo–Fr 8–18, Sa 8–16, So 10–16 Uhr, in der übrigen Zeit Mo–Fr 8–16, Sa 9–14 Uhr.

Penzión Fan-Fan: Zakarpatská 32, Tel. 058/732 12 46. Kleine, neue Familienpension, 15–20 €.
Čierny orol: Nám. baníkov 17, Tel. 058/732 81 86, Fax 058/733 18 80. Angenehmes Hotel in einem historischen Gebäude am Hauptplatz, mit gutem Restaurant, 25–30 €.

Camping
Kemping Krásnohorské Podhradie: Tel. 058/2 54 57. Der Camping-Platz liegt auf dem Weg zur Burg Krásna Hôrka in waldigem und gebirgigem Terrain. Mit Bungalow- und Caravan-Vermietung.

Rund um Rožňava

Kurz hinter Rožňava an der Straße nach Dobšiná liegt ein weiterer Wohnsitz der Andrássys, das **Schloss Betliar** (Kaštieľ Betliar). Aus einer Renaissancefestung entstand beim zweiten

Slowakischer Karst

Atlas: S. 234

Umbau 1886 ein herrschaftliches Gebäude im Stil des Historismus. In den üppig ausgestatteten Räumlichkeiten wird adelige Wohnkultur vom 17. bis zum Beginn des 20. Jh. ausgestellt. Reizvoll ist auch die historische Bibliothek mit über 20 000 Bänden. Eine Besonderheit ist der Park: Auf etwa 80 ha wurde in dieser eher herben Karstgegend eine Anlage mit Seen, Springbrunnen, Plastiken und Pavillons in unterschiedlichen Stilen geschaffen. Wegen der vielen seltenen Bäume und Sträucher wird er als einziger slowakischer Park im Verzeichnis der historischen Gärten der Welt aufgeführt (Mai–Okt. Di–So 8–16.30 Uhr, Nov.–April 9–14 Uhr).

Westlich von Rožňava in Richtung Štítnik und Jelšava geht es auf halbem Weg zur **Aragonit-Höhle** (Ochtinská aragonitová jaskyňa), einer seltenen Aragonit-Tropfsteinhöhle. Sie wurde 1972 mit Hilfe eines 145 m langen Stollens für die Öffentlichkeit zugänglich gemacht. Die Aragonit-Ablagerungen bilden bizarre Formen wie aus dem Gestein hervortretende Seeigel mit langen unregelmäßigen Stacheln. Weil dieser Höhlentyp in Europa so selten vorkommt, zählt diese Höhle zum Weltnaturerbe der Unesco (kurz vor dem Ort Štítnik biegt man Richtung Jelšava ab, von dieser Straße geht eine schmale Fahrstraße rechts zur Höhle; 15. Mai–15. Sept. Di–So 9–16 Uhr, 1. April–14.

Karstlandschaft bei Zádiel

Mai und 16. Sept.–31. Okt. Di–So 9.30–14 Uhr).

In **Štítnik,** am Ende des Hauptplatzes, gibt es eine der seltenen, nahezu noch mittelalterlichen Kirchen mit originalen Freskomalereien aus verschiedenen Phasen der Gotik und der Renaissance (14.–16. Jh.). Die gedeckten Farben der Malschichten ergeben trotz ihrer unterschiedlichen Entstehungszeiten ein harmonisches, warmes Raumerlebnis. Sie unterhalten das Auge durch ihre Bruchstückhaftigkeit, denn es versucht, das ›Puzzle‹ zu entwirren. Die dreischiffige evangelische Kirche ist ein Musterbeispiel für die Gotik in der südlichen Karstregion. Man erkennt sie gut an ihrem massiven Turm mit der geschwungenen Haube.

Ebenfalls ungewöhnlich ist die **Gombasek-Höhle** (Gombasecká jaskyňa) im Süden von Rožňava an der E 571 kurz vor Plešivec. Die nur wenige Millimeter starken Röhrchen aus Sinter (manche bis zu 3 m lang) scheinen wie dünnflüssiger Teig von der Decke zu rinnen (15. Mai–15. Sept. Di–So 9–16 Uhr, 1. April–14. Mai und 16. Sept.–31. Okt. Di–So 9.30–14 Uhr).

Biegt man in Plešivec in Richtung zum ungarischen Grenzübergang ab, folgt die **Domica-Höhle** (Jaskyňa Domica), eine der schönsten Höhlen der Slowakei. Sie ist Teil eines 21 km langen Höhlensystems, das auf ungarischer Seite seine Fortsetzung findet. Besonders attraktiv ist die Bootsfahrt auf einem der unterirdischen Flüsse. (15. Mai–15. Sept. Di–So 9–16 Uhr, 1. Feb.–14. Mai und 16. Sept.–31. Dez. Di–So 9.30–14 Uhr).

Hotel Hrádok: 04916 Jelšava, Rožňavská cesta 22, Tel. 058/486 02 00, Fax 486 07 14, hradok@smzjelsava.sk, 20–25 €. Renoviertes Standardhotel mit Restaurant in der Nähe der Aragonit-Höhle.

Das Karstgebiet rund um Rožňava eignet sich besonders gut zum **Wandern und Mountainbiken.** Bei Zádiel geht es durch das gleichnamige Tal (Zádielská dolina) durch einen bizarren Canyon. Von Plešivec und Štítnik gelangt man auf typische Karstplateaus abseits von Verkehrsstraßen. Das Tourismus-Büro von Rožňava hält detaillierte Infos bereit und vermittelt Höhlenführer, in deren Begleitung man auch Höhlen erkunden kann, die nicht allgemein zugänglich sind.

Mit einem Führer auf Höhlenerkundung

Eine besondere Attraktion für Karst- und Höhlenfreunde bietet der Speläologische Führerdienst *(Speleologická vodcovská služba).* In Begleitung eines erfahrenen Führers kann man in ausgewählten Höhlen und abseits vom Touristenrummel die verborgenen Schätze der herben Landschaft erkunden. Die Quellhöhle von Krásna Hôrka beherbergt sogar einen Weltrekord, der im Guinness-Buch verzeichnet ist. Der 32,6 m hohe Stalagmit darin ist der größte Tropfstein der Erde. Nähere Infos zu den Höhlenführern über das Tourismus-Büro Rožňava (s. S. 207).

REISEINFOS VON A BIS Z

Alle wichtigen Informationen rund ums Reisen auf einen Blick – von A wie Anreise bis Z wie Zeitungen

Extra: Ein Sprachführer mit Hinweisen zur Aussprache, wichtigen Redewendungen, einem Überblick über die slowakische Speisekarte und Zahlen

Kleine Pause in der Fußgängerzone

REISEINFOS VON A BIS Z

Anreise .213
   Mit dem Flugzeug 213
   Mit dem Zug 213
   mit dem Bus 213
   Mit dem Pkw 213
Apotheken 214
Ärztliche Versorgung 214
Autodiebstahl 214
Autofahren 214
Behinderte 215
Bus und Bahn 215
Camping 215
Diplomatische Vertretungen 215
Einreise- und Zollbestimmungen .216
Elektrizität 216
Feiertage 216
Geld & Geldwechsel 216
Gesundheitsvorsorge 217
Informationsstellen 217
Info im Internet 217
Jugendherbergen 218
Karten .218
Kirchen 218
Lesetipps 218
Mietwagen 219
Museen & Sehenswürdigkeiten . .219
Notruf . . . . .Umschlaginnenseite vorn
Öffnungszeiten 220
Parken .220
Post 220
Reisekasse 220
Reiseveranstalter 220
Souvenirs 220
Taxi 221
Telefonieren 222
Trinkgeld 222
Umgangsformen 222
Zeit 222
Zeitungen 222

Sprachführer 223

Register 226

Slowakei-Atlas 231

Impressum 240

Reiseinfos von A bis Z

Anreise

... mit dem Flugzeug

Zwei slowakische Fluggesellschaften bieten auch Auslandsverbindungen an, wobei sich Air Slovakia eher auf die Urlaubsziele der Slowaken in Südeuropa konzentriert. Die Firma SkyEurope versucht, sich mit Billigflügen in die europäischen Metropolen auf dem Markt zu behaupten und hat damit zusehends Erfolg; sie bietet Einfach-Tickets von Berlin, Stuttgart und Zürich nach Bratislava schon für 25 € (plus Flughafengebühr) an: SkyEurope Airlines, Tel. 00421/2/48 50 11 11, Fax 48 50 10 00, www.skyeurope.com.

Internationale **Flughäfen** befinden sich in Bratislava (BTS), Košice (KSC) und in der Tatra bei Poprad (TAT). Da jedoch der Flughafen von Wien (VIE) in Schwechat nur etwa 40 km von Bratislava entfernt liegt, wird meist er zur Anreise mit dem Flugzeug benutzt.

... mit dem Zug

Von Deutschland und der Schweiz reist man zumeist über Wien in die Slowakei. Hier muss man bisher immer den Bahnhof wechseln (die Züge in die Slowakei fahren vom Südbahnhof ab). Bratislava-Reisenden, die über Wien anreisen, kann auch die Weiterreise mit dem Bus oder Schiff (auf der Donau) empfohlen werden. Reisende aus den neuen Bundesländern kommen über Prag und Brünn in die Slowakei.

... mit dem Bus

Busunternehmen im süddeutschen Raum und in Österreich bieten direkte Busreisen von und in die Slowakei (oder zumindest in die Hauptstadt Bratislava an). Erkundigen Sie sich in den größeren Städten am Bahnhof. Meist sind es Regionalanbieter in Kooperation mit slowakischen Unternehmen, die regelmäßige (bis zu dreimal pro Woche) Fahrten, allerdings meist nachts, durchführen.

... mit dem Pkw

Aus dem Westen erreicht man die Slowakei über Wien. Man wählt die Südumfahrung Wien und hält sich an die Beschilderung SK bzw. Bratislava (im Zweifelsfall Richtung Budapest). Ein neuer, modern ausgebauter Übergang ist Kittsee/Jarovce (lange nur für den ›kleinen Grenzverkehr‹ zwischen Österreichern und Slowaken zugelassen, heute international), nur wenige Kilometer südlich vom traditionellen Grenzübergang Berg/Petržalka. Für ersteren muss man nicht die Autobahn bei Fischamend verlassen, wo die Landstraße entlang der Donau nach Hainburg und schließlich Berg abzweigt. Man fährt noch einige Kilometer weiter Richtung Budapest und erreicht über Parndorf und Gattenburg den Übergang Kittsee/Jarovce.

Wer von Norden kommt, kann über Prag und Brünn auf der Autobahn nach Bratislava fahren. Eine gut ausgebaute Fernstraße (mit dem neuen Grenzübergang Rovné südlich von Uherský Brod) führt aber auch von Brünn in den Osten, wo man südlich von Trenčín auf die slowakische Autobahn des Waagtals trifft und von wo es nicht mehr weit in die Tatra ist. Achtung: In Tschechien und der Slowakei sind Autobahnen mautpflichtig (s. S. 214).

Reiseinfos von A bis Z

Apotheken

Apotheken *(lekáreň)* haben nur in großen Städten Mo–Fr 8–18 Uhr, Sa bis 12 Uhr geöffnet. Normalerweise haben sie Mittagspause und schließen nicht selten früher, mancherorts schon um 16 Uhr. In kleinen Städten können sie Sa geschlossen bleiben. Für Notfälle hat immer eine Apotheke Dienst.

Ärztliche Versorgung

Die ärztliche Versorgung ist in der Slowakei flächendeckend auf gutem Niveau gegeben, auch wenn einiges im Bereich der Apparate noch der Modernisierung harrt. Doch man sollte sich nicht scheuen, bei Bedarf einen Arzt aufzusuchen. Jeder Bürger Deutschlands, Österreichs oder der Schweiz, der in die Slowakische Republik einreist, ist verpflichtet, die Europäische Gesundheitskarte (ab 1. 6. 2004) mit sich zu führen, bis dahin das Formular 111, nach dessen Vorlage ihm im Notfall unentgeltliche medizinische Behandlung (auch im Krankenhaus) gewährt wird. Es empfiehlt sich dennoch, eine private Auslandskrankenversicherung abzuschließen.

Autodiebstahl

Die Slowakei steht leider (z. T. zu Recht) im Ruf, ein Land mit hoher Autodiebstahlsrate zu sein. Doch sollte man sich nicht davon abhalten lassen, mit dem Auto zu reisen. Achten Sie darauf, Ihr Auto (auch ein älteres Modell) nicht unbewacht stehen zu lassen. In Städten und bei viel besuchten Sehenswürdigkeiten gibt es immer bewachte Parkplätze *(strážené parkovisko),* die sicher sind. Achtung: *platené parkovisko* bedeutet lediglich, dass Sie sich auf einem gebührenpflichtigen Parkplatz befinden. Hotels und Pensionen sollten Sie nach Möglichkeit so wählen, dass ein bewachter Parkplatz vorhanden ist. Gelegentlich kann man auch im Nachbarhotel einen Unterstellplatz buchen, wenn das eigene Hotel keinen hat.

Autofahren

Die **Fernstraßen** sind in sehr gutem bis gutem Zustand, das gilt ebenso für viele der Landstraßen. Eifrig wird auch am weiteren Ausbau der Autobahnverbindung zwischen Bratislava und Košice gearbeitet, die eine ähnliche Wegführung wie die Haupteisenbahnstrecke hat. Zudem gibt es Autobahnteilstücke zu anderen größeren Städten, etwa in Richtung Nitra sowie zwischen Banská Bystrica und Žiar nad Hronom.

Für die Autobahnnutzung ist **Maut** zu entrichten, sie funktioniert ähnlich wie in Österreich: Es gibt zeitlich begrenzte Wertmarken. Diese Aufkleber sind an Grenzen, an Tankstellen sowie in ausgewählten Postämtern größerer Städte erhältlich. **Tempolimits:** 60 km/h innerhalb von Ortschaften, außerhalb 90 km/h und auf Autobahnen und Schnellstraßen 130 km/h. Übertretungen werden mit saftigen Geldbußen bestraft. In der Winterzeit (15. Okt.–15. März) ist es Pflicht, mit eingeschaltetem Licht zu fahren. **Alkohol** am Steuer ist tabu, es gilt 0,0 Promille.

Reiseinfos von A bis Z

Benzin: An den Zapfsäulen angeboten werden die Universalkraftstoffe für Benzinmotoren UNI 91 und UNI 95 (Super) sowie bleifreies *(bezolovnatý benzín)* NATURAL (manchmal auch in zweierlei Oktanzahl: 95 und 98) und Diesel *(nafta)*. Keine Sorge wegen des Reservekanisters, das Land ist ausreichend dicht mit z. T. hochmodernen Tankstellen *(čerpacia stanica,* kurz: *pumpa)* ausgestattet.

Behinderte

Zunehmend werden Einrichtungen für Behinderte bei Neubauten berücksichtigt, in öffentlichen Gebäuden gibt es immer öfter neue Rampen für zumindest leichteren Zugang. Mit den WC sieht's leider sehr viel schlechter aus.

Bus und Bahn

Das Bus- und Bahnnetz der Slowakei ist sehr gut ausgebaut und zudem preiswert. Die Haupteisenbahnlinie führt von Bratislava durchs Waagtal und zwischen den beiden Tatra-Hauptkämmen an Poprad vorbei bis nach Košice im Südosten. Je nach Zugkategorie dauert die Fahrt 5–6 Stunden, die Züge verkehren mehrmals täglich. Es gibt gute Busanschlüsse zu abseits dieser Haupttrasse gelegenen Orten.

Camping

Es gibt genügend Campingplätze *(autokemping)* im Land – wildes Campen, gerade in Naturschutzgebieten oder Nationalparks, wird mit hohen Geldstrafen geahndet. Zelten ist im Grunde außerhalb der Campingplätze nirgendwo erlaubt. Eine detaillierte Karte mit allen Campingplätzen hat 1997 die staatliche Tourismus-Agentur SACR (s. S. 217) herausgegeben. Die Camping-Föderation hat die Anschrift: **Federácia campingu a caravaningu SR,** Junácka 6, 832 80 Bratislava, Tel. 02/49 24 92 26, Fax 02/49 24 95 68.

Diplomatische Vertretungen

... von Deutschland
Hviezdoslavovo nám. 10
81303 Bratislava
Tel. 02/59 20 44 00, Fax 02/54 41 96 34
public@germanembassy.sk
www.germanembassy.sk

... von Österreich
Venturska 10, 81101 Bratislava
Tel. 02/54 43 40 21, Fax 02/54 43 24 86
ambassada.austria@isternet.sk
www.embassyaustria.sk

... der Schweiz
Tolstého ul. 9, 81106 Bratislava
Tel. 02/59 30 11 11, Fax 02/59 30 11 00
Vertretung@bts.rep.admin.ch

... der Slowakischen Rebublik
... in Deutschland
Pariser Str. 44, 10707 Berlin
Tel. 030/889 26-20
Fax 030/889 26-222
presse@botschaft-slowakei.de

... in Österreich
Armbrustergasse 24, 1190 Wien
Tel. 01/318 90 55, Fax 01/318 90 60
zuwien@aon.at

Reiseinfos von A bis Z

... *in der Schweiz*
Thunstr. 99, 3006 Bern
Tel. 03 13 52 36 46, Fax 03 13 51 48 59
slovak@spectraweb.ch

Einreise- und Zollbestimmungen

Für EU- und Schweizer Bürger genügt zur Einreise in die Slowakei nach dem EU-Beitritt im Mai 2004 ein gültiger Personalausweis. Kinder müssen im Reisedokument der Eltern eingetragen sein oder benötigen einen eigenen Ausweis. Ähnlich wie eine Reihe anderer mittelosteuropäischer Staaten tritt die Slowakei am 1. Mai noch nicht dem Schengener Abkommen bei, daher wird an den Grenzübertritten dorthin noch kontrolliert.

Bürger eines EU-Staates und der Schweiz brauchen bei einer Verweildauer von bis zu 90 Tagen kein Visum zu beantragen. Bei längerem Aufenthalt müssen sie sich polizeilich anmelden. Für mitgeführte **Haustiere** (Hunde und Katzen) muss eine aktuelle Tollwutimpfung nachgewiesen werden und sie müssen über einen internationalen Impfpass verfügen. Etwaige besondere Bestimmungen beim Tierarzt nachfragen.

Zoll: Dinge für den persönlichen Gebrauch dürfen zollfrei ein- und ausgeführt werden. Im Bereich der üblichen Mitbringsel sind es pro Person 1 l Hochprozentiges, 2 l Wein, 200 Zigaretten oder 100 Zigarillos bzw. 50 Zigarren. Slowakische Kronen dürfen uneingeschränkt ein- und ausgeführt werden, Summen ab 150 000 Skk sind meldepflichtig.

Elektrizität

Die Stromspannung beträgt 220 V, Adapter sind nicht notwendig.

Feiertage

- **1. Januar:** Neujahrstag und Tag der Staatsgründung
- **6. Januar:** Hl. Dreikönige
- **Karfreitag**
- **Ostermontag**
- **1. Mai:** Tag der Arbeit
- **8. Mai:** Ende des Zweiten Weltkriegs
- **5. Juli:** Feiertag der hl. Kyrill und Method
- **29. August:** Jahrestag des Slowakischen Nationalaufstands
- **1. September:** Tag der Verfassung der Slowakischen Republik
- **15. September:** Schmerzensreiche Maria
- **1. November:** Allerheiligen
- **24. Dezember:** Heiligabend
- **25./26. Dezember:** Erster und Zweiter Weihnachtsfeiertag

Geld und Geldwechsel

Siehe Umschlaginnenseite vorn.

Es empfiehlt sich, das Geld in Banken zu wechseln, da Wechselstuben oft ungünstigere Wechselkurse haben, auch wenn sie mit niedrigeren oder fehlenden Umtauschgebühren locken. Am bequemsten und schnellsten sind die **Geldautomaten** der Banken, die es heute nahezu überall gibt, in touristisch frequentierten Orten allemal. EC/Maestro-Karten werden bislang nur in wenigen Geschäften angenommen. Sehr viel häufiger ist man bereit, die in ganz

Reiseinfos von A bis Z

Europa gängigen Kreditkarten (Master, Visa, AmEx) zu akzeptieren.

Gesundheitsvorsorge

Für die Slowakei benötigt man keine speziellen Impfungen. Wer sich viel in der Natur aufhalten möchte, sollte überlegen, ob eine Zeckenschutzimpfung ratsam ist. Denn ähnlich wie in Österreich oder Süddeutschland ist hier auch mal mit einem gesundheitsgefährdenden Zeckenbiss zu rechnen.

Informationsstellen

Seit Anfang 2004 unterhält die Slowakei Fremdenverkehrsbüros im deutschsprachigen Raum, **Slowakische Zentralen für Tourismus** (www.slovakiatourism.sk) befinden sich

... in Deutschland
Zimmerstr. 27, 10969 Berlin
Tel. 030/25 94 26 40
Fax 030/25 94 26 41

... in Österreich
Fillgradergasse 7/IV, 1060 Wien
Tel. 01/513 95 69
Fax 01/513 97 63

... in der Slowakei
Für erste, allgemeinere Informationen über das Land kann man sich an die staatliche Tourismusagentur in Banská Bystrica wenden:
SACR (Slovak Tourist Board)
(Slovenská agentúra pre cestovný ruch) Námestie Ľ. Štúra 1
P.O. Box 35, 97405 Banská Bystrica
Tel. 00421/48/413 61 46-8,
Fax 00421/48/413 61 49,
sacr@sacr.sk,
www.slovakiatourism.sk.

Die Touristeninformationen in Städten und Gemeinden funktionieren nicht so, wie man es bei uns gewohnt ist: Die Service-Leistungen hängen sehr stark von den Betreibern ab. Zum Leidwesen der Touristen sind dies nicht immer die Kommunen, sondern zuweilen nur profitorientierte Reisebüros oder Zeitschriftenläden, denen die Touristeninformationen angegliedert sind, jedoch nicht unbedingt am Herzen liegen.

Um einen einheitlichen Standard bemühen sich die unter dem Kürzel **AICES** zusammengefassten Info-Büros, denen die der größten Städte angehören (www.infoslovak.sk). In diesen Büros vermittelt man außer Unterkünften und Informationen zu Kunst und Kultur auch persönliche Reiseführer, die auf Deutsch die Sehenswürdigkeiten der Stadt erklären.

Die Info-Büros in nahezu allen Städten und Touristenzentren haben alle die gleiche Telefonnummer: Tel. 1 61 86. Wenn man von außerhalb anruft, muss man noch die entsprechende Ortsvorwahl eingeben.

Infos im Internet

Allgemeinere Infos über Land und Leute, bei slowakischen Anbietern immer mit englischer Version, meist aber auch auf Deutsch:
www.slovakia-online.com
www.slovensko.com
www.skonline.sk
www.infoslovak.sk
www.erdkunde-online.de

Reiseinfos von A bis Z

www.government.gov.sk (die offiziellen Seiten der slowakischen Regierung)
Wetter und Schneeverhältnisse:
www.wetteronline.de/de/Slowakei.htm,
www.meteo.sk
www.tatry.sk
Sport:
www.funserver.sk
www.sport.sk, www.parksnow.sk
Hotel- und Pensionenverzeichnisse:
www.hotel.sk
www.hotelguide.sk
www.travelguide.sk
www.infoslovak.sk (Übersicht der offiziell organisierten Tourismus-Büros)

Außerdem verfügt inzwischen fast jede Stadt über einen eigenen Internet-Auftritt: einfach ›www.‹, den Stadtnamen ohne Sonderzeichen (und ggf. zusammengeschrieben) und die Extension ›.sk‹ eingeben.

Jugendherbergen

Jugendherbergen heißen in der Slowakei *turistická* oder *mládežnicka ubytovňa,* also ›Touristen-‹ bzw. ›Jugendunterkunft‹. Dort gibt es größere Schlafräume mit Gemeinschaftsduschen. Doch auch Universitäts- oder Schulinternate bieten in ihrem *študentský domov* gern Zimmer an – einfach im städtischen Info-Büro danach fragen. Eine Übernachtung in diesen Häusern kostet etwa 5–10 € pro Person.

Karten

In der Slowakei selbst können Sie an den gut ausgerüsteten großen Tankstellen sehr gute aktuelle Landes- und Regionalkarten kaufen; die besten sind die vom Militärinstitut VKÚ in Harmanec. Im deutschen Buchhandel sind Karten von Freytag & Berndt sowie von Marco Polo erhältlich.

Kirchen

Viele Kirchen sind tagsüber nicht frei zugänglich (besonders in der Nebensaison). Doch sollte man sich nicht scheuen, Passanten zu fragen oder in Nachbargebäuden zu klingeln. Man wird Ihnen meist gern Auskunft geben, wie Sie sich den Kirchenraum ansehen können. Tipp: Die Kirche vor und nach Gottesdiensten aufsuchen. Diese finden wochentags meist sehr früh (zwischen 7 und 8 Uhr) oder gegen 17 oder 18 Uhr statt; sonntags gibt es zwischen den Gottesdiensten am Vormittag Gelegenheit zur Besichtigung.

Lesetipps

Michael Farin (Hg.): Heroine des Grauens - Elisabeth Báthory. P. Kirchheim Verlag, München 3. Aufl. 2003. Die Rumänen haben ihren weltberühmten Dracula, den Slowaken blieb die blutrünstige ungarische Gräfin Báthory. Zur Verjüngung des eigenen Körpers soll sie auf ihrer Burg Čachtice bei Piešťany im Blut unschuldiger Mädchen gebadet haben. Farin ist dem wahren Kern dieser Legendengestalt spannend und akribisch auf der Spur. Demnächst will der Verlag dazu ein schaurigschönes Hörbuch herausbringen.

Viera Gašparíková (Hg.): Slowakische Volksmärchen, Diederichs

Reiseinfos von A bis Z

Verlag, München 2000. Ein schönes Buch zum Schmökern in reichen Fundus der alten slowakischen Märchen und Sagen.

Karl Markus Gauß: Die Hundeesser von Svinia, Zsolnay Verlag, Wien 2004. In seinen essayistischen Reportagen versucht der Autor Verständnis zu wecken und Hintergründe aufzuzeigen für das, was den Vorüberfahrenden an armseligen Roma-Siedlungen, wie sie vor allem im Osten der Slowakei anzutreffen sind, schockiert. Dabei vergisst er nicht zu betonen, dass dies nicht allein das Problem der Slowakei ist.

Manfred Jähnichen (Hg.): Weiße Nächte mit Hahn, Eine Anthologie der slowakischen Poesie des 20. Jh., Gollenstein Verlag, Blieskastel 1996. Der Untertitel sagt es: eine repräsentative Auswahl slowakischer Dichter des vergangenen Jahrhunderts.

Ivan Kadlečík: Das eigene Horrorskop, Rhapsodien und Miniaturen, Wieser Verlag, Klagenfurt 1995. Einer der bedeutendsten slowakischen Dissidenten schrieb sich im Jahr 1989 ein eigenes Horror(!)skop, indem er sich spielerisch und sehr poetisch die für ihn persönlich und gesellschaftlich schweren Jahre unter dem Sozialismus im Nachhinein voraus(!)sagte.

Roland Schönfeld: Slowakei – Vom Mittelalter bis zur Gegenwart, Verlag Friedrich Pustet, Regensburg 2000. Eine gut lesbare Darstellung der Geschichte der Slowakei, wobei sich nur ca. 50 Seiten mit der Zeit bis 1918 beschäftigen, der Großteil des Bandes ist der Zeit ab der ersten tschechoslowakischen Republik gewidmet.

Peter Zajac (Hg.): Wie Laub von einem Baum, 29 Geschichten aus der Slowakei, Gollenstein Verlag, Blieskastel 1994. Guter Überblick über das Schaffen der wichtigsten Schriftsteller der Jahrzehnte im Dissent (Dominik Tatarka, Pavel Hrúz, Ivan Kadlečík, Alta Vášová und Pavel Vilikovský) sowie mit Ausblick auf neue Talente ab den 1990er Jahren, ausführliche bio-bibliografische Anmerkungen.

Mietwagen

In Bratislava und Košice finden sich Büros der bei uns gängigen Verleihfirmen, doch sind Mietwagen in der Slowakei relativ teuer. Sie können in Touristenzentren auch über große Hotels gebucht werden. Bevor Sie mit einem Mietwagen in die Slowakei fahren, erkundigen Sie sich über die Bedingungen; wegen der hohen Autodiebstahlsrate gelten bei den Verleihfirmen immer noch besondere Konditionen.

Museen & Sehenswürdigkeiten

Bei Museen und Galerien muss man, außer in Bratislava und Košice, fast immer von **saisonalen Öffnungszeiten** ausgehen, d. h., es wird zwischen Sommer und der übrigen Zeit des Jahres unterschieden. Achtung: Trotz sorgsam recherchierter Öffnungszeiten kann es sein, dass Sie bei kleinen Museen während der Mittagszeit vor verschlossener Tür stehen, obwohl diese nicht offiziell angegeben wird.

Weniger verständlich ist die Unsitte, von Ausländern (vor allem westlichen) **erhöhte Entgelte** zu verlangen. Sie sind zwar außerhalb der Hauptstadt immer noch verhältnismäßig niedrig (1–2 €), doch verärgert es, zumal dem ausländischen Besucher oft keine Zusatzbeschilderung zumindest in englischer Sprache geboten wird, so dass er doppelten Nachteil hat.

Eine sehenswerte Spezialität der Slowakei sind die vielen **Freilichtmuseen** *(múzeum v prírode* oder *skanzen)*. Detailliert dokumentieren sie zumeist vergangene Formen bäuerlichen und ländlichen Lebens oder frühe Formen der Bergbautechnik (Banská Štiavnica).

Bei einem Aufenthalt in der Slowakei sollte auch ein Besuch einer der vielen **Höhlen** (13) nicht fehlen. Doch Achtung: nur etwa die Hälfte ist ganzjährig geöffnet! In Liptovský Mikuláš befindet sich dazu ein eigenes Museum sowie der Sitz der staatlichen Höhlenverwaltung: Správa slovenských jaskýň, Hodžova 11, 03101 Liptovský Mikuláš, Tel. 044/552 01 58, Fax 044/552 45 50.

Notrufnummern

Siehe Umschlaginnenseite vorn.

Öffnungszeiten

Die meisten **Geschäfte** haben Mo–Fr 9–18 Uhr, Sa 8–12/13 Uhr geöffnet, **Lebensmittelläden** oft schon ab 7 oder 8 Uhr. In kleineren Städten ist mit einer Mittagspause zu rechnen. **Kaufhäuser** sind meist durchgehend geöffnet, oft länger (bis 20/21 Uhr) und häufig auch am Sonntag (bis 13 Uhr). Eine praktische Einrichtung sind **Večierka-Läden** (etwa: ›Abendlädchen‹). Sie finden sich auch in Kleinstädten, liegen oft etwas versteckt, sind aber meist gut bekannt, so dass man auf der Straße danach fragen kann. Es sind Geschäfte, die bis spät abends (23/24 Uhr) sowie an Sonn- und Feiertagen die notwendigsten Lebensmittel bereithalten.

Parken

In den historischen Stadtzentren ist das Parken entweder ganz untersagt oder nur auf ausgewiesenen, gebührenpflichtigen Flächen erlaubt. Parkautomaten sind die Ausnahme, sie funktionieren wie bei uns. Meist muss man sich jedoch Parkkarten *(parkovacia karta)* besorgen, die es in Kiosken, Tabakläden oder Tourismus-Büros gibt. Darauf kreuzt man Datum und Uhrzeit der Ankunft an, eine Karte gilt für eine halbe oder ganze Stunde. Je nach Parkdauer muss man entsprechend viele Karten (jeweils mit der darauf folgenden Geltungsdauer gekennzeichnet) gut sichtbar hinter der Windschutzscheibe platzieren (s. auch S. 214).

Post

Briefmarken gibt es nur noch im Postamt: Mo–Fr 8–18 Uhr, in kleineren Städten mit Mittagspause auch nur bis 16 oder 17 Uhr, Sa 8–12 Uhr.

Reisekasse

Die Slowakei ist ein relativ preisgünstiges Reiseland. Es gibt inzwischen eine

Menge kleiner moderner Pensionen und Privathotels, die erschwingliche und angenehme Übernachtungsmöglichkeiten anbieten, je nach Kategorie etwa 20–30 % unterhalb der in Westeuropa üblichen Preise. Ausgesprochen günstig sind Privatunterkünfte und Campingplätze. Die Ausgaben für Verpflegung sind in der Slowakei sehr niedrig: etwa 50 % niedriger als bei uns.

Reiseveranstalter

Im deutschsprachigen Raum gibt es das slowakische Reisebüro **SATUR**, das auf die Slowakei spezialisiert ist. Es bietet Komplett- und Gruppenreisen sowie Kuraufenthalte an:
… in Deutschland: Strausberger Platz 8, 10243 Berlin, Tel. 030/429 41-13, -35, Fax 030/427 47 56, saturberlin@t-online.de.
… in Österreich: SATUR Wien, Parkring 12, 1010 Wien, Tel. 01/512 01 99, 01/512 06 15, Fax 01/512 01 99 85, satur@xpoint.at.

Der **Bund-Naturschutz** bietet Wanderreisen in die slowakischen Gebirgsregionen in kleinen Gruppen: Bund Naturschutz, Spitalstr. 21, 91207 Lauf a. d. Preg (D), www.bund-reisen.de.

Ein kleiner engagierter Reiseveranstalter mit qualifizierten Reiseleitern ist: **Dr. Erwin Aschenbrenner,** Dechbettener Str. 47b, 93049 Regensburg (D), Tel. 0941/260 80, Fax 0941/260 81, www.boehmen.reisen.de.

Souvenirs

Die Verlockungen zum Einkaufen sind nicht sehr groß. Entweder hält man sich an Kulinarisches wie Wein und eine gute Flasche Wacholder- bzw. Pflaumenschnaps oder an eine, allerdings breite, Palette kunsthandwerklicher Produkte. Allen voran sind das die berühmten Maisstrohpuppen, es gibt aber auch jede Menge vielfältiger Keramik (je nach Region), Korb-, Holz- oder Lederwaren sowie reich bestickte und geklöppelte Tischdecken, Sets und Servietten. Eine Art Gütesiegel bieten in diesem Bereich die ÚĽUV-Läden (s. S. 36).

Taxi

Taxi-Fahren kann eigentlich nur in der Hauptstadt wegen schwer einzudämmender Gaunereien in diesem Gewerbe richtig teuer werden. Doch ist es schon schlimm genug, wenn man sich wegen eines ungebührlich überhöhten Fahrpreises ärgern muss. Es empfiehlt sich, im Hotel oder in der Pension nach ›zuverlässigen‹ Taxi-Unternehmen zu fragen und offen anzudeuten, dass man ungern mit einem Schwindler fahren möchte. Dann werden die diesen Häusern verpflichteten Fahrer meist (Garantie kann nicht übernommen werden!) zu anständigen Dienstleistern. Für Bratislava ist das Unternehmen Delta-Taxi (Tel. 16 0 16) zu empfehlen, das fast ausschließlich mit seriösen Fahrern arbeitet, begründete Reklamationen wegen eventueller schwarzer Schafe nimmt der Chef dankbar entgegen. Wichtig ist in jedem Fall, gleich nach dem Einsteigen zu schauen, ob das Taxameter einzusehen ist und die im Taxi sichtbar ausgestellte Grundgebühr anzeigt.

Reiseinfos von A bis Z

Telefonieren

Die öffentlichen Telefonzellen werden zusehends auf Kartentelefone umgestellt. Bei den alten Münztelefonen muss man den Moment abpassen, bis sich der angerufene Gesprächsteilnehmer meldet, um dann geschwind die erforderlichen Münzen einzuwerfen und weitersprechen zu können. Telefonkarten *(telefonná karta)* gibt es an Kiosken und bei der Post.
Handys funktionieren so gut wie im übrigen europäischen Ausland, in den Bergen kann es stellenweise etwas weniger gut sein.
Telefonauskunft national und international: 181

Trinkgeld

Die Slowakei ist ein preisgünstiges Land. Achten Sie dennoch darauf, nicht allzu verschwenderisch mit dem Trinkgeld umzugehen, auch wenn es gut gemeint ist. Tipp: Runden Sie z. B. Summen bis 200/250 Skk sinnvoll auf, ohne mehr als 10 Skk Trinkgeld zu geben. Ansonsten kann man bis zu 10 % des Rechnungsbetrags geben, der Prozentsatz verringert sich jedoch bei steigender Rechnung.

Umgangsformen

In ihren Umgangsformen unterscheidet sich die Slowakei nicht grundsätzlich von den Ländern Mitteleuropas. Worauf Slowaken jedoch, ähnlich wie andere unserer Nachbarn, empfindlich reagieren, ist **lautes Benehmen** und Überheblichkeit. Im Café oder Restaurant so laut zu sprechen, dass es auch der übernächste Tisch deutlich vernehmen kann, fällt immer unangenehm auf, auch wenn die Musik in den Lokalen nicht unbedingt vom Feinsten ist.

Beschwerden sollte man immer höflich und diskret vorbringen, mit sachlichen Argumenten, ohne die Situation mit westlichen Standards zu vergleichen und geringschätzig abzutun.

Bei **Privatbesuchen** in Häusern, Wohnungen oder auch kleinen Ferienhütten sollten Sie zumindest die Bereitschaft zeigen, sich die Schuhe auszuziehen. Denn normalerweise werden Straßenschuhe vor oder direkt hinter der Schwelle abgestellt.

Zeit

Keine Abweichung von der Mitteleuropäischen Zeit. Von Frühjahr bis Herbst gilt auch hier die Sommerzeit.

Zeitungen

Slovak Spectator: Die in Bratislava erscheinende Wochenzeitung entstand als Informationsblatt für die im Land lebenden englischsprachigen Ex-Patriats, die Beschäftigten ausländischer Firmen. Inzwischen gilt sie als zuverlässige Quelle für alle, die sich ohne Slowakisch-Kenntnisse, allerdings auf Englisch, über Politik, Wirtschaft und Kultur informieren wollen. Die Zeitung gibt's in den größeren Städten am Kiosk, im Internet unter www.slovakspectator.sk. Deutschsprachige Periodika, die sich mit der aktuellen politischen und gesellschaftlichen Lage befassen würden, gibt es nicht.

SPRACHFÜHRER

Hinweise zur Aussprache
Slowakische Wörter werden grundsätzlich auf der ersten Silbe betont.
c = ts; č = tsch; š = sch
ž = stimmhaftes sch wie in Journalist
z = stimmhaftes s wie in Besen
v = w;
y = wie deutsches i
Weitere weiche Konsonanten:
ď = dj; ľ = lj; ň = nj; ť = tj
Die Silben de, te, le, ne (dje, tje, lje nje) werden bis auf wenige Ausnahmen weich gesprochen, ohne dass dies durch ein Weichheitszeichen angezeigt wird.
Die ›Akzente‹ über den Vokalen bedeuten lediglich eine Dehnung des Vokals; sie geben keine Betonung im Wort an und verändern den Vokal auch nicht in seiner grundsätzlichen Lautung:
á = aah; é = eeh; í = iih; ó = ooh, ú = uuh.
Eine slowakische Besonderheit ist der Doppelvokal ô = uo.

Suppen (polievky)
hovädzí vývar s rezancami	Rindsbouillon mit Nudeln
kurací vývar	Hühnerbouillon
demikát	dünne Suppe mit Brimsen-Frischkäse
cesnaková polievka	Knoblauchsuppe
hubová polievka	Pilzsuppe
kapustnica	Krautsuppe
halászlé	ungarische Fischsuppe

Kalte und warme Vorspeisen (studené a teplé predjedlá)
šunková roľka so syrom	Schinkenrolle mit Käse
syrový nárez	Käseaufschnitt
sardinky s cibuľou	Sardinen mit Zwiebel
plnená paradajka	gefüllte Tomate (mit Schinken- oder Käsepaste)
kuracia (hydinová) pečeň	Hühner- (Geflügel-) leber
sedliacka omeleta	Bauernomelett

Hauptspeisen – Fleisch und Fisch (jedlá z mäsa a ryby)
(vyprážaný) bravčový rezeň	(paniertes) Schweineschnitzel
rezeň v cestíčku	Schnitzel im Teigmantel
prírodný rezeň	Schnitzel natur
kotlíkový guláš	Kesselgulasch
biftek na rošte	Beefsteak am Grill
sviečková/ sviečové rezy	Lendenbraten/ Lendenschnitzel
španielské vtáčky	Rindsrouladen
teľacie medailónky	Kalbsmedaillons
jelenie rezne	Hirschschnitzel
jelení guláš	Hirschgulasch
bažant	Fasan
kuracie/morčacie prsia	Hühner-/Putenbrust
vyprážané rybie filé	paniertes Fischfilet

Sprachführer

rybie filé na masle	Fischfilet auf Butter
pstruh na rošte	gegrillte Forelle
vyprážaný kapor	panierter Karpfen
plnená paprika	Paprika mit Hackfleischfüllung in Tomatensauce
lečo	Eintopf aus Paprika, Tomaten, Zwiebeln, – mit oder ohne Wurst
bryndzové halušky	Brimsennocken (mit ausgelassenem Speck)

Fleischlose Gerichte (bezmäsité jedlá)

pirohy so syrom/ s tvarohom	Käse-/Quarkpiroggen
strapačky s kapustou	eine Art Gnocchi mit Kraut
vyprážaný (údený) syr	panierter (Räucher-)Käse
vyprážané šampióny	panierte Champignons
karfiól ako mozoček	auf Zwiebeln gedünsteter Blumenkohl
zapekaný karfiól	überbackener Blumenkohl
brokolica so syrom	Brokkoli mit Käse
zeleninové rizoto	Gemüserisotto
vysmážaný encián	panierter Camembert

Beilagen (prilohy)

ryža	Reis
opekané zemiaky	Bratkartoffeln
varené zemiaky	Salzkartoffeln
hranolky	Pommes frites
zemiaková placka	Kartoffelpuffer
dusená zelenina	gedämpftes Gemüse
hrach	Erbsen
kyslá kapusta	Sauerkraut

Salate (šaláty)

uhorkový šalát	Gurkensalat
kapustový šalát	Krautsalat
paradajkový šalát	Tomatensalat
šopský šalát/ bulharský šalát	gemischter Gemüsesalat mit geriebenem Schafskäse
miešaný šalát	gemischter Salat

Süßspeisen und Dessert (jedla z múky/dezerty)

palacinky s čokoládou a šľahačkou	Pfannkuchen mit Schokolade und Sahne
jablko v cestíčku	Apfelküchle
jablková/maková štrúdľa (závin)	Apfel-/Mohnstrudel
slivkové knedle	Zwetschgenknödel
orechové šúľance	Nussnudeln
buchty s makom	Dampfnudeln mit Mohn
ovocný šalát	Obstsalat
zmrzlinový pohár	Eisbecher
dort/zákusok	Torte/Tortenstück
koláč	Kuchen

Getränke (nápoje)

minerálka	Mineralwasser
džús	Saft
pivo	Bier
biele/ červené víno	Weiß-/ Rotwein
šumivé vína	Schaumweine
likér	Likör

Sprachführer

pálenka — Schnaps

Im Café (kaviareň)
zalievaná/turecká káva	türkischer Kaffee (mit Kaffeesatz)
presso káva	Espresso
viedenská káva	Wienerkaffee
čierny čaj	schwarzer Tee
ovocný čaj	Früchtetee

Essen gehen
raňajky	Frühstück
obed	Mittagessen
večera	Abendessen
jedálny lístok	Speisekarte
Máte, prosím …?	Haben Sie bitte …?
Zaplatím, prosím.	Zahlen, bitte.
Môžem platiť platobnou kreditnou kartou?	Kann ich mit Kreditkarte zahlen?

Allgemein
Dobrý deň	Guten Tag
Dobré ráno	Guten Morgen
Dobrý večer	Guten Abend
Ahoj/servus	Grüß dich/Servus
Dovidenia/Dovi	Auf Wiedersehen
Dopočutia/Dopo	Auf Wiederhören (/Kurzform)
ďakujem (pekne)	Danke(schön)
prosím	bitte
nech sa páči	hier bitte
pardón/prepáčte	Pardon/Verzeihung
Ako sa máte?	Wie geht es Ihnen?
ďakujem dobre	Danke, gut.
áno	ja
nie	nein
možno	vielleicht
dnes	heute
zajtra	morgen
včera	gestern
Kde je …?	Wo ist …?
Je tu blízko …?	Gibt es hier in der Nähe …?
hotel/penzión	Hotel/Pension
súkromné ubytovanie	Privatzimmer
banka	Bank
autobusová stanica	Busbahnhof
záchod(y)	Toilette(n)
Hľadám …	Ich suche …
lekára	einen Arzt
lekáreň	eine Apotheke
Čo stojí …?	Was kostet …?
Pozor!	Vorsicht!
po slovensky	auf Slowakisch
po nemecky	auf Deutsch

Zahlen
jeden	eins
dva	zwei
dve (f/n)	zwei
tri	drei
štyri	vier
päť	fünf
šesť	sechs
sedem	sieben
osem	acht
deväť	neun
desať	zehn
jedenásť	elf
dvanásť	zwölf

REGISTER

Academia Istropolitana 68
Agroturistika 49
Altes Rathaus, Bratislava 62
Altes Tal 120
Andrássy 177, 204, 205, 207
Andrássy-Mausoleum 205, 207
Andy Warhol 194
Angeln 50
Apponyi-Palais 62
Aragonit-Höhle 208
Artikularkirchen 35, 135, 153, 173, 192
Astur Falkenhof 90

Babia hora 126, 127
Bad Bartfeld 190
Balneologisches Museum 103
Baníkov 128
Banská Bystrica 148, 162
Banská Štiavnica 52, 160, 162
Bardejov 188
Bardejovské Kúpele 190
Bären 16
Batthyányi, Joseph 65
Bauernhof-Ferien 49
Bazovský, Miloš Alexander 110
Beckov 106
Béla IV. 23, 123
Bélas III. 107
Belianske Tatry 137, 145
Bella, Ján Levoslav 33
Bella, Levoslav 33
Benický-Haus 149
Bergbau-Freilichtmuseum 166
Bergsteigen 50
Bernolák, Anton 39
Bernolákovo 50, 78
Bešeňová 134
Beskiden 126, 171
Bethlen, Gabriel 23
Betliar 207
Bibel-Tschechisch 39
Biberburg 89
Bibiana 68
Bibličtina 39
Bíle Karpaty 107

Bocskay, István 23
Bohún, Peter Michal 72, 133
Bojnice 116
Borovička 41
Bösing 84
Bratislava 13, 19, 22, 23, 32, 37, 58, 63, 86
Bratislavské hudobné slávnosti 32
Brázda 206
Brezalauspurc 59
Bryndza 130
Budatín 113, 115
Bungee-Jumping 50
Bystrica 148

Čaplovič, Vavrinec 123
Cassovia 197
Castá 89
Čertova diera 206
Červený kameň 89
Červený Kláštor 171
Chata 48
Chočské vrchy 121
Chvatimech 155
Čičmany 116
Čierna Voda 50
Čiernohronská železnica 155
Čierny Balog 155
Čingov 186
Čunovo 51

Danubiana 80
Dedinky 187
Demänova-Tal 129
Demänovka 41
Detva 151
Deutsche 13, 23, 25, 30, 59, 62, 63, 67, 73, 86, 102, 113, 152, 162, 172, 175, 188, 191, 197
Devín 58, 79, 86
Diviačia priepasť 206
Dobšiná-Eishöhle 187
Dolné 87
Dolný Kubín 123
Domica-Höhle 209

Register

Donner, Georg Raphael 65, 69, 72
Donovaly 32, 155
Dreveník 184
Driny-Höhle
Dubček, Alexander 26
Dubová 87
Dunajec 171
Dunajská 101
Dzurinda, Mikuláš 19, 26

Elisabeth von Thüringen 59
Elisabeth-Dom, Košice 35, 197
Eszterházy, Imre (Imrich) 69, 93, 97

Festivals 31
Folklore-Festival Detva 155
Friedensmarathon von Košice 203
Fugger 90, 149, 162
Fujara 34, 150, 155

Gabčíkovo 20, 81
Gaderská dolina 156
Galéria insitného umenia 85
Gánovce 22
Gelnica 162
Gerlachovský štít 144
Gerlsdorfer Spitze 144
Gerulata 80
Golf 50, 78
Gombasecká jaskyňa 209
Gombasek-Höhle 209
Goralen 170
Gottwald, Klement 25
Gran 148
Grassalkovič-Palais 67
Großmährisches Reich 22, 79, 107
Gruberová, Edita 33

Halušky 40, 43
Harmanec 18
Herľany-Geysir 204
Hlinkas, Andrej 25
Hniezdne 170
Hodkovce 184
Holocaust-Mahnmal 68
Holzkirchen 35, 191, 192
Holzschnitzer-Triennale 154
Hornád-Durchbruch 187

Horné Orešany 87
Horský park 78
Hotels 48
Hrebienok 142
Hron 148
Hronsek 153
Hummel, Johann Nepomuk 65
Hunkovce 191
Hurbanovo 101
Husák, Gustav 26
Hviezdoslav, Pavel Országh 38, 121, 123

Ikonenmuseum 187
Jagen 50
Jan Jiskra von Brandys 23
Janko Kráľ-Museum 133
Jánošík, Juraj 120, 122, 133
Jánošík-Museum 120
Jánsky vrch 158
Jaslovské Bohunice 20
Jasná 132
Joseph II. 23
Judaika-Ausstellung 196
Jüdisches Museum, Bratislava 70

Kajak fahren 50
Kalvarienberg von Banská Ítiavnica 166
Kamzík 78
Kanu fahren 50
Karl I. Robert von Anjou 23, 104, 159, 183
Karpaten-Weinstraße 82
Karpatendeutsches Museum 73
Karpatenmuseum 83
Karst 52, 186, 205, 207
Kaschau 197
Käsmark 172
Kečovo 206
Kelten 22
Kežmarok 32, 172
Kláštorisko 187
Kleine Fatra 52, 120
Kleine Karpaten 82
Klettern 50
Klima 53
Kokava 34
Koliba 42

Register

Komárno 100
Kôprova dolina 138
Korponay-Géczy, Juliana 177
Košice 35, 197
Košicer Waldpark 204
Kostoľany pod Tribečom 99
Krajné Čierno 191
Kráľ, Janko 38
Krasko, Ivan 103
Krásna Hôrka 205, 209
Krásnohorské Podhradie 205
Kremnica 156, 162
Kremnitz 156
Kriváň 138
Krompachy 162
Krönungsweg 69
Kultur-Sommer 77
Kurutzen 23, 122
Kyrill 22, 97, 216

Ladomírova 191
Lednické Rovne 113
Lehár-Festival 101
Lesnica 171
Leutschau 175
Levoča 175, 183
Limbach 82, 83, 86
Liptauer Museumsdorf 137
Liptauer St. Nikolaus 132
Liptauer Stausee 132
Liptovský Mikuláš 122, 132
Liptovský Trnovec 135
Lomnický štít 143
Lozorno 50
Ľubovňa 170
Lúčky 132
Ludwig I. der Große 23, 113, 197

Madjaren (Ungarn) 22, 59
Malá Fatra 120
Malá Fatra NP 16
Malé karpaty 82
Maria Theresia 59, 70, 91, 163
Marienkirche, Banská Bystrica 149
Markušovce 185
Martin 117
Masaryk, Tomáš Garrigue 27, 100
Mathias I. Corvinus 23

Matica slovenská 117, 123
Maximilian II. 62
Mečiar, Vladimír 13, 26
Mednyansky, Ladislav 171
Medzilaborce 194
Meister Martin 72, 186
Meister Paul 72, 150, 176f, 180, 186
Messerschmidt, Franz Yaver 65, 72
Method 22, 97, 216
Michaelertor, Bratislava 66
Mikulášová 190
Mirbach-Palais 65
Mittelslowakisches Museum 149
Mlynky 187
Mochovce 20
Modra 32, 82, 87, 88
Mojmir I. 22
Münze von Kremnica 159
Muránska plánina NP 16
Museum des Slowakischen Nationalaufstands 150

Na jamách 143
Námestovo 125
Nationalparks 16
Neandertaler 22
Neusohl 148
Niedere Tatra 50, 51, 129, 156
Nitra 95
Nízke Tatry NP 16, 129
Nižný Komárnik 191
Nové Mesto nad Váhom 22

Oberungarn 23, 35
Ochtinská aragonitová jaskyňa 208
Orava 121
Orava-Burg 123
Orava-Freilichtmuseum 128
Orava-Stausee 124
Oravský Podzámok 123
Oštiepok 131
Ostslowakisches Museum 199

Palcmanská Maša 187
Pálffy 84, 90
Palffy-Palais 68
Paragliding 51, 156
Parenica 130

Register

Parlament 13
Pensionen 48
Pezinok 32, 83, 86, 87
Pieninen 17, 52, 170
Pieninsky NP 16, 170
Piešťany 102, 104
Plešivec 209
Počúvadlianske jazero 167
Počúvadlo 167
Podbanské 137
Podbiel 124
Podolínec 171
Pohoda-Festival 32, 112
Polen 13, 126, 170
Poloniny NP 16
Poprad 22
Porta Hungariae 58
Považie 102
Považské múzeum 113
Pozsony 63
Präsident 13
Prešov 195
Pressburg 23, 33, 58, 59, 63
Pressburger Missale 33
Pribina 22, 97
Pribylina 137
Primatial-Palais 35, 65
Puchsbaum, Hans 68

Rača 82, 86
Radošina 107
Rafting 51
Rajecká Lesná 115
Rajecké Teplice 115
Rákóczy, Franz II. 23, 122, 177
Rákóczy, Sigmund von 195
Rákóczy-Palais 195
Rastislav 22
Reisezeit 53
Reiten 51
Religion 31
Roháče 128
Roland-Statue, Bratislava 62
Roma 13, 30
Rožňava 207
Rusovce 80
Ruthenen 13, 30, 130, 190, 194
Ruthenen-Museum 191

Ružomberok 136

Salaš 43, 130
Samos Reich 22
Šariš 195
Šariš-Galerie 196
Šašov 156
Schuster, Rudolf 26
Sigismund 70, 170
Silica-Plateau 206
Sillein 113
Sitno 167
Sivý medveď 50
Skilaufen 51
Sládkovič, Andrej 38
Slanická osada 125
Slanický-Insel 124
Slanské vrchy 204
Slawen 22
Slňava-Stausee 106
Slovenský Grob 32, 85
Slovenský kras 14, 186, 206
Slovenský kras NP 16
Slovenský raj 14, 186
Slovenský raj NP 16
Slowaken 12, 13, 24, 25, 30, 39, 63, 79, 113, 133, 139, 167
Slowakische Nationalgalerie 72, 73
Slowakischer Nationalaufstand 25, 152
Slowakisches Bergbaumuseum 161
Slowakisches Nationalmuseum 71. 117
Slowakisches Paradies 52, 186
Slowakisches Technik-Museum 200
Smižany 186
Smolenice 90
Soblahov 110
Špania dolina 155
Spišská Kapitula 181
Spišská Magura 170
Spišská Nova Ves 162, 184
Spišská Sobota 175
Spišský hrad 183
Spišský Podhradie 183
Spišský Štvrtok 174
St. Elisabeth-Dom, Košice 197
St. Emeram-Kathedrale, Nitra 97
St. Georgen 82
St. Jakob, Levoča 175

229

Register

St. Martinsdom, Bratislava 68
St. Nikolaus-Kirche, Trnava 93
Stará dolina 120
Starý Smokovec 141
Štefánik, Milan R. 27
Stephan I. 22, 59, 98
Stilles Tal 138
Štítnik 209
Stoß, Veit 178
Straße der Freiheit 137
Strážky 171
Štrbské Pleso 32, 50, 139
Strečno 116, 120
Štúr, Ľudovít 24, 38, 39, 67, 79, 88
Svätopluk I. 22, 33
Svätý Anton 166
Svätý Jur 82, 86
Svätý Kríž 135
Svidník 190
Synagoge Liptovský Mikuláš 133
Synagoge Nitra 98
Synagoge Prešov 196
Synagoge Trnava 94

Tále 50
Tatarka, Dominik 38
Tatra-Magistrale 137
Tatra-Nationalpark 16, 138
Tatralandia Aquapark 135
Tatranská Lomnica 143
Tatranský NP 16, 136
Terchová 32, 120, 121, 122
Tesárske Mlyňany 100
Teufelsloch 206
Thököly, Imre 23
Thomas-Ausblick 54, 187
Thurzo 90, 123, 149, 162, 180, 183, 184
Tichá dolina 138
Tiso, Jozef 25
Topoľčianky 100
Trenčianske Teplice 112
Trenčín 32, 107
Trentschin Teplitz 112
Trnava 35, 91
Tschechen 13, 30, 39, 63
Turecká 32, 156

Tvrdošín 124
Tyrnau 91

ULUV 36
Ungarn 13, 20, 34, 30, 34, 69, 91, 112, 174, 183, 197,
Universitätskirche, Trnava 35, 93

Váh 120, 132
Veľká Fatra NP 16
Veľký Kriváň 120
Veľký Tribeč 99
Venus von Moravany 71, 103
Vinosady 86
Visegrad 4 26
Vlk 20
Vlkolínec 136
Vrátna-Tal 32, 120
Vrbické pleso 50
Východná 32

Waag 102, 120, 132
Waagtal-Museum 113, 115
Weiße Karpaten 107
Weiße Tatra 137
Wellness 53
West-Tatra 120, 127
Westslowakisches Museum 94
Wildschweinschlucht 206
Wilsonic-Festival 32

Zádiel-Tal 206, 209
Zápoľký 182, 184
Zápoľský-Kapelle 35, 174
Zázrivá 120, 121
Ždiar 145
Žehra 184
Žilina 113
Zips 35, 47, 162, 170f
Zipser Burg 183
Zipser Magura 170
Zipser Neudorf 184
Zlaté Moravce 100
Zombor-Schlucht 206
Zuberec 32, 127
Zvolen 151, 155

SLOWAKEI-ATLAS

A
B
C
1
2
3
4
Nový Jičín
Štramberk
Kopřivnice
Příbor
Kunín
Kozlovice
Frýdlant
Morávka
CHKO Beskydy
Jablunkov
Istebna
Hodslavice
Frenštát
Kunčice
Čeladná
Lysá h. 1323 m
Dolní Lomná
Mosty u Jablunkova
Jaworzynka
Pisek
Valašské Meziříčí
Rožnov
Radhošť 1129 m
Kněhyně 1257 m
Staré Hamry
Velký Polom 1067 m
Svrčinovec
Skalité
Oščadnica
Č E S K Á
R E P U B L I K A
Horní Bečva
CHKO Beskydy
Bílá
Klokočov
Čadca
Krásno nad Kysucou
Kunovice
Lázy
Valašská Bystřice
Hutisko-Solanec
Turzovka
Rajnochovice
Bystřička
Jablůnka
Tanečnice 912 m
Velké Karlovice
Makov
Vysoká n. Kysucou
Ochodnica
Hošťálková
Vsetín
Vsetínské vrchy
Karolinka
Nový Hrozenkov
Halenkov
CHKO Kysuce
Nesluša
Kysucké Nové Mesto
Kasava
Leskovec
Jasenná
Prlov
Hušenky
Valašská Polanka
Raztoka
Kolárovice
Dlhé Pole
Divina
Horný Vadičov
Březová
Vizovice
Pulčín
Francova Lhota
Lazy p. Makytou
Horný Moriková
Dolná Mariková
Štiavnik
Papradno
Bytča
Žilina
Teplička n. Váhom
Varinka
Želechovice
Loučka
Lysá p. Makytou
Hoštiná
Udiča
Podhorie
Rosina
Vrútky
Strečno
Podhradí
Valašské Klobouky
Haluzice
Zubák
Púchov
Plevník-Drienové
Súľov
Turie
Rajecké Teplice
Luhačovice
Vrbětice
Brumov-Bylnice
Slavičín
Červený Kameň
Lednické Rovné
Považská Bystrica
Rajec
CHKO Bílé Karpaty
Sverepec
Vršatské Podhradie
Beluša
Trstie
Domaniža
Bojkovice
Pruské
Pružina
Komňa
CHKO
Bolešov
Ilava
Fačkov
Kláštor p. Znievom
Ďanová
Starý Hrozenkov
Hor. Súča
Nemšová
Dubnica
Mojtín
Kopec
Čičmany
Borcová
Slov. Pravno
Mošovce
Trenč. Teplá
Trenč. Teplice
Biele
Drietoma
Trenčín
Soblahov
Omšenie
Valaská Belá
Strážovské vrchy
Nitrianske Pravno
Čavoj
Diviaky
Turčianske Teplice
Zemianske Podhradie
Trenč. Turná
Čierna Lehota
Bošáca
Trenč. Stankovce
Hor. Motešice
Závada
Trebichava
Nitrianske Rudno
Horná Štubňa
Bebrava
Selec
Bojnice
Prievidza
Beckov
Svinná
Považský Inovec 1042 m
Držkovce
Dežerice
Uhrovec
Handlová
Kremnické Bane
Nové Mesto
Zlatníky
Bánovce nad Bebravou
Nováky
Kremnica
Horná Streda
Otrhánky
Hradište
Zemianske Kostoľany
N. Lehota
Janova Lehota
Podhradie
Šišov
M. Ostratice
Modrovka
Prašice
Partizánske
Marhát 748 m
Chynorany
Veľ. Uherce
CHKO Ponitrie
Lutila
Jastrabá
Piešťany
Bojná
Topoľčany
Nitra
Brodzany
Klak
Žiar nad Hronom
Ladomerská Vieska
Šášovské Podhradie
Bošany
Veľ. Klíž
Radošina
Nitrianska Blatnica
Chrabany
Solčany
Veľ.-Pole
Hron
Sklené Teplice
Kostolany
Horné Obdokovce
Kovarce
CHKO Ponitrie
Veľ. Tribeč 829 m
Skýcov
Žarnovica
Vyhne
CHKO
Madunice
Veľ. Ripňany
Hodruša-Hámre
Zlatno
Hostie
Preseľany
Radošinka
Šurianky
Kostoľany p. Tribečom
Obyce
Nová Baňa
Bane
Richňava
Sitno
Banská Štiavnica
Vtáčnik
Tribeč
Veľká Fatra
Malá Fatra
Kysuca
Turiec
Váh
Nitrica
Čeladenka
Biela Voda
Senica
S. 236
S. 237
E 75
E 50
E 442
D 1
D 3
R 1
R 2
R 3

SLOWAKEI

235

SLOWAKEI

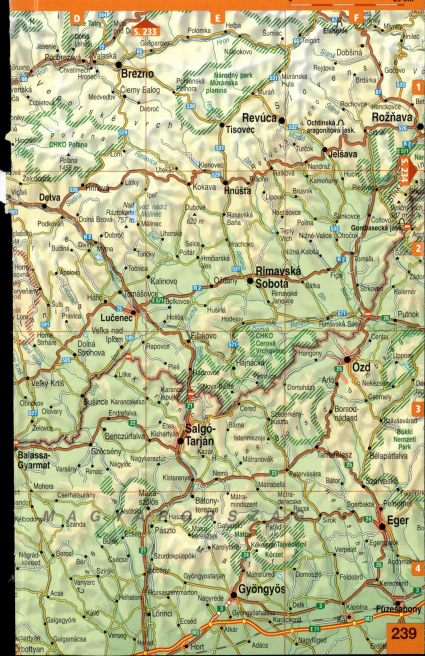

Bildnachweis/Impressum

Bildnachweis
Badinka, Jaroslav (Zvolen): S. 146
Ďuriga, Ján, (Čičmany): S. 28
Hoess, Christian (München): S. 1, 24, 31, 37, 43, 47, 87, 89, 92, 105, 106, 108/09, 114, 117, 131, 151, 154, 157, 163, 168, 171, 182/183, 189, 191, 194, 200, 202, 204, 208
Janicke, Volkmar E. (München): S. 34
Lichner, Marián (Banská Štiavnica): S. 160, 164
Oberzill, Gerhard (Kritzemdorf): Titelbild
Péchy, Štefan (Levoča): S. 176, 178/79
Transit (Leipzig): S. 10, 15, 20/21, 52, 76, 96, 99, 126/127, 210
Zajac, Matús (Bratislava): S. 56, 64, 66/67, 73, 80/81, 84
Žuffa, Vladimír (Zuberec): S. 2/3, 8, 17, 44, 54, 118, 125, 134/35, 136, 138/39, 142, 144, Umschlagklappe

Abbildungen
Titel: Banská Štiavnica
Umschlagklappe: Blick ins Tal Kavačianska dolina
S. 2/3: Burg Orava in Oravský Podzámok

Zitat S. 120/121 aus:
Slowakische Volksmärchen. Gesammelt und herausgegeben von Viera Gašparíková. Übersetzung Wilfried Fiedler. München 2000; mit freundlicher Genehmigung des Diederichs Verlags, München

Kartografie
DuMont Reisekartografie, Puchheim,
© DuMont Reiseverlag Köln

© DuMont Reiseverlag, Köln
1. Auflage 2004
Alle Rechte vorbehalten
Grafisches Konzept: Groschwitz, Hamburg
Druck: Rasch, Bramsche
Buchbinderische Verarbeitung: Bramscher Buchbinder Betriebe

Printed in Germany   ISBN 3-7701-6057-6